アマルティア・セン回顧録 上

インドでの経験と経済学への目覚め

アマルティア・セン【著】　東郷えりか【訳】

HOME IN THE WORLD
:A Memoir by Amartya Sen

勁草書房

HOME IN THE WORLD
by Amartya Sen

First Published as HOME IN THE WORLD in 2021 by Allen Lane, an imprint of Penguin Press.
Penguin Press is part of the Penguin Random House group of companies.
Japanese translation published by arrangement with Penguin Books Ltd. through The English Agency (Japan)Ltd.

エマへ

目次

目　次

※本文中の〔　〕は訳者による補足

下巻目次

謝　辞

「よい思い出は光をもたらす／私を取り巻いていたあのころの」と、トマス・ムーア（アイルランドの作家・詩人）は「静まりかえった夜」と表現した悲しみのなかで書いた。「散って」いかざるをえなかった友や、「少年時代の／笑いや、涙」を思いだし、すべてから「取り残された」感覚について彼は語る。記憶を甦らせることは、確かに悲しい体験になるかもしれない。それはこの詩を書いた当時、二六歳だったムーアのような若者にとっても、明らかなことだ。それでも、過去を思いだすことは、遠い昔のことであっても楽しいものにもなりうる。幸せな出来事や、夢中になって考えたこと、あるいは困難なジレンマに人を連れ戻してくれるからだ。

しかし、思いだすことと回顧録を書くことは同じではない。回顧録というのは、大半はほかの人に向けたものでなければならない。サンスクリット語でスムリッティチャーラナ（自分の思い出に触れること）と呼ぶものに耽溺《たんでき》していては、ほかの人にはまるで関心のないものになりかねない。それでも、ほかの人びとも実際に起こった出来事なら関心をもち、他人の経験や考えがどうすれば理解できるのか、そして共有できるのか、ということは知りたがるかもしれない。自分のなかの記憶を文字で綴った回顧録へと移行させるために私を手助けしてくれ、伝えようとしたことが明確さや説得力に欠けていないかを確認するうえで、スチュアート・プロフィットは驚くほど力を貸してくれた。本書のために彼が果たしてくれた諸々のことに、私は多大なる恩義がある。

本書を企画する重要な段階で、私はリン・ネズビットとロバート・ウェイルから優れた助言を頂戴した。お二人には感謝している。執筆途中のこの本について話をするなかで、私の子供たちであるオントラ、ノンドナ、インドラニ、コビルが指摘してくれた点は有意義だったし、いとこのロトノマラとミラ＝ディからもあれこれと指摘を受けた。レヘマン・ソブハン、ロオノック・ジャハン、ポール・シム、ヴィクトリア・グレイ、シュゴト・ボシュからも有益な提案をいただいた。以前、私の著作が関連していたこともあって、『アニュアル・レヴュー・オヴ・エコノミクス』誌への報告書のために、ティム・ベズリーとアンガス・ディートンと長時間にわたる公開の対談をしたことがあった。そのときの討論は本書の一部を書くにあたって非常に役立ち、お二人には感謝している。

クマル・ラナとアディティ・バーラースブラマニアンは、執筆作業の別々の段階で本書の原稿の相当な部分を読み、細心のコメントを寄せてくれ、それが私にはとてつもなく役立つものとなった。本書は一〇年近くにわたって書きためたもので、執筆作業の大半はおおむね夏の期間に、イタリアのサバウディアにあるオテル・レ・ドゥーネと、ケンブリッジのトリニティ・カレッジで行なわれた。その作業の調整で手助けして下さったことにたいし、私はインガ・ハルド・マーカン、チエ・リ、オロビンド・ノンディに大いに感謝している。

ペンギン・ブックス社の多くの人びとから援助をいただいたことは、非常にありがたかった。本書の制作にあたっては、ジェーン・ロバートソン、リチャード・デュギッド、アリス・スキナー、サンドラ・フラー、マット・ハッチンソン、アニア・ゴードン、コラリー・ビックフォード＝スミスをはじめ、多くの方々にたいへんお世話になった。

最後に、本書を妻のエマ・ロスチャイルドに捧げる。すべての原稿を読み、数々の貴重な提案をし、ほぼすべてのページについて感想を述べてくれたことに、感謝の意は充分に表わしつくせない。

サンスクリットの言葉の綴りに関する注記

サンスクリット〔インドの古代語〕の言葉を綴る際に、発音区別符《ダイアクリティカルマーク》〔アクセント記号〕は使わないようにした（ただし、ほかの著者から引用する場合は除く）。これらの記号は複雑であるため、専門家でない人にとっては読むのが億劫になるためだ。おもに英語を通じてアルファベットを読む経験をしてきた人びとには、まぎらわしいものになるだろう。たとえば、発音区別符をよく知らない人に、calk〔チョクと発音〕と綴ったところで、それが黒板と一緒に使われるもの（英語でチョーク chalk と呼ばれるもの）を連想させる方法だと説得するのは難しい。そこで代わりに、英語の発音に近い文字の組み合わせでサンスクリットの単語を綴るよう試みた。大目に見れば、これで用をなしうるが、完全ではない。

はじめに

物心ついたころの最初の記憶の一つは、船の大きな汽笛で起こされたことだった。もうじき三歳になるころのことだ。汽笛の音に不安になって私は起きあがったが、両親は何も心配はいらないのだと、カルカッタ〔現コルカタ〕からラングーン〔現ヤンゴン〕へ向かっていて、ベンガル湾を渡っているところだからと安心させてくれた。私の父は、現在はバングラデシュにあるダッカ大学で化学を教えており、客員教授としてマンダレーで三年間講義をすることになっていた。汽笛で目が覚めたとき、私たちの船はカルカッタからガンジス川を一六〇キロ下り終えて海に出たところだった（当時、カルカッタはまだかなり大型船の寄港地として機能していた）。これから数日間、ラングーンに到着するまで、海の真っ只中を進むことになるのだと父は説明してくれた。私はもちろん、海上の旅がどんなものかは知らなかったし、一つの土地から別の土地へ旅するいろいろな方法があることも知らなかった。それでも、冒険心が湧いたし、これまで一度も知らなかった何か重大なことが起こりつつあるのだという興奮は覚えた。ベンガル湾の深い青い水は、まるでアラジンの魔法のランプから湧きだしたかのようだった。

幼いころの記憶と言えば、ほぼすべてがビルマ（現在は軍が擁護する国名でミャンマーとも呼ばれる）にいたころのことで、私たち一家は三年ばかりそこで暮らしていた。私が覚えていることの一部は明らかに現実のことで、たとえば周囲を素晴らしい濠に囲まれたマンダレーの美しい宮殿や、イラワジ〔現エーヤワディー〕川の土手から見た印象的な景観、行く先々で見た形のよいパゴダ〔仏塔〕の存在などがあった。しかし、優雅なマンダレーの私の記憶は、ほかの人びとが語るひどく薄汚れた都市の説明とは一致しないかもしれない。また典型的なビルマ家屋だったわが家が、目を見張るほど美しかったと思うのは、そこが大好きだったために誇張されているのだろう。実際、私はこのうえなく幸せだった。

私はごく幼いころから旅をしてきた。ビルマで子供時代を過ごしたのち、ダッカに戻ったが、それからまもなく再びシャンティニケトンに引っ越して、そこで学ぶことになった。先見の明のある詩人、ラビンドラナート・タゴール〔ベンガル語ではロビンドロナト・タクル〕が実験的な学校を創設した場所だ。タゴールは私にも家族にも多大な影響を与えた。本書の原題名『*Home in the World*〔世界のなかの家〕』は、彼の著書『*The Home and the World*〔家と世界〕』から思いついたもので、タゴールの影響を反映している。

シャンティニケトンのタゴールの学校で一〇年間、楽しい日々を過ごしたあと、私はカルカッタへ行って大学教育を受けることになった。大学でも何人かの優れた先生と畏友に恵まれたが、学業をさらに補ってくれたのは、隣にあった喫茶店《コーヒーハウス》だった。素晴らしく活気のある議論や討論の場にたびたびなったのが、この店だった。私はそこからイギリスのケンブリッジ大学に留学した。このときもまた心躍る船旅で始まり、今回はボンベイ〔現ムンバイ〕からロンドンへと渡った。ケンブリッジの街も、私が学んだトリニティ・カレッジも、その壮大な古い歴史に私を引き込んだ。

その後、アメリカのマサチューセッツ州ケンブリッジのＭＩＴ〔マサチューセッツ工科大学〕と、カリフォルニア州スタンフォード大学で一年間、教壇に立った。私はさまざまな場所にしばらく根を下ろす試みをしたのちに、インドへ（パキスタンのラホールとカラチ経由で）帰国し、デリー大学で経済学、哲学、ゲーム理論、数理論理学、それに、比較的新しい科目であった社会的選択理論のコースを教えることになった。人生の最初の三〇年間の思い出は、熱心な若い教師として、自分の人生の新しい、より成熟した段階を予期しつつも、幸せな日々とともに終わった。

デリーで独り立ちするようになると、多岐にわたる経験をした若かりし日々を少々、振り返る時間ができた。世界の文明についてはニつのかなり異なる考え方があるのだと、私は結論づけた。一つの方法は「断片的」な視点に立ち、文明のさまざまな特徴は、それぞれかなり固有の文明の表明だと見なすものだ。断片相互の敵意に注目する特徴をあわせもつこの手法は、近年、大いにもてはやされ、長引く「文明の衝突」の兆候を示している。

別の手法は、「受け入れる《インクルーシヴな》」もので、究極的には一つの文明――おそらく世界文明と呼ぶべきもの――のさまざまな現象を探しだすことに専念するものだ。相互にかかわり合った根や枝からなる生命から、さまざまな花を咲かせる世界文明である。本書はもちろん、文明の本質を探るものではないが、お読みいただければわかるように、ここでは世界が提供するものを断片的に理解するのではなく、受け入れて理解する方法を取る。

中世の十字軍から前世紀のナチスの侵略にいたるまで、あるいは共同体間《コミュナル》の衝突から宗教的政治紛争まで、異なる信念同士のあいだで激しい闘争が生じてきたが、そのような衝突に対抗して統一を目指す勢力もまた存在してきた。目を凝らせば、一つの集団から別の集団へ、一国から他国へ、理解が広まってゆくのが見えるだろう。各地を回れば、より広く、より統合的な物語を示すヒントは否応なく見つかる。互いに学ぶ私たち人類の能力を、見くびってはならない。

影響を与え合う仲間がいるということは、とてつもなく建設的な経験となりうる。一〇世紀末から一一世紀初めにかけて、イランの数学者で長年インドで暮らしたビールーニーは『インド誌』のなかで、互いについて学ぶことは知識のためにも、平和のためにもなると述べた。彼は一〇〇〇年前のインドの数学、天文学、社会学、哲学、医学に関する素晴らしい報告書を書き、人間の知識が友情を通じていかに拡大するかも示す。ビールーニーがインド人に抱いた好感は、インドの数学と科学にたいする彼の関心と専門知識を高めた。しかし、このように好感を抱いたからといって、インド人を少しばかりからかうのに彼が遠慮することはなかった。インドの数学はたいへん優れているが、インドの知識人たちの最も稀有な才能は、それとはまるで異なるものだと、ビールーニーは言う。それは自分たちが知りもしない問題について、弁舌さわやかに語る能力なのである、と。

その才能がもし私にもあるとしたら、それを誇りに思うだろうか？　それはわからないが、まずは自分の知っていることについて語ることから始めるべきだろう。この回顧録は、まさしくそのためのささやかな試みだ。あるいは、少なくとも私が実際に知っているにしろ知らないにしろ、私が体験したことについて語ろうとするものである。

第Ⅰ部

トリニティ・カレッジのグレートコートで（1958 年頃）

第1章　ダッカとマンダレー

1

「ご自分の家《ホーム》はどこだとお考えですか?」と、私はロンドンで録画に向けて準備しているあいだにBBCのインタビュアーから尋ねられた。彼は私の略歴のようなものを見ていた。「向こうの〈アメリカのマサチューセッツ州〉ケンブリッジからこちらのケンブリッジへとただ引っ越して——ハーヴァード大学からケンブリッジ大学トリニティ・カレッジにこられた。何十年とイギリスに住んでおられたのに、まだインド国籍なので、おそらくパスポートは査証だらけなんでしょうね?　それで、家はどちらなんですか?」これは一九九八年に、私が学寮長としてトリニティ・カレッジに再び戻ってきてすぐのことだった（そのためにインタビューを受けた）。「いまここですっかり家でくつろいだ気《アット・ホームな》分です」と私は答え、トリニティとは長年にわたる関係があり、学部生として、大学院生、特別研究員《フェロー》として、さらに教師としても過ごしてきたのだと説明した。しかし、向こうのケンブリッジのハーヴァード・スクエア近くにあった古いわが家でも充分にくつろいだ気分になったし、インドでも大いにくつろぐことができ、子供時代を過ごし、定期的に帰るのを楽しみにしているシャンティニケトンの小さなわが家ではとりわけそうだと、私は付け加えた。

「ということは、家という概念がないんですね！」と、ＢＢＣの男性は言った。「それどころか、私にはいくつかの居心地のいい家がありますが、家は唯一無二でなければならない、というあなたのお考えは、私のとは異なります」。ＢＢＣのインタビュアーはまるで納得していないようだった。

　ほかにも不首尾に終わった同様の経験がある。何か一つだけ特定するように言われて、それに答えようと試みたときのことだ。「好きな食べ物は何ですか？」と聞かれるのだ。その質問にたいする答えはいくらでもあるが、私は通常、タリオリーニ・コン・ヴォンゴレとか、四川ダック、それにもちろんイリシュ・マチなどと、つぶやくことにしている。イリシュ・マチとはインドにいるイギリス人が有気音を勝手に変えて「ヒルシャ・フィッシュ」とよく呼んでいたものだ。ただし、挽《ひ》いたマスタードシードを使ってダッカ式にきちんと調理したものに限ると、私は説明を続けた。こうした答えで質問者が満足することはなく、こんな具合に聞き返された。「でも、どれが本当に好きな食べ物ですか？」

「どれも大好きなのです。ただし、どれか一つを私の唯一の好きな食べ物にして暮らしたくはありません」と、私は言った。質問者たちは通常、これではよい質問にたいするそこそこの回答を私から引きだしたとは考えなかった。しかし、運のいいときは、食べ物の話題ならば、お義理で相槌を打ってもらえることもあった。だが、「家」のように重要な問題では、絶対にそのように放免してはもらえない。「もちろん、本当にくつろげる特定の場所がどこかにあるはずですよね？」

2

なぜ、一つの場所でなければならないのか？　たぶん、私はやたら容易に気が休まる質《たち》なのかもしれない。昔ながらのベンガル語では、「家はどちらですか?」という質問には、明確な意味がある。英語の質問が文字どおり伝えるものとは、まるで異なった意味だ。家――「ゴル」または「バリ」――は、数世代をさかのぼった一族の故郷のことであり、本人やごく近い祖先は別の場所で暮らしていても構わない。これと同様の使い方はインド亜大陸全土で見られ、英語の会話で使われた場合には、その考えはインド英語が独自につくりだした一種の地理的イメージとして訳されることがある。「どちらのご出身ですか?」その答えとなる「家/故郷」は、ゆうに数世代は前の祖先の出身地にもなりえて、本人は一度もそこを訪れたことがないかもしれない。

私が生まれた当時、家族はダッカ市に住んでいたが、実際には出生地はそこではない。一九三三年晩秋のことで、のちに知ることになったのだが、ヨーロッパでは途方もない数の家と人命が失われた年だった。この年、作家、芸術家、科学者、音楽家、俳優、画家など、六万人の専門家がドイツを離れ、大半はヨーロッパの別の国やアメリカへ移住した。若干の人――通常はユダヤ人――はインドにも亡命した。ダッカは、いまでは四方八方に広がり、どことなくつかみどころのない活気にあふれた都市となり、バングラデシュの首都でもあるが、当時はもっと静かでこぢんまりとした場所だった。そこでの暮らしはいつも優雅にゆったりと動いているように思われた。私たち家族は、ダッカ大学のキャンパスがあるロムナからそう離れていない、ワリと呼ばれる歴史的建造物の多い旧市街に住んでいた。父のアシュトシュ・シェン〔ベンガル語ではセンではなくシェンと発音する〕はダッカ大学で化学を教えていた。これはいずれも「昔のダッカ」で、現代のダッカはそこから何十キロ四方も先まで広がる。

私の両親はダッカでとても幸せな日々を送っていた。私も幸せだったし、四歳年下の妹のモンジュも同様だった。その家は父方の祖父で、ダッカの法廷で裁判官を務めたシャロダ・プロシャド・シェンが建てたものだった。父の兄である伯父のジテンドロ・プロシャド・シェンは公務員でベンガル各地に赴任していたので、この家ではほとんど暮らしていなかったが、休暇になるとダッカのこの二世帯住宅に帰省し、そうなると（私とほぼ同年齢の娘ミラ＝ディを連れてくるときはとくに）子供時代のとびきり楽しい日々が始まった。ダッカにはほかにも親戚が住んでいた（チニおじ《カカ》、チョトおじ《カカ》、メジュ＝ダ、バブアなど）。モンジュと私はこれら親族たちの世話になり、やや甘やかされて育った。

転勤族の伯父の長男（ボシュという名前だったが、私はお兄さんと呼んでいた）はダッカ大学で学んでいて、私たちと同居していた。彼は私にとって、知恵と娯楽の宝庫だった。子供が楽しめる映画を見つけては私を連れていってくれ、彼の手ほどきで私は『バグダッドの盗賊』のような空想物語の映画に描かれた世界を知るようになり、それを「現実の世界」だと思い込むようになった。

幼少期の思い出には父の実験室に行ったときのことも含まれている。試験管に入れた液体に別の液体を混ぜ、まるで異なる予想外のものが生成されるのを眺めては、大いに興奮していた。父の助手のコリムはよくそのような実験を見せてくれ、私を夢中にさせた。彼の実演はいつも素晴らしいと私は思った。

こうした記憶は一二歳のとき、サンスクリットを習得して得意になり、紀元前六世紀から栄えたインドの唯物論学派である順世派《ローカーヤタ》による生命の化学的基礎理論について初めて読んだときに甦ってきた。「これらの物質的要素だけでも、それが肉体に変換されることで、知性が生みだされる。さながら特定の材料を混ぜ合わせることで、人を酔わせる力が生じるように。また、これらの要素が損なわれれば、知性もすぐさま消滅する」。これはじつに悲しいたとえだと、私は思った。自分の人生には化学以上のものが欲しかったし、「すぐさま消滅する」という部分は少しもありがたくなかった。成長してのちに、生命について数多くの理論を考えるようになってからも、ダッカ大学の実験室とコリムの実演についての幼少期の思い出は、いつまでも鮮明に残っていた。

　私は自分がダッカの人間であることは知っていたが、都会に暮らす多くのベンガル人と同様に、私も自分の家や故郷は、家族がこの都市にでてくる前に住んでいた村だと考えていた。わが家の場合は、二世代前のことだ。私の故郷の村、つまり父方の祖先の故郷は、マニクゴンジ地区のモットという小さな村だ。ダッカ市からさほど遠く離れてはいないが、子供のころはそこを訪ねるのはほとんど一日がかりだった。その大半は河川網を使って船を乗り継ぐ旅だった。近年では、ダッカからモットまで車で、それなりによい道を通って数時間で行くことができる。わが家では毎年一度、ほんの数週間ながら、この村に帰省しており、そんなときには私はすっかり羽を伸ばし、自分は家に帰ったのだと思った。モットには一緒に遊べる子供たちがいて、それぞれふだん暮らしている遠くの町から、祭りの期間に帰省してきていた。私たちはその季節限りの友情を育み、町へ帰る日がやってくると、次の年まで別れを告げた。

3

　ダッカの旧市街にあったわが家の名前、「ジョゴト・クティル」は、「世界の小屋」を意味していた。これは一つにはナショナリズムにたいする祖父の懐疑心を反映したものだった。もっとも、一族からは「イギリスによるインド統治《ブリティッシュ・ラージ》」（これについては後述する）と戦うナショナリストを何人も輩出している。この家の名前は、祖父の亡き愛妻、つまり私の父方の祖母のジョゴトロッキ（サンスクリットなどでは、ジャガトラクシュミーと書くこともある）の思い出を伝えるものでもあった。この祖母が他界したのは私が生まれるずっと前だったが、ジョゴトロッキの知恵は大いに尊重されつづけ、私たち家族の暮らしにさまざまな影響をおよぼしていた。私はいまでもしゃっくりを止めるときは彼女の治療法を実践している。スプーン二杯分の砂糖を混ぜたコップ一杯の冷たい水を、ゆっくり飲むというものだ。これはちなみに、息を止めてしゃっくりを治すよりも、はるかに快適な方法だ。

私の父はダッカ大学で教えていたが、彼の父で裁判官のシャロダ・プロシャド・シェンもその法律上および財政面の管理を手伝っており、大学と深くかかわっていた。ダッカのわが家には、年中、人が出入りしていた。こうした訪問客は、自分たちが各地で行なってきたあらゆることを私に語ってくれた。なかにはさほど遠方の地でないこともあった（カルカッタやデリーはもちろん、ボンベイや香港、クアラルンプールなど）が、子供だった私の想像のなかでは、地球全体を網羅するものだった。二階のベランダで、よい香りの花を咲かせるインドソケイの木のそばに座って、旅や冒険の心躍る物語を聞くのが大好きで、いつかは私もそんな体験をしたいものだと思っていた。

私の母、オミタは結婚するにあたって、姓を変える必要はなかった。私の母方の祖父はサンスクリットとインド哲学の著名な学者で、キティモホン・シェン〔クシティ・モーハン・センなどとも表記される〕という名前だったからだ。母の旧姓が父の姓と同じであったことは、今日でも本人確認のために、安全な通信の監視者たちが私の母の旧姓を質問するときに問題となる（「いえいえ、彼女の旧姓と言ったのです！」）。

キティモホンは、現在はインドの西ベンガル州のシャンティニケトンにあるビッショ＝バロティ〔タゴール国際大学〕という教育機関で教えていた。世界（ビッショ／ヴィシュワ）を、それがもたらす表明されたあらゆる知恵（バロティ／バーラティー）で統一する目的を想起させる名称だ。この教育機関は名高い学校を中心とするものだが、高等研究のための施設もあり、いずれもかなり広く知れ渡っていた。ビッショ＝バロティは一九〇一年に詩人のラビンドラナート・タゴールによって創設された。キティモホンはタゴールの右腕のような存在で、教育機関としてビッショ＝バロティを軌道に乗せるのを手伝っただけでなく、その学術的地位を確立するうえでも大きく貢献した。キティモホンは学者として非常に評価が高く、彼の著書はサンスクリット、ベンガル語、ヒンディー語、グジャラート語で書かれて、多くの人びとに読まれていたためだった。

母の家族は皆、タゴールと非常に親しくしていた。母のオミタは、タゴールがその考案に一役買った新様式で踊る熟練の舞台ダンサーだった。いまなら「モダン・ダンス」と呼ばれるようなスタイルである（当時はきわめてモダンに見えただろう）。彼女は「良家」の女性が舞台などに立たなかった時代に、カルカッタで催されたタゴールのいくつかの舞踊劇で女性の主役を演じていた。母はまたシャンティニケトン・スクールで柔道を習っていたが、当時のお嬢さんはそんな習い事はしなかった。一〇〇年前にこのような機会が男子生徒だけでなく、女子生徒にも提供されていたことは、タゴールの学校について何かしらを語るものだ。

私が聞いたところによると、両親の縁談が進められていたころ、父はオミタが中流階級の女性として非常に洗練された劇のなかで踊り手として舞台に立った最初の一人であった事実に、大いに感銘を受けたのだという。父がもっていた新聞の切り抜きには、かたやオミタの芸術的な踊りへの大賛辞が、もう一方には女性が人前で舞台に立つことの不適切さを指摘する保守派の非難が書かれていた。踊りの才能に加えて、オミタの向こう見ずな性格も、結婚話がもちあがった際に父が対応を急いだ一因となった。実際、このことは両親の見合い結婚が自由意志にもとづいていたと示唆するものであり、のちに両親はどちらもその点を強調したがった。両親は自分たちだけで映画を一緒に観に出かけた事実についても、よく好んで話していた（もっとも、これは縁談を「まとめる」ための一環だった可能性が高い）。しかし、タゴールがシナリオを書き、監督した舞踏劇における母の踊りに関する新聞報道は、父によると、かなり重要な一押しだった。

私が生まれたとき、タゴールは母に、ありきたりの名前を踏襲するのはつまらないので、新しい名前を私につけてはどうかと提案した。アマルティア〔ベンガル語の発音ではオモルト〕は、サンスクリットで不死身を意味すると思われる。「マルティア」はムリティユー（サンスクリットで「死」を意味するいくつかの言葉の一つ）に由来し、人が死ぬ地の名前であり、「アマルティア」は人が死なない場所――おそらくは天――からきた者のことだ。私は多くの人にこの名前がもつ尊大な意味を説明しなければならなかったが、もっと文字どおりの――たぶんより不気味な――「この世の者ではない」という意味を好んで伝えてきた。

ベンガルには広く見られる古い慣習がある。初産のときは、新しい婚家ではなく、妊婦の実家に里帰りするというものだ。この慣習の起源は、妊婦の両親の不信感を、つまり出産する娘の世話を義理の親たちに委ねられるのかという不安を反映したものだったのだろう。この慣習に従って、私はまだ母の胎内にいるうちにダッカからシャンティニケトンに行き、生後二カ月でダッカへ戻った。

シャンティニケトン（ベンガル語で「平和の住処」を意味する）は、ダッカと同様に、私にもう一つの家を与えてくれた。当初、これは学校から支給された、私の祖父母の家だった。「グルポッリ」（教師の村）というシャンティニケトンの一部にある、質素ながら優雅な、草葺き屋根の小さな家だ。その後、一九四一年に両親が「スリポッリ」という町の別の一角に、自分たちの小さな家を建てた。新しく建てた小さな家は「プロティチ」と名づけられた。これは――〔プラティーチーという〕サンスクリットで――そこが西の端だということを示していた。私の祖父母もその後、どこかの段階で教員用の宿舎をでるつもりで、私たちの新しい家のすぐ隣に自分たちの家を建てた。

私は母方の祖母キロンバラ、つまり私の「ディディマ〔おばあちゃん〕」にはとくに懐いていた。この祖母は優れた陶器の絵付師で、腕のよい助産師でもあって、医療面で遅れていたシャンティニケトンでお産があればいつでも手伝っており、自分の孫も何人も取りあげていた。キロンバラには長年来、慎重に身につけていった相当な医学知識があった。消毒薬は充分かつ賢く使うというような、ごく単純ながら医学にもとづいた看護をすれば、安全面で——それどころか生存の確率にも——いかに違いが生じるかを説明する祖母の話を、一生懸命に聞いたことを私は覚えている。当時、自宅出産では消毒などは総じて軽視されていた。祖母から教えられたことは多々あるが、なかでもインドでは出産において母子双方の死亡率が不必要に高いことに関して多くを学んだ。のちに妊産婦死亡率と子供の死亡率が私自身の研究テーマの一つになったとき、私はよく台所でディディマの隣の籐製スツールに座って、長々とおしゃべりをしたことを思いだした。何をするうえでも祖母が科学的な姿勢を貫いていたことに、私は強い尊敬の念を抱くようになった。

4

子供時代を過ごしたダッカとシャンティニケトンはどちらも大好きだったが、私のごく幼少期の記憶は、どちらの場所でもない。最初の記憶は、三歳の誕生日を迎える直前に両親とともに移り住んだビルマ時代のものだった。私たち一家は一九三六年にビルマに赴任して、一九三九年まで滞在した。その間、父はダッカ大学から休暇をもらって、三年のあいだマンダレー農業大学の客員教授となった。私は旅にでることについては興奮していたが、ディディマと別れるのは簡単ではなかった。最初にカルカッタからラングーンに渡ったとき、波止場にいるディディマの姿が小さくなってゆくのを見て、私は大声で抗議しながら、大きな船が動きつづけるのを必死になって止めようとしたのだと、のちに教えられた。幸い、この別れは永遠のものではなく、私たちは毎年、休暇にはダッカとシャンティニケトンに帰省していた。私と同様、妹のモンジュもシャンティニケトンの母方の祖父母の家で生まれた。妹はその後、人生の最初の一年半をビルマで暮らした。一九三九年に私たち一家はダッカ旧市街の静かで美しいワリに帰り、シャンティニケトンにも頻繁に行くようになった。

ビルマ時代が終わりに近づいたころには六歳近くになっていたので、私の記憶が蓄積し始めた。マンダレーの暮らしは楽しく、幼いころ味わった経験やスリルの多くを覚えている。ビルマの祭りはとりわけ素晴らしかったし、市場はいつも興味をそそる活動で賑わっており、マンダレーの一般的な様式で建てられた木造のわが家は、探険し甲斐があった。両親や乳母と一緒に出かけると、私は日々新しいもの——往々にして色とりどりのもの——を見てはしゃぎ、自分が見たほぼすべてのものにたいするビルマ語を覚えた。

両親とともに、ラングーン、ペグー〔現パゴー〕、パガンだけでなく、遠方のバモーまでビルマ各地を旅行して、新しい場所を訪れる刺激も味わった。これらの場所には多くの歴史があることが私にもわかった。大きなパゴダや建物は宮殿のように見え、なかには実際に宮殿だったものもあった。マンダレーの東の外れにあったわが家から四〇キロほどの距離にあるメイミョーの景色が私は大好きで、週末にメイミョーまでドライブをして家族ぐるみの友人たちと会うのもとても楽しみだった。

長年、ビルマに暮らしたジョージ・オーウェルが、マンダレーからメイミョーまでの魅力的な旅について書いており、後年、私はそれを読んで夢中になった。

> 列車が標高一二〇〇メートルのメイミョーに停車しても、頭のなかではまだマンダレーにいる。だが、列車から一歩降りると、そこは別世界だ。不意に、イングランドにいるかのような、ひんやりとした甘い空気を吸っており、周囲はどこも青々とした草やワラビ、モミの木に囲まれ、ピンク色の頬をした山岳民族の女性が籠に入ったイチゴを売っているのだ。(1)

私たちはよくマンダレーからメイミョーまで父の運転する車で出かけ、父は道中たびたび車を止めては、興味深い光景を見せてくれた。ある夜のドライブでは、下り坂の道路脇に大型のインドヒョウが寝そべり、車のヘッドライトに目玉を光らせているのを目撃して、私は大いに興奮した。

船でイラワジ川をさかのぼる旅では、周囲の景色はつねに変わりつづけた。土手沿いを歩いてみると、この土地と住民のことがいくらか理解できた。魅力的な衣装をまとったさまざまな部族出身の人びとからなる、民族性の異なる千差万別の集団があることもわかってきた。ビルマは心躍るさまざまな経験と光景をはてしなく提供しており、そこでは世界が私の前に姿を現わしているのだった。自分が目にしているものを、ほかの地のいかなるものとも比較はできなかったが、幼い私の目に地球は確かに美しく思えた。

5

マンダレーは、この地にある多数のパゴダと宮殿ゆえに、「黄金の都市」とよく言われる。ラドヤード・キプリングは、実際には一度もここを訪れていないのだが、その優雅な詩「マンダレー」のなかでこの都市を夢想した。私の父は、キプリングの描写は物理的に可能なのか疑問に思うと話していたが、私はそのような難題は地理学者に任せて、「夜明けが雷鳴のごとく、中国から湾を越えて訪れる」という光景を想像して感動に浸ることにした。

一方、ジョージ・オーウェル（本名エリック・アーサー・ブレアー）は、一九二二年にマンダレーに赴任して警察学校で勤務し、長い年月をそこで過ごしたが、この地を「ほこりっぽくて耐えがたいほど暑く」、通常は「どちらかと言えば不快な町」だと考えていた。私にはここはまるで違う場所に思われた。私の記憶では、非常に快適な場所であり、そこには人目を引く建物や美しい庭園、興味をそそる通り、古い王宮に濠などがあった。何よりも、ビルマ人は私にはとびきり温かく、いつも笑みを絶やさず、じつに好感のもてる人びとだった。

私の父は博士《ドクター》であり、一般には「ドクター・シェン」として知られていたので、「ドクター・シェン」から医学的な助言」をもらおうと勝手に判断した人びとが、私たちのところへかなり定期的に訪ねてきていた。もちろん、父には医学の知識はなかった（「わが家は医師のカースト——ヴァイドヤ——に属しているがそれは何世代も前のことだ」と私には言っていたが）。父はそれでも、治療を望んでいる人びとがマンダレーの公共の病院で診察を受けられるようにするなど、自分にできることをしていた。無料の助言とわずかな手当が受けられる病院がいくつかはあったが、実際の医療はあまり施されていなかった。

タイ（いまでは公共の優れた医療制度がある）などの東南アジアのほかの国々とは異なり、ビルマでは今日でも医療を受けるのはまだ難しい。この機能不全の国に暮らすビルマ族にとってもこれは言えることだが、政権にたいして積極的に権利を主張する少数派民族にとってはなおさらだ。軍はこれらの人びとを組織的に迫害して各地を転々とさせており、安定した医療サービスが提供されることは実際きわめて少ない。それでも、たとえばアメリカのジョンズ・ホプキンス大学医学部からの献身的な一団、「バックパック医療従事者《メディックス》」などから医療サービスがもたらされたときには、カレン族などが非常に熱心に健康管理に取り組み、医学的助言にすぐさま従っている。これらの医療従事者たちは、身の危険を顧みず危険地帯に乗り込んで助けようと試みてきた（一九九八年から二〇〇五年には、ジョンズ・ホプキンスの医療従事者のあるグループでは実際に六人が殺された）。

6

しばらく家を離れたあと、メイミョーの丘陵地帯の絶景が見えるマンダレーに帰ってきて、街の東端にある農業大学のキャンパス内にあった木造のわが家に戻ってきたときには、嬉しさが込みあげてきたのを覚えている。わが家の広いベランダから、その丘の向こうに昇る朝日を眺めるのが、どれほど好きだったか！　マンダレーは間違いなく私の家となった。ダッカ旧市街やマニクゴンジ地区のモット、あるいはシャンティニケトンと同様に。

だが、ビルマは当時ですら私には、自分の最初の記憶がある国以上の存在だった。私の世話をしてくれたビルマ人の乳母――のちに妹のモンジュも世話になった――は、いくらかベンガル語を知っていて、英語も少しばかり、おそらく当時の私が知っていた以上に話すことができた。この乳母は、見とれるほどきれいだと、私は思っていた。のちに一二歳になったころ、私は彼女が本当に艶《あで》やかだったのか母に尋ねてみた。すると、彼女は確かに「非常にかわいい」人だったと母は答えた。その表現は、彼女の美しさを充分に表わしていないと私には思われた。

だが、美人であったことだけが、私の乳母の素晴らしい点ではなかった（名前を思いだせればよいのだが）。彼女は家族の一人ひとりに何をすべきかを提案していた。私は母がよく彼女に助言を求めていたのを覚えている。あるとき外出から戻ってきた両親は、居間の壁に絵の具が塗りまくられているのを見て驚かされるはめになった。そのとき、私のその絵は実際には、並外れた芸術的才能を示したものなのだと、両親にうまく伝えてくれたのがこの乳母だった。私のいたずらによる危機はそのように緩和された。私はときおり、乳母が見いだしてくれた芸術的才能をもっと発揮できればよかったのにと悔やんでいる。

ビルマでは女性がよく目立つ。経済活動の多くを女性が担っているし、家庭内の意思決定においても発言力がある。その点では、ビルマはサハラ以南のアフリカやその他の東南アジア諸国と似ているが、インドの大半の場所や、現在はパキスタンとなった地域、もしくは西アジアとは大きく異なる。女性が占めた重要性は、子供時代のビルマの記憶のなかで強く印象に残ったことだった。五歳や六歳という年齢では、それがとくに際立った特徴とは思わなかったが、のちに他国の伝統を検討した際に、ほかの地域と比較をする際の基準として、私のビルマ時代の記憶が役立った。こうした思い出が、社会的性差《ジェンダー》関連の問題にたいする私の姿勢に影響を与え、女性の主体性《エージェンシー》〔受け身にならず、動作主となること〕について考えるうえで役立った可能性すらあるかもしれない。この問題は、のちに私の研究テーマの一つとなった。

7

これらの幼い日々の思い出は、ビルマがいまなお私にとって大きな関心を寄せる国でありつづける理由の一つだった。こうした称賛の念は、アウンサンスーチーと知り合ったことで、さらに強まった。一九六二年に武力で政権を掌握した軍の支配に抵抗し、多くの勇気と展望をもって国を導いた驚異的な女性である。私は恐れ知らずの指導者としてのスーチーをよく知っており、そのような勇気ある優れた人物と知り合ったことを、非常に幸運だと感じた。彼女はひどい嫌がらせと長期にわたる自宅軟禁に耐え、ビルマの民主主義の大義のために闘った。彼女の献身的な夫であるマイケル・アリスとも、私は知り合う機会を得た。彼は偉大な東洋文化学者で、とりわけチベットとブータンの専門家だった。

マイケルは軍によって事実上、ビルマから追放されていた。しかし、オックスフォード大学セントジョンズ・カレッジの特別研究員《フェロー》だった彼は、オックスフォードの自宅から、スーチーを助けるために、そしてビルマのために、できる限りの手を尽くした。一九九一年にスーチーへのノーベル平和賞授与が発表された直後に、マイケルはハーヴァード大学にやってきた。その後の祝賀会で彼に会えたことが、私にはたいへん嬉しかった。悲しい知らせはその後一九九九年にもたらされた。がんが転移してマイケルには死期が迫っていたのだ。当時、私はイギリスに戻り、ケンブリッジのトリニティ・カレッジにいた。一九九九年三月下旬のある朝、彼から電話をもらってそう告げられたとき、私は最悪の事態を恐れた。余命いくばくもないという話だったが、彼には「私のスーと私のビルマ」の面倒を見るためになすべき仕事が山ほどあったので、そんなことは起こりえないはずだった。私には彼が抱いている危機感も、意識がどれだけはっきりしているかもよくわかった。その二日ほどのちに、私はオックスフォードからマイケルがたったいま息を引き取ったと連絡を受けた。三月二七日のことで、その日は彼の誕生日でもあった。スーは愛するパートナーを失っただけでなく、最も頻繁に献身的な支援と助言を送りつづけてくれた相手を亡くしたのだった。

スーチーはやがて二〇一〇年に軍にたいして勝利し、ビルマの政治指導部において、非常に制約を受けつつも、かなり実質的な役割を与えられることになった。だが、彼女の問題は増しつづけ、ビルマの人びとにとっても、それは同様だった。彼女はこれらの人びとを苦境から救うことはできなかったし、間違いなく救ってはいなかった。

それどころか、スーチーの指導体制では何かがひどく間違った方向に進み、ビルマで弱者の立場にある少数派の社会を救おうとしなかった点に、とりわけそれが反映されていた。ベンガル語を話すムスリムの少数派集団、ロヒンギャ族である。ビルマにはほかにも多くの少数派集団があり、これらの人びとにたいする彼女の扱いも称賛に値するものではなかった。ロヒンギャ社会にたいしては軍だけでなく、非寛容な仏教活動家も恐ろしい残虐行為を働いたが、だからといって、少なくともこれまでのところ、犠牲者を救うために彼女が何かしら実質的な措置を講ずることはなかった。

スーチーについて不可解な点があるとすれば、ビルマに関してはさらに理解に苦しむ大きな謎もあり、私にはそれがとりわけ憂慮すべきことに思われる。すなわち、幼い私にあれほど好印象を与えたビルマ人の優しさが、ロヒンギャには残酷なまでの敵意を向けるものとなったように思われることだ。ロヒンギャは蛮行に耐え、組織的な大虐殺《ポグロム》のなかで拷問にかけられ、殺される羽目になった。こうした出来事に私はとてつもなく落胆させられただけでなく、ビルマ人の生まれもった優しさや並外れた温かさに関する思い出は、すべて幻影だったのかとも問わねばならなかった。だが、ビルマ人の温かさや親切さについては、私と同様の印象を抱いていた人もいた。医療が受けられないビルマ人を助けるために尽力した友人――ジョンズ・ホプキンスの献身的なバックパック医療従事者の一人――アダム・リチャーズは、こう書いている。「いつも声を立てて笑い、いつも歌い、笑みを絶やさない(2)。これだけの逆境にもかかわらず、彼らの献身ぶりやユーモアを目にするということはじつに感動的だ」。幼少期に私がビルマ人に抱いた未熟で稚拙な憧れとよく一致する報告は、ほかにもいくつかある。

そこで必然的に疑問が生じる。何が変わったのか？　私には推測しかできない。決定的な違いをもたらしたと思われるのは、近年、軍が組織的に実施していた、ムスリムのロヒンギャにたいする執拗なプロパガンダだ。私たち家族が知っていた穏やかなビルマ人は、暴力的に人を憎むように訓練されてしまったのであり、その転向に軍が決定的な影響力をもつ役割を演じていたのだ。人びとの心を毒し、よく組織された人種主義的なプロパガンダを利用し、強引に偏見を植えつけ、拷問と殺害へと誘導したのである。

それどころかここには、穏健な国民を変容させる可能性について世界が学ぶべき教訓がある。そのようなプロパガンダの威力はビルマだけでなく、今日の世界の多くの国々で見られる。ビルマで起こっている事態はもちろん、とくに野蛮だが、特定の少数派集団にたいして扇動が果たす効果は、世界の各地で見られるものだ。たとえば、ハンガリーでは移民にたいして、ポーランドでは同性愛の人びとにたいして、あるいはヨーロッパのほぼどの国でもジプシーにたいして見られるものだ。ここには、かつては政教分離であったインドでも、今日とくに重要となる教訓がある。宗教的過激主義者は、政府の政策すら利用して共同体間の関係を蝕み、ムスリムの少数派の人権を脅かすことに非常に熱心だ。

ビルマ軍は長年ロヒンギャにたいする憎悪を抱きつづけてきた。一九八〇年代以前からすでに、ロヒンギャにたいしてはさまざまな法的、市政的な措置が取られてきた。二〇一二年にはなかでも激しい攻撃が繰り広げられ、政府のプロパガンダはラカイン州の仏教徒に自分たちの「人種と宗教」を守れと迫った。ロヒンギャの大半はそこに住んでいた。軍は大きな反対を受けることなく、プロパガンダ戦争に勝った(3)。これによって軍は強固な足場を固めることができ、ロヒンギャを手荒く扱い、最終的に追放するための準備をした。中傷を念入りに醸成することで、操作した世論に支持されながらである。

プロパガンダ戦が始まったばかりの時期であれば、スーチーがこの破壊工作に立ち向かえる可能性はあっただろう。そして彼女なら、ロヒンギャはバングラデシュからビルマに移住してきたとする、軍が擁護した作り話にも抵抗できたはずだ。イギリスの撤退によって南アジアが分割された過程で、ラカイン（旧アラカン王国の一部）が新たに独立したビルマに割譲された事実を認める代わりに、流布された説である。ロヒンギャはラカインの地に長年暮らしていたのである。だが、軍がロヒンギャのイメージを意図的に歪めて、ほかの人びとを煽って暴力を振るわせていた時期に、スーチーは奇妙にもその言いなりになったままだった。過去にはたびたび民主主義運動のためにビルマの価値観を守ってきたのに、自分の政党や同盟者を動員できた早い時期に、軍によるプロパガンダに対抗しようとしなかったようなのだ。彼女は効果的な抵抗運動を繰り広げられたはずの時期に、この少数派集団への中傷と戦おうとしなかった。そして、その後は手遅れとなった。

数年も経たないうちに、政府のプロパガンダは世論を抜本的に変えて、ロヒンギャと敵対させるのに成功していた。ロヒンギャのために立ちあがろうものなら、ビルマ人仏教徒の大半からの強い反対に遭うはめになる。実際、その時分にはロヒンギャを擁護することは政治的に危険になっていた。軍がそうなるよう請け合っていたのだ。スーチーによるビルマの指導体制は、このプロパガンダ戦に負けたのちに、彼女がロヒンギャのために闘うことにしていたら、深刻な疑問を突きつけられただろう。昔からビルマ人を敬愛してきたとはいえ、スーチーや国政を担う人びとが、ロヒンギャの直面した（そして今後も直面する）社会的災難の責任を免れないという点については、私も認める。だが、その過程がいつどのように有無を言わさぬものに変わったかについては、通常以上に入念な分析が必要だ。

8

ここに教訓があるとすれば、倫理や道徳に関するものだけでなく、政治の知恵や実用的かつ実際的な推論《リーズニング》〔論理的思考〕における教訓でもある。今日のヨーロッパからインドまで、世界の多くの国々で明らかに見られるように、差別的な憎悪が生まれるにつれて、反撃のタイミングと実用性はますます重要になってくる。第二次世界大戦後、人間社会は互いに歩み寄ろうと多大な努力をしてきたし、私自身の経験においても非常に強くそれを実感してきた。だが、今日ではそれが不寛容の恐ろしい兆候に取って代わられる危険があるようだ。今日、同様の危機を迎えつつある国はほかにも数多くある。

ビルマに住んでいたころから、家でいくらか勉強を教わってはいたが、私の初等教育が本格的に始まったのは、ダッカに戻ったのち、家からそう遠く離れていないラクシュミー市場にあるセントグレゴリーズ・スクールに通うようになってからだった。ここはアメリカを拠点とする財団によって運営されたミッション系の学校だったが、白い肌をした先生たちの、いま思えばアメリカ英語だったに違いない言葉が、生徒にはよく理解できなかったため、生徒のあいだでは、理由は覚えていないが、教師たちはベルギーからきたと噂されていた。セントグレゴリーズは学業面では傑出しており、校長のブラザー・ジュードは優れた教育を施すだけでなく、学年末に行なわれる地域学力試験で、同校の生徒が他校生よりも優秀な成績を収められるよう念を入れていた。二〇〇七年に同校の創立一二五周年の記念誌が、こうした昔のことを回想しながら指摘したように、「わが校の生徒たちはたびたび一位から一〇位までを占めていた」という。セントグレゴリーズの生徒には、のちに優れた学者や法律家、あるいは政治指導者（バングラデシュ大統領も何人かいた）になった人もいた。バングラデシュ独立後最初の外務大臣を務めたカマル・ホセンが述べたように、同校の学業成績は生徒のために助力を惜しまない教師たちの貢献がその一因となっていた。先生たちは授業中とてつもなく熱心であっただけでなく、課外時間にもつねに手を差し伸べてくれていた。

セントグレゴリーズの優れた実績や厳格な規律ある文化は、残念ながら私には向かなかった。学校は息が詰まると思ったし、ブラザー・ジュードのお気に入りの言葉を借りれば、私は「輝き」たくもなかった。ずっとのちの一九九八年一二月に、ノーベル賞をもらってまもなくダッカを訪れた際に、セントグレゴリーズの校長が私のために特別な祝賀会を催してくれた。現在の生徒たちによい刺激になるだろうと、倉庫から私の答案を探したところ、「あなたの成績が三七人のクラスで三三番目だったのを見て落胆した」のだと、彼は言った。「思うに優秀な生徒になられたのは、セントグレゴリーズを離れたあとだったんですね」。校長は間違ってはいなかった。自分が優秀かどうか、誰からも気にかけられなくなって初めて、私は優秀な生徒と呼べるものになったのだ。

ダッカで学校に通っていたころから、私は断続的ではあるが、定期的にシャンティニケトンに行っていた。当初は、私が実際にそこに転校するという考えはまったくなかった。しかし、一九四一年に日本軍がビルマを占領すると、両親はすぐに私を祖父母のもとに送りだして、シャンティニケトンの学校に通わせた。通常の学業面の基準からすれば、セントグレゴリーズのほうがはるかによい学校だったため、父は私を引き続きこの学校に通わせたがった。だが、カルカッタやダッカは空爆されたとしても、日本の爆撃機が辺鄙なシャンティニケトンに関心をもつことはないだろうと父はしだいに確信するようになった。

日本軍が攻撃する可能性については、父は正しかった。戦時中、カルカッタとダッカでは定期的に防空訓練が行なわれ、サイレンが鳴り響いた。一度などは、一九四二年一二月に短い休暇をカルカッタで家族ぐるみの友人とともに過ごしていたとき、同市の波止場付近が一週間に五回、日本軍から爆撃されたことがあった。ある晩、ベッドで眠入ったふりをしながら、私はアパート三階のベランダに抜けだすことに成功した。ベランダからは遠方で火の手が上がるのが見えた。実際には、かなりの距離があったのだが、子供にとっては非常に興奮する出来事だった。カルカッタとは異なり、ダッカは幸いにも空爆は受けなかった。

私がきわめて進歩的なシャンティニケトンの学校で学ぶようになったのは、父が戦時中にあれこれ考えた結果だったが、私はたちまちこの学校に惚れ込んだ。セントグレゴリーズに比べて、この学校はさほど学業中心でない、伸び伸びとした教育に重点を置いていた。ここではまた、インド独自の伝統の学習を、その他の国々や、世界各地の文化を学ぶ多くの機会と結びつけていた。シャンティニケトン・スクールで重視されたのは、優秀さを競い合うことではなく、好奇心を育てることだった。それどころか、成績や試験の点数に関心をもつことは、まったく奨励されていなかった。私はシャンティニケトンの居心地のよい開架式図書館で、世界各地に関する山ほどの本を探索するのを大いに楽しんだ。そして、よい成績を取らずに済むことが何よりも嬉しかった。

私がシャンティニケトンに移ってからまもなくして、戦況が変わった。日本軍は退却したが、私は自分の新しい学校からの退学には同意しなかった。この学校が大好きになっていたのだ。私のつかの間の出生地だったシャンティニケトンは、急速に私の長期にわたる家となりつつあった。しかしもちろん、父が大学で教えつづけていたので、ダッカにも定期的に帰省したし、ダッカにいた私の家族は、両親のもとにとどまった妹のモンジュを含め、そこで幸せに暮らしていた。学期中はシャンティニケトンで過ごし、長い休暇にはダッカで暮らすのが、私にとっては理想的な組み合わせに思われた。私のいとこたち、なかでもミラ＝ディ（ミラ・シェン、のちのミラ・ラエ）は、休暇をじつに楽しく過ごさせてくれた。

こうしたことすべてが変わったのは、一九四七年に国が分裂したときだった。宗教集団間《コミュナル》の暴動と流血沙汰は、途切れることなく悲しみをもたらした。それはまた、私たちが移住しなければならないことも意味していた。ダッカは新たに誕生した東パキスタンの首都となり、私の家族は本拠地をシャンティニケトンに移さざるをえなくなったからだ。私はシャンティニケトンが大好きだったが、ダッカを、そしてジョゴト・クティルの家を去らねばならないのは、とても寂しかった。二階のベランダに張りだして、よい香りであたりを満たしていたインドソケイの木は、もはや私の暮らしの一部ではなくなってしまった。ダッカの幼馴染みたちはどこへ行ったのか、いまでは誰と一緒に遊んでいるのか、うちの庭のジャックフルーツやマンゴーはどうなったのかと私は考えた。私は一つの世界を失ったのだ。シャンティニケトンにいることの充足感は確かに大きかったが、ダッカを失ったことは、それによって忘れられるものではなかった。新しい暮らしを楽しむことが、昔の暮らしへの強い郷愁を追いだしはしないことを、私はすぐさま悟るようになった。

第2章　ベンガルの川

1

ダッカは大河ポッダ川から、そう離れていない場所に位置する。この川は有名なゴンガ川――英語を話す人にとっては「ガンジス」――の二本の支流のうちの大きなほうだ。ゴンガ川はベンガルに入ると二本に分かれ、ベナレス〔ワーラーナーシ〕やパトナーなど、北インドの古代都市を通ってゆく。ポッダ川（この名称は蓮を意味するサンスクリットの言葉、パッドマーのベンガル語読み）は南東へと優雅に流れたのち、やがてベンガル湾へと注ぐ。もう一方の支流であるバギロティ川はもっとまっすぐ南へ流れ、カルカッタ市を通り抜け、短い旅を経たあとベンガル湾に注ぐ。なぜかこの細い支流には「ゴンガ」の古い名称も使われつづけ、バギロティ川（および比較的最近の名称であるフグリ川）とも言い換えられながら使われている。バギロティ川もポッダ川も、ベンガル語の古いベンガルの文学では大いにたたえられており、それぞれのカリスマ性をめぐる対抗意識もそれなりに残っている。ダッカ出身の少年だった私はカルカッタの友達に向かって、君たちなど、蓮のようなポッダ川の雄大さがない、二流の川でごまかされてきたんだと言ったことを覚えている。

ゴンガ川の水の分岐には、より深刻な、そしてきわめて政治的な側面があり、一九七〇年にインド政府がこの川に大きなダム、ファラッカ・バラージを建設して、バギロティ川に流れる水量を増やして活性化させたことで、のちに顕著になった。主要な目的の一つは、徐々にカルカッタの港の水深を浅くしていた沈泥《シルト》を浚渫《しゅんせつ》することだった。ダムはシルトを除去するうえでは役に立たず、東ベンガルでは当然ながら悪感情だけ生みだしていた。私が子供のころは、そのような政治的対立が身近に感じられることはなかったが、水をめぐる対抗意識はすでに強かった。

ポッダ川についての私の自慢は、実際には確かな根拠にもとづいていなかった。そもそもダッカは実際には川沿いにはないし、かつては（一部の人びとが信じるように）川沿いにあったとしても、ポッダ川が遠ざかったのは何百年も昔のことだ。ベンガルの軟らかい沖積土では、そこを流れる河川の流れがしばしば——悠久の地質年代にというより、人類の歴史時代に——変わるのがその顕著な特徴の一つなのである。ダッカは実際にはまだブリゴンガ（「年老いたゴンガ」を意味する）と呼ばれる比較的小さな河川沿いにある。その川の老衰ぶりを正直に認める呼称だ。雄大なポッダ川はダッカからそう遠くなく、簡単に行ける距離にある。この川は都市から離れるにつれて、支流からの水を集めていっそう壮観になる。インド亜大陸を流れるもう一つの大河、プラーマプートラ川と合流したあとはなおさらだ。この川はベンガルのこの地域ではジョムナとも呼ばれている（そのため北インド人を戸惑わせている。北部にはもっと有名なジャムナ川があり、その土手沿いにデリーとアーグラおよびタージ・マハルがあるからだ）。もう少し下流に行くと、ポッダ川はメグナ川という別の川と合わさり、その巨大な合流もメグナ川と呼ばれる。向こう岸が見えない、この驚くほど広大な川のそばに初めて立ったときの感動は、いまでも覚えている。私は父にこう尋ねたものだ。「これは本当に川なの？　この水は塩辛い？　ここにはサメがいるの？」

現在はバングラデシュとなった東ベンガルでの私たち一家の暮らしは、これらの河川の周囲で織り成されていた。私たちがダッカからカルカッタへ行くときは、それがこの「大都市」を訪れるためであれ、シャンティニケトンへの道中であれ、私たちはダッカからナラヨンゴンジまで短い区間を列車に乗り、そこから蒸気船に乗ってポッダ川の長い船旅にでた。川沿いの変わりゆく景色を堪能したあと、私たちはゴアロンドの川の合流点に到着し、そこからカルカッタまでは列車で直行した。

ポッダ川の蒸気船の旅に、私は夢中になった。甲板からはどんどん変わるベンガルの景観が見られ、賑わった村に差し掛かると活気づいた。村には学校になどまるで行っている様子のない子供たちがいて、船上の私たちが通り過ぎるのを娯楽として眺めていた。子供たちが学校に通っていないことへの私の本能的な懸念は、インドでは大半の子供は学校に行かなくてもよいのだと父に言われても、あまりやわらがなかった。独立後はこうしたことは変えなければならないと父は請け合ったが、ずいぶん先の話に思われた。当時の私は、独立後も事態が充分に早く変わりはしないことに気づいていなかったし、もちろん学校教育を普及させることが、インドでもその他の国でも、私の人生の主要な取り組みの一つになるなどとは思わなかった。

このような蒸気船の旅は、私にとって工学の世界を知るきっかけにもなった。現代の基準からすれば、船の機関室は何とも原始的なものだったに違いないが、父が船長の許可を得て連れていってくれると（私たちは毎回見学した）、外輪が回転運動するのがよく見えた。エンジン・オイルやグリース特有のにおいが漂うなかで、鋼鉄の棒が上下左右に動くのを眺めると、私はいつも興奮した。連続した動きの世界にいるのを、私は大いに楽しんだ。それは甲板からのゆっくり滑らかに動く景観とは対照的だった。いま思えば、これは船の機関のような複雑なものがどう動くかを理解しようとした、私の幼少期の試みの一つだった。

2

ゴアロンドまでの往復の船旅は、子供時代に川を体験したことのごく一部でしかない。東ベンガルの季節ごとの休暇は、水辺でばかり過ごすものになりがちだった。前述したように、ダッカからマニクゴンジ地区のモットまでの旅には、短い水路をたどる短い区間があるが、そこを抜けるには長い時間がかかった。両親と妹のモンジュとともに、東ベンガルのダッカ近くにあるビクロムプル（現ムンシゴンジ）のショナロンにある母方の先祖代々の家へ行くときも同様で、やはり河川をいくつも抜けて長い船旅をすることになった。私の母方の祖父母は定期的にシャンティニケトンかベンガル西部のショナロンまで、つまり自分たちが現実に暮らし、働いている場所から遠く離れた地にある二人の「本当の家」まで旅をしていた。

私が九歳近くになったころ、父から夏休みのあいだ一カ月間、移動可能な屋形船（小さなエンジン付き）で過ごし、河川網づたいの旅を手配しているところだと教えられた。人生最高の時がやってくるのだと私は思い、実際そのとおりだった。ゆっくりと動く船に乗って過ごした日々は、期待したとおりにスリルに満ちていた。私たちはまずポッダ川沿いを進み、それから素晴らしく穏やかなドレッショリ川から雄大なメグナ川まで、さまざまな川を航行した。どこもみな息をのむほどの光景だった。植物は水際だけでなく、水面下にも生えていて、私がそれまでに見たことのある何よりも奇妙な様相をなしていた。頭上を飛び回っては、船で羽を休める鳥たちから私は目を離せず、当時五歳だった妹のモンジュにいくつかの鳥の名前を言い当てて、自慢することができた。周囲では絶え間なく水の動く音が聞こえ、ダッカの家の静かな庭とはまるで異なっていた。風の強い日には、波が船縁で騒々しくしぶきを上げげた。

それまで一度も見たこともない種の魚もいた。魚のことなら何でも知っているかのような父は、そうした特徴を私が見分けられるようあれこれ助言していた。魚を食べる小型のカワイルカ――ベンガル語の名前は「シュシュク」（学名は *Platanista gangetica*〔インドカワイルカ〕）――もいた。黒っぽくてつやつやとしており、呼吸するために水面まで上がってきては、非常に長いあいだ潜る。私は遠くからイルカたちの力強さと優雅さを楽しんだが、私の足指を見慣れない魚と勘違いされないかと心配で、あまり近づかないようにしていた。

ビルマでラドヤード・キプリングをすっかり虜にした「トビウオ」はポッダ川やメグナ川にもたくさんいて、見ていて飽きなかった。両親は英語とベンガル語双方の詩集を何冊ももってきていた。私は川での休暇中、（またもや）キプリングの「マンダレー」の詩など、多くの詩を読んだ。私はこの詩がまだ好きで、マンダレーのことを思い出させてくれるのがとても嬉しかったが、このイギリス人はジャンプするタイプの魚をどこで見たのだろうかと疑問に思った。マンダレーそのものから遠く離れたモールメン〔現モーラミャイン〕でこの詩は書かれており、ビルマ時代に私たちもそこを訪れたことがあるのを父が思いださせてくれたのだが、キプリングは「マンダレーへ向かう路上で」、これらの優雅な生き物が遊んでいるとしていたのだ。

路上で？　そんなことがどうして可能なのだろう？　このイギリス人にとって、イラワジ川は道路に見えたのだろうか、あるいは川がすぐ道路沿いを――私が覚えていない道沿いを――流れているという意味だったのかと、私は眠りにつきながら悩んだのを覚えている。この差し迫った問題を解決できないうちに、私は眠ってしまった。その夜の終わりに、「夜明けが雷鳴のごとく訪れる」ときも、私はキプリングとともにいた。そのころには、夜の悩みごとを払いのけて新しい日を迎え、目を凝らし、耳を澄ましては船の上を走り回り、船の周りだけを慎重に泳ぐのだった。

川の土手にはたくさんの村があった。賑やかな村もあれば、かなり寂れた村もあり、水際が心配になるほど近づいて見えるところもあった。私は母に、それらの村が見た目と同じくらい危ない状態なのか聞いてみた。母はそうだと答えた。実際には、見た目以上に危険にさらされていた。土手周辺の硬い地面に見えたものは、川の流れの変化で陸地が浸食されれば、崩れ始める可能性があったのだ。ベンガルの川は、昔からこの地域に繁栄をもたらした主要な源泉の一つだったが、それはまた人間の命と安全にとっては予測不能な危険を引き起こす要因でもある。流れの変わる河川の周囲で暮らす難題をめぐる考えが脳裡に染みつき、表裏一体である美と危険に私は魅了されつづけた。それでも、当時の私は川の物理的な雄大さと、そこで見られる生命の躍動に心を奪われていた。河川にたいするこの相反する態度が、東ベンガルの多くの人びとの心に生来あることを、私は徐々に理解していった。

ベンガルは、ふだんは穏やかな川の創造力に満ちた美に魅了されている。それに匹敵するものと言えば、ただ暴れる川の見事なまでの破壊力であり、そのどちらもがベンガルの河川に、よく考えられて通常つけられている、示唆に富む名称に反映されている。これらの名称は、たとえばモユラッキ川、正式名称ならマユーラークシー川（「孔雀の目」）、ルプナラヨン川（「神聖なる美」）、モドゥモティ川（「蜂蜜のように甘い」）、イチャモティ川（「われらが欲望の達成」）、およびお馴染みのポッダ川（「蓮のごとき」）など、魅力に溢れたものだ。しばしば氾濫し、つねに流れを変える川の破壊的な側面もやはり名称に残され、町や村を水没させるその力をたたえている。ポッダ川の別名、キルティナシャ川（「人間の功績の破壊者」）などである。ダッカのセントグレゴリーズ・スクールからシャンティニケトン・スクールに転校したとき、私はキルティナシャ川の流域、もしくはその付近から、オジョイ川（「無敵」）のすぐ近くへと移ったのだ。この川は一年の大半は穏やかだが、モンスーンの季節には信じがたいほどの川幅になることが多く、近隣の数多くの町や村を水没させていた。河川の相反するこの本質は、社会の安全な役割を求める闘争にとっての興味深いたとえとなる。そこに依存する人びとを助けもすれば皆殺しにもする社会である。

3

川船で小さな川から大きな川へと移動するにつれて、水の色は白濁した色から青色に変わった。ドレッショリ川の名前はその色白の美しさ（ドルはあまり使われない言葉だが、カロ・ドロ、つまり黒・白のドロと同義）に由来するが、メグナ川はモンスーンの雲（メグ）のように黒っぽく美しい。私たちの周囲の水は、ありとあらゆる方法で私たちの関心を引いた。私は「ノディ」（ベンガル語で「川」を意味する代表的な言葉だが、ほかにも多数ある）というラビンドラナート・タゴールの長い詩を一心に読んだ。この詩はおそらくゴンガ川と思われる川をめぐる人びととその暮らしを描いている。というのも、この川はヒマラヤ山脈に端を発し、さまざまな人間の定住地を流れて、海へと注ぐからだ。この詩を読むことで、私はようやく川とは本来何であるかを理解し、人びとがなぜ川についてこれほどとやかく言うのかがわかった。

父が旅行のときいつも使っていた地図を見ていたとき、私は途方もない発見をした。地理の授業で取りあげられるべきものだと思ったが、教えられなかったことだ。すなわち、まったく別の方向へ流れるゴンガ川とブラーマプートラ（ブロンモプットロ）川が、どちらもヒマラヤのはるか高所にある同じ湖、マーンサローヴァル湖（「心から生まれた湖」）を水源としている事実だ（この湖はサンスクリットの文学でも何度もたたえられている）。互いに遠く離れたルートを通って非常に長い旅をしたあと、二つの川は、水源から遠く離れたベンガルで合流する。ゴンガ川はヒマラヤ山脈の南を流れ、北インドの平原を抜け、リシケシ、カンプール、ベナレス、パトナーなどの古代から多くの人口をかかえた都市のそばを通過するが、ブラーマプートラ川はそれとは対照的に何千キロにもわたって平原とヒマラヤ山脈の北を流れたのち、（右へ曲がって、低くなりつつあるヒマラヤ山脈を越えてから）ゴンガ川と合流する。長く音信不通だった友と会うかのように。この事実に気づいたところへ加わったのが、学校で習ったばかりの、水に囲まれた陸塊という定義だった。それゆえに、学者気取りの子供だった私は、インド亜大陸最大の島は、スリランカ（当時はセイロンと呼ばれていた）と教えられてきたが、そうではなく、ゴンガ川とブラーマプートラ川、およびマーンサローヴァル湖に囲まれた巨大な陸塊なのだと考えた。

ダッカのセントグレゴリーズであれば、自分の新しい「発見」を公表するような真似はしなかっただろうが、シャンティニケトンはくつろいだ雰囲気だったので、私は地理の時間にそのことを得意になって発表した。私の地理の先生は、「インド亜大陸でいちばん大きな島は何か」という質問にたいする私の新しい答えをかなり好意的に説明させてくれたが、私の画期的発見の威力を否定することにおいては自説を譲らず独断的で、級友たちもまた同様だった。「それは島と呼ばれるものではないよ」と、私は言われた。「なぜだい？」と、私は聞き返した。「島の定義を思いだしてみろよ。水に囲まれた陸塊だろう！」すると私を中傷する人びとは、従来の定義にこれまで表明されていなかった補足を付け足したのだ。陸塊を囲む水は、川や湖ではなく、海でなければならないのだと。しかし、私は諦めるつもりはなかった。数週間前に、パリのセーヌ川の真ん中にある島について習ったばかりだったので、そうなればこの島を何か別のものに分類し直さなければならなくなると私は主張した（「ワニとでも」と、私は提案して、その場にいた誰もをいらだたせた）。私はこの議論に勝ちはせず、セイロンはインド亜大陸最大の島でありつづけた。自分では不当だと思ったが、私は不明確なことに専念するあまり、明らかなことを見逃し、突拍子もない理屈をこねる奴という評判を得た。

4

より深刻な意味でも、シャンティニケトンでは、周辺の経済と社会の繁栄に占める河川の重要性がかなりたびたび私たちの議論のなかで取りあげられた。タゴールはその関連を明らかに見抜いており、詩だけでなく小論のなかでもそれについて語っていた。当時の私が知らなかったのは、貿易と通商が果たした建設的な役割をたたえた初期の経済学者が、河川の役割に重きを置いていたことだった。シャンティニケトンの学校時代から、河川の果たす実際的な役割にたいする理解を広げていたこととのつながりは、のちにカルカッタのプレジデンシー・カレッジに入学した際に、私にとってとりわけ関心のある問題となった。市場経済の発達に河川が果たした役割についての、アダム・スミスの分析を私が読んだのは、この大学時代だった[1]。スミスは一八世紀のベンガルを経済的によく繁栄した場所だと考えていた。彼はそれを地元の訓練された職人の技能だけでなく、河川と水運によって生じる機会とも（大いに）関連づけていた。

スミスは古代のさまざまな文明がどれだけ水運の機会に恵まれていたかという切り口で、おおざっぱな歴史を描くことすら試みた。彼はとりわけヨーロッパのバルト海やアドリア海などにある素晴らしい入江や、ヨーロッパとアジアにまたがる地中海と黒海《ユークシーン・シー》、アジアにあるアラビア湾、ペルシャ湾、インド湾、ベンガル湾、シャム湾〔現タイランド湾〕が、その広大な大陸の内陸部まで海上通商を可能にしていること[2]」について語った。北アフリカの文明にナイル川が果たした役割は、スミスの分析のこの一般的パターンに当てはまったものの、「アフリカの内陸部」を含め、それ以外の大半の地域の後進性を、彼は水運を活用する機会が欠如していたためだとした。「アフリカの大河は互いにあまりにも距離があり、内陸水運を活用する機会にはなっていない」

スミスは歴史的に経済が後進的であったことの同じ要因を、「古代のスキタイ、すなわち今日のタルタリアとシベリアに相当する、黒海とカスピ海のかなり北方にあるアジア」の一部にも見てとった。「タルタリアの海は凍結した海で航行はできない。この国には世界最大級の河川が何本か流れているが、互いにあまりにも離れており、この地の大部分は通商も意思伝達も行なえない(3)」。カルカッタのYMCA寮の自室で夜遅くまでスミスの人間の発展の理論と河川がもつ経済力への賛辞を読みながら、私は子供のころ大いに感銘を受けたベンガル文化の河川の礼賛を、地域の繁栄に河川が果たす積極的な役割と結びつけてみたいという誘惑にますます駆られていった。

ベンガルの河川を実際に見ることはなかったが、スミスはこの地域を縦横に流れる河川がベンガルの人びとの想像上だけでなく、実際的な暮らしにも重要であったことを理解していた。川とその周囲の定住地は、何千年ものあいだ交易と通商にとって中心的な位置を占め、国内の経済を活気づけてきた。その多くは国外にも知られ、世界的な貿易と探険の目指すところとなった。西暦四〇一年に中国(東晋)の旅行者で仏僧の法顕《ほっけん》が、インドで一〇年の歳月を過ごしたあと、定期船に乗ってスリランカへ渡ったのは、古代都市タームラリプタの近くの港からだった。法顕はその後ジャワまで行って、最終的に中国へ戻った。彼は最初に中国からインドへ、アフガニスタンや中央アジアを経由する北方の陸路を通ってやってきて、ゴンガ川をさかのぼったパータリプトラ(現パトナー)にほぼずっと滞在していた。法顕が帰国したのち南京で書いた『仏国記』は、中国語で書かれた最古の旅行書となり、そこにはインド各地で彼が見たものが詳細に書かれている。

七世紀には、進取の気性に富んだ才能豊かな唐の僧義浄《ぎじょう》が、シュリーヴィジャヤ(現在のスマトラ島)経由でインドへやってきた。義浄は一年のあいだサンスクリットを学んだのち、ベンガルのタームラリプタへやってきた。彼はそこから川をさかのぼって現在のビハール州へ行き、ナーランダーの古代の大学で学んだ。ここは五世紀初期から一二世紀末まで、高等教育のための世界的な中心地として栄えた場所だった。彼の書は中国とインドの医学および公衆衛生の実践に関する最初の比較研究となった。

一七世紀の終わりには、今日のカルカッタ近くのゴンガ川河口は、インドからの多くの製品の輸出拠点となっており、なかでもベンガル産の綿織物は、ヨーロッパをはじめ、世界に幅広く知られていた。だが、さらに北部から得られる物資（パトナー産の硝石など）もまた、輸出されるべくゴンガ川を運ばれていた。もちろん、この地域の実入りのいい交易と通商は、外国の貿易会社がもともとこの地へやってきた理由だった。東インド会社もその一つで、この会社はやがてイギリス領インド帝国となる土台を築くことになった。カルカッタに拠点を置いたイギリス人だけが、ベンガルとの、またベンガル経由の交易を求めていた唯一の相手ではなかった。フランス、ポルトガル、オランダ、プロイセン、デンマークなど、ヨーロッパ諸国の貿易会社はみなベンガルで活動していた。

東ベンガル内での交易は、初期には水運上の問題があったため、もっと困難だった。当初のゴンガ川の流れ（フグリ川を抜け、現在のカルカッタを通るもの）が細くなったのは、シルトが堆積したためで、時代とともに東へ向かい、現在のバングラデシュに到達する流れが増していった。土壌の性質や絶え間ない堆積作用ゆえに、ゴンガ川は東へ旅をするあいだに河床からあふれだすことが多く、ボイロブ川、マタバンガ川、ゴライ＝モドゥモティ川などの支流を新たに生みだした[4]。一六世紀末により大きなポッダ川が出現して、ゴンガ川に直接つながると、ここが昔のゴンガ川の主たる支流となり、その水の大半を東ベンガルへと運ぶようになった。この変化はすぐさま東ベンガルの経済をインド亜大陸の市場だけでなく、世界市場にも結びつける効果をもたらし、東部の経済は急速に拡大することになった。これはまた東ベンガルからの歳入がムガル帝国の国庫で急速に増えたことにも反映されていた。

二世紀にプトレマイオスは異国について述べるなかで、この地域についてかなり詳細に語り、ベンガル湾に注ぐ「ガンジス川〔ゴンガ川〕の五つの河口」を正確に言い当てていた。プトレマイオスが描いた活気のある繁栄した町の正確な場所を特定するのは難しいが、この地域の交易と通商に関する彼の議論は充分に現実味がありそうだ。それについては、ウェルギリウスや大プリニウスなどの古代の著者によっても、おおむね確認されている。そして、一〇〇〇年以上のちに、アダム・スミスは現代のカルカッタに近いこの地域の経済的な重要性を明らかに認識していた。

5

ベンガル文学における川との強い結びつきは、ベンガル語がサンスクリットとは大幅に異なる（そこから派生した言語だが）、本格的な文法を伴った言語として出現した一〇世紀ごろの時代にまでさかのぼる。ベンガル語は、「プラークリット」と呼ばれる古典的サンスクリットの民衆版の言語と密接に結びついたものだった。古いベンガルの物語には河川と関連するものが数多くある。たとえば、一五世紀末に書かれ、盛んに読まれ、絶賛されてきた『モノシャモンゴル・カッボ』は、ほぼ全編を通してゴンガ川とバギロティ川を舞台とし、商人チャンドの冒険と最終的に敗北について語る。チャンドは支配的だった蛇の女神モノシャの教団に反旗を翻したのだが、その過程で結局、命を落とす。この物語は優れた戯曲にもなっている。

子供のころ、私は『モノシャモンゴル』に失望していた。傲然と立ち向かう商人のチャンドが、陰険な蛇の女神に勝てばよいと思っていたからだ。民話や演劇に登場する超自然界の存在の力に私は総じて憤慨しており、こうした勢力が征服されればよいと思っていたのも記憶している。そうした事態もときおり起こるが、そのとき私が覚えた少しばかりの満足感は、ずっとのちにアメリカへ渡った際にすっかり損なわれてしまった。アメリカのテレビで、とりわけ夜遅くのケーブルテレビで、超自然界からの代理人《エージェント》が跋扈《ばっこ》し人気を博していることに気づいたのだ。犯罪捜査物語と思われる番組を、そうだと信じて見始めるのだが、追いつめられた悪女が形のよい口を開くと、そこから三メートルもある舌が飛び出したりするのである。経験豊かなアメリカの視聴者には、そんなものは驚くに当たらないようだが。物語の筋がさらに展開するにつれて、多くの物理的な常識が覆される。世界で最も科学の発達した国のフィクションを超自然界が支配しているという事実は、アメリカの大衆の想像力の驚くべき特徴なのである。ここでは夜な夜な、何百人ものモノシャモンゴルたちがテレビ番組から何ら文学的価値もなく飛び出してくる。

古代ベンガル語の川を舞台とする文学は、川の関連する度合いもテーマもじつにさまざまだ。なかでも古い『チョルジャポド』（サンスクリットでは『チャルヤーパダ』）に書かれた、仏教のサハジャ乗の思想を古いベンガル語で黙考したものを読んだときには、とくに感動した。これらは一〇世紀から一二世紀のもので、明確にベンガル語の著作物とされる最古の部類のものだ。文学的な理由からも（もっとも、昔の言葉が現代のベンガル語とどう対応するのかを見極めるのに若干の訓練が必要だが）、歴史的な関心からも、読むに値するものだ。そこから、これらの敬虔な仏教徒たちの暮らしぶりや彼らの優先事項がわかってくる。作者のシッダチャルジョ（「シッダーチャーリヤ」）・ブシュクは詩のなかで勝利の気持ちを表わし、自分はポッダ川で財産を奪われ（「厄介払いした」）、非常に低いカーストの女性と結婚もしたので、これで「真のベンガル人」になったと喜んで報告する。シッダチャルジョはそのことをこう表現した。

ポッダ川の流れに沿って私は雷の舟を操った。
海賊どもが苦悩を奪っていった。
ブシュク、今日、おまえは真の「バンガリ人」になったのだ。
チョンダルの女を妻に娶って。

財産に執着しないことも、最下層に分類されていてカーストに従わない仏教徒のチョンダル〔チャンダーラ〕を妻にしたことも、誇り高い平等主義のベンガル人というブシュクの考えに明らかに当てはまった。
だが、一〇世紀から一二世紀にかけて、「バンガリ人」（もしくは『チャルヤーパダ』の原文で綴られるように「ヴァンガリー人」）は、現在「ベンガル人」であることを正確に意味していたわけではなかった。ベンガル人という意味は、まだ発達していなかったのだ。むしろ、一〇世紀における「ヴァンガリー」は、当時ヴァンガと呼ばれていたベンガルの特定の小地域の出身であることを意味していた。それは完全に、今日のバングラデシュだったのである。地理的には、非常に長いあいだ「東ベンガル」と呼ばれてきた場所だ。昔のボンゴ、もしくはヴァンガは、現在のダッカとフォリドプルの地区を含んでいた。ダッカの出身者である私は、現代の意味でのベンガル人であり、かつ古典的記述における「バンガリ」（または「ヴァンガリー」）でもあった。私はこのためブシュクに何かしらの親近感を覚えたが、彼の仏教にも親しみを感じた。学校時代に、私は釈迦〔ブッダ〕の思想に惚れ込んでいたのだ。あいにく、学校の友達に一〇〇〇年前のブシュクの思想に興味をもたせようとする私の試みは、完全なる失敗に終わった。例外はただ一人、シャンティニケトンの中国人の級友、譚立《タン・リー》だけだったが、その当時も彼が誠実さゆえに私のおしゃべりに耳を傾けてくれたのか、この問題に純粋に関心があったからなのか確信がもてなかった。

6

数世紀を経るなかで、東ベンガル人（西ベンガルでは「バンガル」と呼ばれていて、まったくの世間知らずも意味する言葉だった）と西ベンガル人（東部で中傷する人びとからは「ゴティ」と呼ばれ、これは文字どおりには取っ手のないカップを意味した）のあいだにかなりの差異が生じていた。この分断は、一九四七年に当時、東パキスタン（現バングラデシュ）と西ベンガル州としてインドに残った地域のあいだに生じた、ベンガルの政治的な分断とはとくに関係はない。一九四七年に実施された政治的な分割は、ほぼ全面的に宗教上の境界線だったが、バンガルとゴティのあいだの文化的な差異は、それよりはるか昔から生じていたもので、宗教上の境界とは何ら関係がなかった。たまたま、バンガルの大半はムスリムで、ゴティの大半はヒンドゥー教徒だったが、ゴティとバンガルの対抗意識は宗教上の区別とはほとんど無関係だった。

東西のベンガルのあいだには、歴史における一般的な違いがあった。東ベンガルの大半は、先述したように、古代のヴァンガ王国からのものだが、ベンガルの西部は実質上、はるか西のガウル王国に相当した。これはラールとスーマという、さらに古い王国の継承国だった。シッダチャルジョ・ノシュクは明らかに、昔のベンガルでは地域によって社会的な慣習が異なっていたことをほのめかす。ベンガル語のアクセントは確かに地域によって異なる。あらたまった話し方では何かしらの統一性はあるものの、各地のアクセントには大きな違いがある。場合によっては、ごく基本的な考えを述べるときでも、バンガルとゴティでは通常選ぶ言葉がかなり異なっていた。たとえば、カルカッタやシャンティニケトン周辺の西ベンガルで育った人びとは、「私に言わせれば」という意味で「ボルボ」と言うが、私たち東部の人間は「コイボ」または「コイム」と言うことが多い。ダッカから初めてシャンティニケトンに行った当初、私はよく方言を使ってしまっていたので、当初、級友たちはどういうわけか私の話し方を面白がり、私のことをしつこくコイボと呼んでいた。その言葉は私のあだ名のようになり、ゴティたちはそれを繰り返すたびにあからさまに笑うのだった。二年ほど経つと、私のゴティの友人たちも選択する言葉の違いを楽しむ余地がしだいになくなっていった。

ベンガル内で見られるこうした地域ごとの差異は、実際にはどの程度の違いを生みだしていたのだろうか？ カルカッタではとくに、両集団間で害のないからかいの言葉が相当やりとりされていた。ここは分割前のベンガルの都で、ゴティとバンガルが入り交じっていた。その区別が実際に本格的に現われたのは、フットボールだったかもしれない（つまりサッカーのことで、アメリカで行なわれている猛烈なゲームではない）。カルカッタに昔からあるチーム、モホン・バガンはおもにゴティが応援しており、イースト・ベンガルという新しいほうのチームは、バンガルから支持されている。宗教的な違いはここでは何ら見られなかった。やはり強豪の、モハメダン・スポーティングという別なチームもあったが、そのなかにはヒンドゥーの選手もいた。モホン・バガンとイースト・ベンガルの試合は大観衆を集めることができ、いまもそれは変わらない。カルカッタの多くの人は、この試合が一年で最も重要な行事だと明らかに考えており、その結果は生死を賭けるほどの問題となった。私はダッカ出身なので、当然ながらイースト・ベンガルを応援した。試合を見に行ったのは、一〇歳のときに一度きりだが、報道を通じて両チームの重大な対戦結果には関心を抱きつづけた。五五年後の一九九九年に、イースト・ベンガル・クラブから「変わることのない忠誠と支援」を理由に生涯会員にしてもらったとき、私は不相応な褒美をいただいた。

モホン・バガン対イースト・ベンガルの試合結果には、カルカッタで売られる魚の相対価格を含め、経済面で明らかな影響があった。大半のゴティは「ルイ」（ローフー、コイ科の淡水魚）という魚を最も好むが、東部のバンガルは通常、「イリシュ」に深い愛着があるので、モホン・バガンが勝てば、ルイがいっきに値上がりして、西部の人びとが祝賀会を催すことが多い。同様に、イースト・ベンガルがモホン・バガンを破れば、イリシュの価格は高騰するだろう。いつの日か自分が経済学を専門とするのかどうかそのころの私にはわからなかったが（当時、私は数学と物理にかなり夢中で、それに匹敵するものがあるとすれば、サンスクリットだけだった）、需要が突然急増したために価格が上がる初歩的な経済学は、たちまち私の関心を引いた。試合の結果が確実に予測できれば、こうした急変動は通常は起こらないはずだという素朴な理論すら立ててみた。予測が可能であれば、魚の小売業者が実際のサッカーの結果を見込んで、適切な種類の魚の供給を増やすだろう。そうすれば、「適切な種類の魚」の需要は、すでに拡大した供給を本当に超えることはなく、価格が吊りあがる必要はなくなる。ルイまたはイリシュの価格にそれぞれ見られた高騰現象が、サッカーの結果（すなわち、モホン・バガンまたはイースト・ベンガルのいずれかの勝利）の予測不能性に左右されていたのは明らかだった。

価格を安定させるために、もしくは変動させるために、正確にはどんな前提が必要なのかを突き止めるのはなかなか面白かったと、認めなければならない。だが、私はもう一つの結論にも達した。経済学が本当にこのような問題を解決する学問だとすれば、多少の分析の楽しみは与えてくれそうだと私は自分に言い聞かせたが、あまり役に立たない楽しみとなる可能性が高い。大学一年生で経済学をやろうと決意するようになったとき、この懐疑心ゆえに思い止まりはしなかったことはありがたい。それは航行可能な河川があることと文明の繁栄のあいだの関係についてのアダム・スミスの憶測は、それについて考えるための実体も提供しているのだと、私は幸いにも考えることができたのである。

7

ベンガル人の暮らしが伝統的に川を中心としていたことを考えれば、社会や文化の問題が、しばしば何らかの川にもとづいて類推されたのはごく当然のことだった。川は人間の暮らしを支え、維持していたが、それはまた暮らしを破壊し、命を奪うこともできる。川を中心に栄えた社会は、同じことをそこの人間にもなしうる。

一九四五年に刊行された『ノディ・オ・ナリ』（「川と女性」）という優れたベンガル語の小説のなかで、ベンガルの名だたる小説家で政治エッセイストのフマユン・コビルが川と人びとの関係がベンガルの暮らしに与える影響について、後世にまで残る説明をしている。ベンガルの別の主要な作家ブッドデブ・ボシュがベンガルの雑誌『チョトゥロンゴ』の書評で書いたように、コビルの読む者を引き込む物語のなかで、ポッダの大河は「モンスーンのあいだは勢いよく流れ、秋にモンスーンが去ると穏やかで美しくなり、夏の嵐の夜には恐怖をもたらし、予期せぬ死を招く恐ろしい原因となる。人間の暮らしに莫大な恵みをもたらすが、日照りのつづいたあと豪雨になったときは、価値あるすべてのものを一網打尽に奪うものにもなる」。

ベンガル語で出版されてまもなく、英語に翻訳されたこの小説は（『人間／男性と川《メン・エンド・リヴァーズ》』）と性別が変わったが）、流れを変える川によって生みだされては破壊される土地で暮らそうと奮闘する、土地をもたない家族の物語である。これらの家族は、著者のフマユン・コビルと同様にムスリムだが、その苦闘は宗教上の区別とは無関係に、川に依存するベンガル人ならば誰しも味わう苦難である。「私たちは川の民だ。小作農だ。砂地に家を建てては、水に押し流される。何度でも建て直し、土を耕し、荒地から黄金の実りを収穫する」[5]。『ノディ・オ・ナリ』は、私が高校生のころよく読まれ、よく話題に上った本だった。この書が提起した問題は幅広い注目を集めた。これは大河の実りと怒りの双方に直面する家庭生活を描いた、感動的な物語だった。

だが、コビルの小説には、大いに関心を集めた別の側面もあった。この小説は、危険と隣り合わせのベンガル人に共通した問題を捉えていただけでなく、このころから急にインドで非常に強い勢力となったムスリム分離主義とは相容れない、ムスリムの家族の物語にもなっていたのである。ムスリムの政治指導者として、フマユン・コビルは分離主義を断固として拒絶していたし、インド・パキスタン分離独立後も、主要な知識人および影響力のある非宗教的な活動家として、インド内にとどまっていた。彼はまた、インド国民会議派の議長だったマウラーナ・アブル・カラーム・アザードがインド独立のための非暴力的闘争について書いた有名な著作『インドは自由を勝ち取る（*India Wins Freedom*）』の執筆も手伝った。

『ノディ・オ・ナリ』は一九四〇年代に「ベンガルのムスリムの暮らしにおける危機的な時期」に書かれたが、これはまた「大いに見込みのある」時期でもあった。これは、コビルが取り組むことにしたジレンマを説明するなかで、ベンガルの文学評論家であるジャフォル・アフモド・ラシェドが使った表現である。当時、ムスリムの政治的指導者の多くは、宗教にもとづく政治を醸成する活動に関与しており、ムスリムのための「独立した故郷を求めるラホール決議」によくそれが反映されていた。だが、「ここには目の前で展開していた本物のジレンマがあった。公用語をめぐる論争や、〈ムスリム文化〉と関連の思想からの要求に勝り、土着の文化にしっかりと根づいた文化をどうするか」などが、そこには含まれていた。

ベンガルのヒンドゥーの政治的・文化的討議のなかでも、同様の対立は色濃く存在していた。宗教《コミュ》集団《ナル》間の暴力事件が突如として起こって急速に拡大しており、独立と分離に先立つ年月において、それがベンガルを席巻《せっけん》する新しい強力な政治力となり、一九四〇年代に多くの流血沙汰の原因をつくった。学童であっても、私たちは不安な思いと深い懸念を覚えずにはいられなかった。こうした敵意がどうやって突然これほど広まったのか、私たちにはよくわからなかったし、世界が狂気から抜けだすことを心から願い、自分たちに何かできることはないかと考えた。川が創造においても破壊においても、宗教にもとづく分離とは無縁であることは、宗教集団の違いにかかわらず、すべての人びとに共通する苦難があることを思い起こさせた。それがおそらく、『ノディ・オ・ナリ』に描かれていた川からの重要なメッセージだったのだろう。

第3章　壁のない学校

1

ラビンドラナート・タゴールは一九四一年八月に亡くなった。当時、私はまだダッカのセントグレゴリーズ・スクールに通っていた。すぐさま全校集会が開かれて、校長がその悲報を伝え、その日は休講だと宣言した。帰宅途中、私はなぜ、家族ぐるみの友人として知っていた感じのよいあごひげのおじさんであり、シャンティニケトンに行くたびに祖父母か母と一緒に会いに行っていた人が、世界にとってそれほど重要なのか不思議に思った。ラビンドラナートが大いに敬愛された詩人であることは知っていた（私はすでに彼の詩をいくつか暗唱することもできた）が、彼がなぜそれほど重要な人物と考えられていたのか、私にはよくわからなかった。当時、七歳だった私には、その後の歳月において私の思考にタゴールがどれほど根底から影響をおよぼすかについては思いもよらなかった。

家に戻ると、母がソファに横になって泣いており、父も大学の仕事を早めに切りあげて帰ってくるのだろうと私は推測した。三歳の妹のモンジュは、何が起きたのかときょとんとしていたので、私たちにとってじつに偉大で大切な人が死んでしまったのだと説明してやった。「いなくなっちゃったの？」と、モンジュは聞いた（死が何を意味するのか、よくわからなかったのだ）。「そうだよ」と、私は言った。「帰ってくるよ」と、モンジュは言った。それから七〇年後の二〇一一年二月に、短い闘病期間のあと、モンジュがあまりにも急に他界したとき、私は彼女の言葉を思いだした。

一九四一年八月のその蒸し暑い日、周囲の人たちは、親戚も、使用人も、友人たちも、誰もが悲しみに打ちひしがれているようで、哀悼の思いがあふれでていた。わが家の優秀な料理人で、燻製にした絶品のイリシュ・マチ（ヒルシャ・フィッシュ）をよくつくってくれた敬虔なムスリムは、深い悲しみとお悔やみを述べにきた。彼も涙を浮かべており、タゴールの歌がとても好きだったからだと語った。しかし、彼はおもに私たちを慰めにきてくれたのだろうと思う。わが家が、なかでも母が、ラビンドラナートと非常に親しかったのを知っていたからだ。

タゴールは実際、乳児のころから、私の人生において大きな存在でありつづけた。私の母のオミタは（前述したように）シャンティニケトンの彼の学校で学んだだけでなく、タゴール自身が演出し、カルカッタで上演された彼の舞踏劇で、定期的に主役を演じていた。母方の祖父のキティモホンは、何十年にもわたってシャンティニケトンで教え、研究をして、タゴールと密接に協力し合っていた。タゴールはインドの古典に関するキティモホンの知識をよく引用していたし、北インドやベンガルの農村などで発達した詩作品に関する彼の専門知識も当てにしていた。タゴールの最後のスピーチで、「ショッボタル・ションコト」（「文明の危機」）と題された渾身の演説は、一九四一年四月にシャンティニケトンの公開の大きな集会でキティモホンによって朗読された。タゴール自身は衰弱しきって読めなくなっていたためだ。これはじつに本質を突いたスピーチであったので、私はまだ子供ではあったけれど、非常に感動し、意欲を掻き立てられた。タゴールは当時、戦争に落胆し、西洋諸国の相変わらずの植民地主義的な行動に憤慨し、ナチスの残虐行為と日本の占領軍の暴力に心を痛め、インド国内で生じていた宗教集団間《コミュナル》の緊張を嫌悪し、世界全般の将来を深く案じていた。

私もラビンドラナートの死が意味することが実感されるにつれて、とりわけ深く悲しんだ。私と楽しそうに話をしてくれる温和なお年寄りとして、彼のことは大好きだったが、彼の思想や、その創造力の重要性についてあとから聞かされたことへの好奇心でもいっぱいになっていた。それまで自分があまり関心を払ってこなかったこの非常に尊敬された人物について、もっと学んでみようと私は決心した。タゴールの思想にたいする私の熱心な追究はこうして彼の死後まもなく始まり、生涯にわたる実りの多い取り組みとなった。とくに、彼が何よりも自由と推論《リーズニング》〔論理的思考〕に重きを置いたことから、私はこれらの問題について真剣に考えるようになり、年を重ねるごとにその重要性は増していった。個人の自由と社会の進歩を後押しするうえで教育が果たす役割は、タゴールの考えがとくに洞察力と説得力に満ちたものになるテーマであることを私は知った。

2

母は自分と同様に、私がシャンティニケトンで学ぶべきだと非常に熱心に勧めており、タゴールが亡くなったために——おそらく逆説的ながら——いっそうその決意を固めていた。父はさほど確信しておらず、いずれにせよ私がダッカの家族のもとを離れて、シャンティニケトンの母方の祖父母と暮らすという考えにあまり賛成ではなかった。だが、先に触れたように、戦争がインドにも近づいてくるにつれて、父はシャンティニケトンのほうがはるかに安全であると認識するようになった。私が転居することになった決定的な理由はそれだった。日本軍が撤退すると、私はその時分には大好きになっていた学校を離れるのを拒んだ。

一九四一年一〇月、タゴールが永眠してから二カ月も経たないうちに、私はシャンティニケトンに向けて出発し、（祖母によれば）「故郷に戻ってきた」と祖父母から大歓迎された。二人はまだ、一九三三年一一月に私が生まれた草葺き屋根の小さな家に住んでいた。そこで過ごした最初の夜、ディディマが料理をするあいだ、私は台所の低いスツールに座って、親族の近況と、もちろん噂話の双方に耳を傾けた。そのことが意味した重要性は、八〇歳近くになってから私のなかでますます明らかになっていた。われながら随分と大人になった気がしたのだ。実際、七歳から九歳のあいだに自分のなかの思想と理解の世界が急速に広がり、そのことに私は胸を膨らませていた。

3

シャンティニケトンに引っ越したのは秋の休暇（プジャ休暇）の終わりで、授業が再開する前だった。私には学校が始まる前にキャンパスを見て回る時間があり、校庭を中心に、学校の敷地を視察した。母方のいとこのボレン（私は彼をボレン＝ダと呼んでいた。「ダ」は兄を意味する「ダダ」の短縮形）は、校庭で練習をしていた同じ年頃の子供のクリケットチームのキャプテンに、私を紹介してくれた。このチームに初めて参加したときは、惨憺たる事態になった。キャプテンが私のバッティングの腕を試すために投球したところ、私が打ったボールが彼の鼻を直撃し、かなりの出血をさせてしまったのだ。怪我の手当てをしていたとき、キャプテンがボレン＝ダにこう言うのが聞こえた。「君の弟はもちろん僕のチームに入っていいけど、投球者の鼻じゃなくて、フィールドの端を狙うように言ってくれ」。私はそうすると約束し、新しい学校生活の始まりを祝うことになった。

シャンティニケトンは、学校がそれほど楽しいものだとは想像もしなかったような場所だった。何をするかを決めるにも相当な自由があり、雑談のできる知的好奇心にあふれた級友たちが大勢いたほか、カリキュラムと無関係なことでも質問しに行ける親しみやすい先生がいくらでもいて、さらに、何よりも重要なことに、必須の教科がほとんどなく、厳罰は皆無だった。

体罰の禁止は、タゴールがこだわった規則であった。私の祖父のキティモホンは、そのことがなぜ「私たちの学校と国内のその他すべての学校」との本当に重要な違いであるかを説明し、それがなぜ教育に大きな違いをもたらすのか、とくに子供に学ぶ意欲をもたせるうえで大切かを教えた。非力な子供を打つことは野蛮な行為であり、忌避するよう学ぶべきものだが、それだけではない。何によって正しくなるのか筋道を立てて理解させることで、ただ体罰の痛みと屈辱を避けるためではなく、正しい行ないをするよう生徒は導かれるべきなのだとも、祖父は語った。

しかしながら、確かにこれらの原則を懸命に守りつづけてはいたものの、かつて祖父が直面したある葛藤をめぐっては、興味深い話が伝わっていた。祖父が珍しく低学年を教える役目を与えられたときのことだった。六歳児のあるクラスに、手に負えない腕白坊主がいて自分のサンダルを何度も教卓に置きつづけたのだ。理《ことわり》を説いて言い聞かせることを含め、さまざまな方法で試みた挙句に、このいたずらっ子の説得に失敗したキティモホンは、態度を改めないなら、ビンタを食らって然るべきだと言わざるをえなくなった。その子は嬉々としてこう応じた。「あれっ、キティ＝ダ、シャンティニケトンの地では、どんな生徒も体罰を受けてはならないとグルデブ［タゴール］が決めたのを、聞いていなかったみたいですね？」言い伝えによると、キティモホンはそこでシャツの襟をつかんで少年をもちあげ、もうシャンティニケトンの地に足が着いていないことをその子に確認させたという。その点で合意を得たあと――および形ばかりの緩いビンタを食らわせて――サンダル置き人はシャンティニケトンの地に再び戻された。

シャンティニケトンの授業は一風変わっていた。実験室が必要な授業や、雨天の日を除いて、戸外で行なわれるのだ。私たち生徒はあらかじめ決められた木の下で地面に座り——座布団を持参してその上に座っていた——先生はセメント製の椅子に座って生徒と向き合い、その隣には黒板か教壇が置かれていた。

教師陣の一人、ニッタナンド・ビノド・ゴシャミ（私たちはゴシャイン＝ジーと呼んでいた）はベンガルの言語と文学のほか、サンスクリットも教える優れた先生で、タゴールは暮らしのどんな場面においても障壁を嫌っていたのだと説明してくれた。壁によって制限されずに、戸外で授業をすることは、このことの象徴なのだと、ゴシャイン＝ジーは示唆した。より広い意味では、タゴールは私たちの思考がそれぞれの共同体内部に、宗教的なものであれ別のものであれ、封じ込められることを、あるいは自分たちの国籍によって形成されることを嫌っていた（彼はナショナリズムを猛烈に批判していた）。それにベンガルの言語と文学を愛していたにもかかわらず、タゴールは一つの文学伝統だけに閉じこもることも好まなかった。それは一種の机上の愛国主義につながるだけでなく、その他の世界から学ぶことへの否定になりうるものだ。

ゴシャイン＝ジーはまた、外界の出来事が目に入り聞こえてくる場合でも、勉学に集中する生徒の能力をタゴールがとくに重視し、そうした能力は培えるとしていたことも指摘していた。このように集中して学べるということは、人生から教育の機会を奪わせないこだわりを意味するのだと、彼は信じていた。これはちょっとした理論なので、私たちは級友同士でときおりそれについて議論した。なかにはこの説を深く疑う者もいたが、戸外で授業を受ける経験は格別に快適だと私たちは思った。たとえ何ら教育上の利点がなかったとしても、これは戸外での学習の素晴らしさを立証するものとなるだろうと、私たちは判断した。ときには授業についていけない生徒がいるような問題もあったが、それは壁がないゆえではないのだとも、私たちは意見の一致を見た。後年、騒々しく混沌とした鉄道駅に座りながら、あるいは空港の搭乗口で大勢の人に囲まれて立ちながらも仕事ができる私の能力に友人たちから言及されると、ときおり戸外での学習によって注意散漫になるのを防ぐ免疫がつくのだというゴシャイン＝ジーの言葉について考える。

5

戸外で授業を行なうことは、シャンティニケトンがその他の学校とは異なる点の一つに過ぎなかった。ここはもちろん、進歩的な共学の学校で、アジアとアフリカのさまざまな地域の文化に大いに没頭することを含め、そのカリキュラムはきわめて広範なものを受け入れる《インクルーシヴ》ものだった。

学業面では、さほど厳格ではなかった。試験がまったくないことも多かったし、試験を受ける場合も、その結果で成績が決まることはまずなかった。通常の教育基準では、カルカッタやダッカの優良校とは競えなかったし、セントグレゴリーズとは間違いなく比べものにならなかった。しかし、教室内の議論が、伝統的なインド文学から現代作品や西洋の古典的思想にまで難なく移り変わり、さらには中国、日本、アフリカ、あるいはラテンアメリカの作品にまでおよぶさまには、注目に値するものがあった。多様性をたたえる学校の姿勢もまた、インドの学校教育全般で、たとえ暗示的であっても強く見られた文化的保守主義とは好対照をなしていた。

現代世界にたいするタゴールの文化的な視野の広さは、偉大な映画監督のショットジット・ラエ〔サタジット・レイ〕のものの見方とよく似ていた。ラエはシャンティニケトンで学び、のちにタゴールの小説にもとづいて何編かの優れた映画を製作した（彼は私よりも一一歳年上だが、入学したのは一年前だった）。一九九一年に書かれた、シャンティニケトン・スクールにたいするラエの評価は、タゴールを大いに喜ばせただろう。

シャンティニケトンで過ごした歳月は、人生のなかで最も充実したときだったと思う［……］。シャンティニケトンはインドや極東の芸術の素晴らしさに、初めて目を見開かせてくれた。それ以前は、私は完全に西洋の芸術、音楽、文学の影響下に置かれていた。シャンティニケトンが、私という東洋と西洋を掛け合わせた産物を生みだしたのだ。(1)

タゴールの周囲には、彼が体現する理念の推進を手伝う親しい仲間がそろっていた。シャンティニケトンにはキティモホンだけでなく、多様な関心をもつ才能豊かな人びとがあふれており、誰もがタゴールと似た信念を抱き、明らかにその影響も受けていた。教師の給料は、インドの水準からしてもわずかだったが、ひとえに彼に感化され、その目的を共有するがために集まってきていた。教師陣には優れた教師や研究者が数多くいて、シルヴェイン・レヴィやチャールズ・アンドルーズ、ウィリアム・ピアソン、譚雲山《タン・ユンシャン》、レナード・エルムハーストなど、海外からの先生も何人かいた。(2)

インドを代表する画家の一人で傑出した美術の先生だったノンドラル・ボシュもいて、彼の指導のもとでシャンティニケトンは美術学校、コラ・ボボンを発展させ、当然ながら名を馳せるようになった。ここは多くの優秀な芸術家（ビノドビハリ・ムコパッダエやラムキンコル・ベイジなど）を輩出した。ショットジット・ラエが彼の考え方と芸術を変えることになった教えを受けたのは、この美術学校だった。後年、彼はこう述べていた。「シャンティニケトンで実習を受けなければ、私の『大地のうた』は実現しなかっただろうと思う。私はそこで「モシャイ師匠」「ノンドラル・ボシュ」の足元に座って、自然をどう見るか、自然に備わっているリズムをどう感じるかを学んだ」[3]。

6

シャンティニケトンは、ボルプルという五〇〇年ほど前から栄えていた古い市場の町の隣にある。ここはまた、インドの偉大な詩人であるジャヤデーヴァが一二世紀に生まれ、育ったと言われるリンドゥリからも二〇キロほどの距離にある。[4]「ジョエデブ・メラ」（「ジャヤデーヴァの祭り」）は、数百年来、毎年開かれてきたように、ケンドゥリでいまも開催されており、子供のころ毎年そこに地方の歌手や村の詩人たちが、料理鍋や安い衣服を売る行商人たちとともに集まるのを見て、うっとりしていたのを覚えている。インドでは伝統的に数学への関心が高いので、インドの叙事詩を題材にしたけばけばしい色遣いの絵本や、ずらりと並ぶ台所用品の横に、数学のパズルの小冊子が売られているのを見ても、驚きはしなかった。

ライプルの地所の地主であったシティカンタ・シンホが、ラビンドラナートの父デビンドロナトに一角の土地を与えたのは、一八六三年のことだった。デビンドロナトは有名な学者で、「ブランモ・ジョマジ」という、ユニテリアン派〔キリストの神聖を否定し、神の単一性を主張する派〕の影響を強く受けた、近代の宗教集団の指導者だった。この土地を贈与された当初の目的は、デビンドロナトが沈思黙考し、瞑想できる隠遁所を得られるようにすることだった。シンホ家はベンガルの古くからの地主で、ロンドンの議会上院にシンホ卿の〔世襲の〕議席すらあった。デビンドロナトは贈与された土地をほとんど活用することがなく、二〇世紀の初めにラビンドラナートがそこを新しい学校のために使うことにしたのである。こうして一九〇一年にビッショ＝バロティ〔タゴール国際大学〕と呼ばれる新しい学問の府が世界の知識を追究するために誕生した（ビッショまたはヴィシュワは、サンスクリットで世界を意味する言葉で、ダッカにあった私の実家の名前、ジョゴト・クティルの、ジョゴトの類語である）。これは世界各地の最高の知識を、たとえどこの国のものであっても、追究することに専念したインドの学校となるはずの教育機関だった。

シャンティニケトンに新しい種類の学校をつくろうというタゴールの決意は、彼自身の学校時代への不満に大きく影響されたものだった。彼は自分が送られた場所がとてつもなく嫌いで、中退して、のちに家庭教師の助けを借りて自宅で教育を受けたこともあって、インドの標準的な学校を恐怖の目で見ていた。当時、カルカッタで彼が知っていた学校が、学業面で優れた評判を得ている学校もあったにもかかわらず、厳密にはどこが間違っているのかについて、子供時代からすでに本格的な見解をまとめていた。自分の学校を創設するにあたって、タゴールはそこを抜本的に異なる場所にしようと決心していた。

ときにはまったく外部の人のほうが、内部にどっぷり浸かった人間よりも、革新的な教育機関のどこがそれほど特別なのかがより明確に見え、的確に説明できることがある。シャンティニケトン・スクールの特質は、私が生まれる二〇年前の、一九一四年八月にアメリカからきたジョー・マーシャルによってはっきりと捉えられていた。ハーヴァードで教育を受けた慧眼の訪問者である。

彼の教育方法の原則は、人はあらゆるものが平和で、自然界の力がみな顕在な環境のなかで絶対的に自由かつ幸せでなければならない、というものだ。さらに、美術、音楽、詩など、すべての分野の学問が、教科ごとの教師とともに存在しなければならない。授業は定期的だが必須ではなく、木の下が教室となり、教員の足元に男の子たちが座って行なわれている。そして才能も気質

も異なるそれぞれの生徒は自然に、自分に適していて、こなすだけの能力のある科目に引き寄せられる。(5)

ジョー・マーシャルは、学童にすらタゴールが自由であることを重視していた点も言及していた。このことはタゴールの一般的な説明では完全に見落とされていた彼の考えの一面を明らかにする。W・B・イェイツやエズラ・パウンドなど西洋世界の彼の「スポンサーたち」が示した説明は、その点をとりわけ見落としており、この問題については後述する。しかし、この章の初めに触れたように、自由の行使が論理的に考える能力と並行して身につけねばならないものだという考えは、シャンティニケトンでの勉強が進むにつれて、ますます私には明らかになっていった。自由があれば、それを行使するだけの理由があるだろう。何もしないことですら、一種の行使になる。学校での学年が上がると、筋道を立てて考えるために自由を活用する（丸暗記で学ぶ人が教わるようにそれを恐れるのではなく）訓練こそが、タゴールがその一風変わった学校を通して最も強く推し進めようとしていたことの一つのように思われてきた。その組み合わせ――自由と理性――の格別な重要性を、私は生涯を通して忘れることはなかった。

7

シャンティニケトンで私が最初に教わった先生には、すでに触れたゴシャイン＝ジーがいたが、トノエンドロ・ナト・ゴシュ（私たちはトノエ＝ダと呼んでいた）という英語と英文学を非常にうまく、熱心に教えてくれた先生もいた。シェイクスピアとの最初の出会い――確か『ハムレット』だった――は、彼の素晴らしい指導のもとでのことだった。私はいまでも、それによって心躍る感覚が生みだされたのを覚えている。授業で読んでいたものを、夜に年上のいとこ、ブッド・ラエの助けを借りて参考文献を読んでさらに学んだ。私は『マクベス』のおどろおどろしい劇が大好きだったが、『リア王』の途方もない悲しみにはひどく気が滅入った。私の地理の先生だったカシナト＝ダは、じつに親しみやすく話好きな人で、この教科および私たちが論じたその他どんなことも、非常に面白いものにしてくれた。過去を厳しく見直すことは、私たちの歴史の先生であるウマがじつに優雅にやってみせた。彼は何年か後にトリニティ・カレッジに留学していた私を訪ねてくれ、カレッジの過去について私の知らなかった事実を教えてくれた。

私の数学の先生ジョゴボンドゥ＝ダは、驚くほどの能力の持ち主だったが、何とも控えめな人だった。この先生は当初、私が限られたシラバス以外のことを学びたくて、生徒がなすべき課題を無視するのではないかと心配していた。学校数学の標準的な分野のいくつかには、私はまったく関心がなかったのだ（「発射物がどこへ落下するかは答えが出せると思うけど、その計算には興味がもてません」と、私はある日、先生に向かってかなり横柄に言った）。私は代わりに、数学による推論《リーズニング》の本質と基礎について考えようと決意を固めていた。タゴールが自由と推論を優先する主張をしていたことが、自分の本当にやりたいことを試す励みとなった。タゴール自身は数学には個人的にほとんど関心はなかったのだが。

ジョゴボンドゥ＝ダは、最終的に私の粘りに根負けした。シラバス以外の数学はあまり知らないために彼が抵抗したのではないかという私の当初の疑念は、まったく事実無根であることがわかった。よく知られた数学の問題を、私が一般的ではない方法で解くことを提案すると、彼はさらに別の考え方を示した。そこで私には、何かしら独自のやり方で彼の斬新な推論を打ち負かそうという動機が生まれた。放課後、彼の自宅を毎日訪ねて話をする日々が何カ月ものあいだ続いた。彼は私のために何時間でも割いてくれるように思われ、家庭生活にこのような邪魔が入っても、彼の妻はじつに寛大だった（しかも、「二人が話を続けられる」ようにと、よく紅茶をいれてくれた）。ジョゴボンドゥ＝ダが本や論文を調べて、私がそれまで気づいていなかった論理の道筋を示してくれたことには大いに勇気づけられた。

後年、数学の基礎の系統的な研究にかかわるようになったとき（一九五三年にケンブリッジのトリニティ・カレッジに留学したのちのこと）、ジョゴボンドゥ＝ダが私に教えようとした論法の一部が、その問題の古典研究からの引用であったことを発見した。何十年ものちにハーヴァードで、「数学モデルを通じた推論」と「公理的推論」のコースを、たいへん優れた二人の数学者の同僚、バリー・メイザー（傑出した純粋数学者である）と、エリック・マスキン（並外れた経済理論家でもある）と共同で教えた。そのころには、悲しいかな、ジョゴボンドゥ＝ダに会いに行って感謝の意を伝えることはできなかった。彼は引退後まもなく他界してしまったからだ。

私が最も多く連絡を取りつづけた先生は、ラリト・モジュムダルだった。彼は優れた文学の先生であるだけでなく、近隣の部族民の村で学校に行っていない子供のために夜間学校を開いていた、私たち一部の生徒の活動を助けてくれた本当の協力者でもあった。やはり学校で教えていて、好人物だった彼の兄弟のモヒト＝ダとともに、ラリト＝ダはシャンティニケトンの中心的な人物だった。この二人の兄弟先生の存在は、私たちにとっては大きな恵みだった。あるとき――私が一二歳のころ――テントや炊事道具、それに身の回りのあらゆるものを持参して、五世紀に建てられたナーランダー大学〔大僧院〕の遺跡がある近隣のビハール州に一週間、林間学校に行く予定だったが、私はちょっとした病気で参加できなかった。その二日後にモヒト＝ダが私の家に立ち寄り、「二人で出かけて、探険家たちに追いつくというのはどうだろう？」と言ってくれたときには、私は有頂天になった。おかげで、ナーランダーの近くでキャンプをする楽しみも、そこから得られる知識も奪われることなく、シャンティニケトンからの長い列車の旅の道中、モヒト＝ダがいかに素晴らしい先生であるかをもっとよく知るようになった。

シャンティニケトンの近くに住む部族の子供のために夜間学校を開こうという生徒の試みに、ラリト＝ダは私や級友たちに劣らず熱心だった。彼は夜間学校の帳簿をきちんとつけ、これらの野天の学校の運営を手伝ってくれた。その結果、自分たちの勉強が疎《おろそ》かになる危険があるときは、私たちに忠告するのも彼の務めだった。夜学の運営はきわめて創造的な経験であり、かなりの手応えがあったことを私たちは喜んだ。近隣の村には、ほかにはどこの学校にも行かなくても、読み書きと数をかぞえることを学んだ子供たちがいたのである。ラリト＝ダの穏やかで賢明な指導の恩恵を、自分たちがどれほど受けたかは、充分に言い表わすことができない。彼は九〇代なかばまで健康で非常に活動的な人生を送ることになった。

8

ここまでに自分がある程度、苦労せずにこなせた科目の思い出を語ってきたが、私にはとにかくまったく才能がなかった科目についても二言三言、語るべきだろう。その一つは木工技術だった。級友たちは決められた方法で厚板を曲げる作業をやってのけ、小舟をつくっていたが、私は初歩的な石鹸容器をこしらえる以上には進歩せず、それすら美しい代物ではなかった。もう一つは歌を歌うことで、これはシャンティニケトンの履修課程では重要なものだった。うまい歌唱を含め、音楽を聴くことは、大好きだった——いまもそれは変わらない——が、私自身はまるで歌えない(6)。私の音楽の先生——素晴らしい歌い手で、モホル＝ディと私たちは呼んでいた（本名はコニカ・ボンドパッダエ）——は、私にはともかく欠陥があるのだとは認めず、当初、授業を欠席させてくれなかった。彼女は私にこう言った。「誰にでも歌う才能はあります。ただ練習するかどうかの問題です」

モホル＝ディの理論に勇気づけられ、私はかなり真剣に練習をした。自分が努力したことは疑いなかったが、何を達成したのかは疑問だった。一カ月ほど練習したあと、モホル＝ディは再び私の歌唱をテストし、それから顔に敗北の色をはっきりと見せて私に言った。「アマルティア、あなたは音楽の授業にでなくても結構よ」。シャンティニケトンは何十年ものあいだに数多くの素晴らしい歌手を輩出してきた。シャンティ・デブ・ゴシュ、ニリマ・シェン、シャイラジャ・モジュムダル、シュチトラ・ミットロ、レズワナ・チョウドゥリ（ボンナ）など、ロビンドロ・ションギト（タゴール歌曲）を歌う数多くの専門家もそこには含まれる。私は自分ではつくりださなくとも、音楽を楽しむことができるのを、いまでもたいへん喜んでいる。

シャンティニケトンは多くの時間をスポーツに割くことに関しても寛大だった。男の子たちがいちばん好きな試合はサッカーだったが、私にはその能力がまるでなく、ホッケー・スティックを巧みに操ることもなかった。それでも、バドミントンなら及第点を取れる程度の腕前でプレーできたし、クリケットの成績は合格点に近かった。打者としては許容範囲だったが、投手にはなれず、守備はかなりお粗末だった。しかし、袋跳びのレースでは優勝した。これはかつて一部には運動会の余興として登場したものだったが、体育祭の日に私のような運動の苦手な生徒にも何かできる種目を与えるためのものでもあった。袋跳びで成功したのは、主としてある理論を私が構築した結果だった。すなわち、ジャンプで前に進もうとするのは望みがない（かならず転ぶことになる）けれども、袋の両隅につま先を入れて安定したすり足で前に進めば、ほとんど転ぶ危険はないというものだ。一九四七年八月一五日のインド独立の日に、祝典のなかで催された唯一の競技は袋跳びだったので、私はその記念すべき日にスポーツの優勝者になるという、格別な経験をしたのだった。その賞が、運動面では私の栄光の頂点だった。

インド独立後、私の別の不適性が露呈した一件があった。政府は民間人を対象に志願制で軍事訓練をする、国立学生軍事教練隊《カデット・コー》を設立した。これは昔の大学士官訓練部隊（ＵＯＴＣ）の独立後版だった。私たちはシャンティニケトンにある小部隊に、「ラージプート・ライフル」連隊の一部として入隊したいかどうかを問われた。このため、シャンティニケトンの生徒のあいだで、参加すべきかどうかをめぐって議論となり、どんな訓練がなされるのか、そこから何か学べるのかどうか見てはどうか、ということで意見が一致した。役に立たないのであれば（同じくらい重要なことに、単にあまりにもつまらなければ）、辞めればよい。その反対に、訓練が有益で、何かしら役に立つことを教えてくれるのであれば、続ければよいということだ。

もちろん、判断すべき重大な問題は、非暴力に徹したシャンティニケトンの気風を考えると、少しでも軍事訓練を受けることが、私たちの共通の倫理への何らかの違反とならないのか、ということだった。しかし、私たちは誰一人、国軍を解散すべきだとは考えなかった――ガーンディーですらそれは主張しなかった――ので、その可能性は少なく思われた。そのため、私たちのほとんどは入隊することになり、突如として自分が物理と数学の授業の合間に、妙な服を着て、見慣れない代物を扱っていることに私は気づいた。訓練日はたいがい週末に設けられたが、平日の自由時間が使われることもあった。

私の軍隊生活は、思えば予測どおり、散々な結果となった。やるように要求された課題（難しい課題ではなかった）が私にはできないことが問題だったわけではなく、むしろ私たちに命令する士官からの講義に耳を傾けるのがひどく辛かったのだ。入隊してからまもなく、「弾丸」と題された講義を、シュベダル・メジョル（上級曹長《サージャント・メイジャー》に相当するインド軍の階級――イギリス領インド陸軍からの古い徽章や真鍮のタグを再利用するうえで同じ頭文字が役立った）から受けた。シュベダル・メジョルは、弾丸はライフルから発射されてから加速し、しばらくすると速度が落ち始めるので、弾丸がその最高速度で飛んでいるときに標的に当たり、攻撃するのがいちばんなのだと私たちに語った。その時点で、私は気づくと手を挙げてニュートンの力学を示し、私たちのシュベダル・メジョルに向かって、速度を上げるための新たな力はないので、弾丸がライフルから離れたのちに加速するはずはないと述べていた。

シュベダルは私を見て言った。「君は私が間違っていると言っているのか？」私はその質問に考えうる唯一の答えを――つまり、そうだと――言いたかったが、それは賢明でないように思われた。私はまた公正を期すれば、かりに回転運動をどうにかして直線的に前へ進む運動に変換できれば、弾丸は加速しうるかもしれないと譲歩すべきだとも思った。だが、どうすればそれが起こりうるのか、私にはわからないと、付け加えざるをえなかった。シュベダルは怒りを込めて私をチラリと見て、こう言った。「回転運動だと？　お前が言っていたのはそれか？」曖昧な点を私が明らかにしてみせる前に、彼は私に、両腕を頭上に挙げて弾込めしていないライフルを高く掲げたまま、校庭を五周走ってこいと命じた。

それが幸先の悪い始まりだったとすれば、終わりもまたよくはなかった。私たち一八人は、同じシュベダル・メジョルに抗議の手紙を書き、訓練があまりにも多く、ライフルの練習があまりにも少ないと不満を述べた。彼は私たちを自宅に呼んで、軍隊では一人以上の人間が署名した手紙は、反乱と見なされるのだと説明した。「したがって、二つの選択肢がある。君たちがこの手紙を撤回して私がそれを破棄するか、君たち全員を軍法会議にかけなければならない」。一八人のグループのうち一五人はすぐさま自分の名前を撤回した（そのうちの一人があとから私に、軍法会議にかけられるということは、略式の裁判を受けて射殺されることを意味すると言われたからだと説明した）。私たち三名は意見を変えなかった。シュベダルは上層部に報告すると私たちに言ったが、公式の処罰が伝えられるのを待つまでもなく、その場ですぐに不名誉にも除隊させられた。上層部からはいまだに音沙汰がないが、これで私の軍歴はおしまいとなった。

9

先生たちのほかにも、シャンティニケトンを訪れて、多様な問題について語ってくれた人びとから私たちは多くのことを学んだ。珍しい来校者の一人は、一九四二年二月にやってきた蔣介石将軍だった。連合国側の戦争遂行に向けた準備の一環でカルカッタを訪れていたのである。私たちに向かって北京語で三〇分ほどにわたって行なわれた彼の演説は、シャンティニケトンの幹部たちが通訳をつけないという突飛な決断を下したために、一言も理解できないものとなった。

私はそのわずか数カ月前にダッカからシャンティニケトンに引っ越したばかりで、八歳の頭で考えうる限り真剣に世界の問題について考え始めていた。蔣介石の講義で、私は当初、翻訳されない中国語に全校の生徒が見たところ一心に耳を傾けていることに感銘を受けていた。しかし、まもなくやや決まり悪いざわめきが起こり、それがどんどんうるさくなり、やがていっせいにおしゃべりが始まった。何人かの生徒とともに、私は中国からの訪問客とお茶を一緒にするように（より正確に言えば、訪問客が学校の重鎮たちとお茶を飲むあいだ、周囲にいるように）言われていた。そして、英語を流暢に話す蔣介石夫人が、聴衆の問題行動など少しも気づかなかった素振りを続けていたことを私は思いだす。彼女はまた、通訳がまったく入らなかったことにたいし、夫君が何ら腹を立てていないことも明らかにしようとしており、学校のお偉方もそれについていまや詫びていた。彼女が単なる社交辞令で言ったことは、もちろん信じなかったが、彼女は格別に上品である――および目を見張るほど容姿端麗――だとは思った。

私たち全員にとってほかにも忘れがたい機会となったのは、一九四五年一二月にマハートマー・ガーンディーが来校したことだった。これはタゴールが死去してから四年後のことだった。ガーンディーはスピーチのなかで、傑出した創始者がいなくなったのちの、シャンティニケトンの将来について一抹の不安を表明していた。まだ一二歳の子供ではあったが、彼が憂慮する理由が私にはわかった。シャンティニケトンの集会で、この学校が音楽に重点を置くことについてどう考えるかと質問されて、ガーンディーは遠慮を捨てて、それに関する疑念を表明した。人生はそれ自体が一種の音楽なのであると語り、そのため音楽を人生から正式に分離する必要はないと述べた。タゴールならば、自分たちはそんな分離をしているのだろうかと異を唱えただろうと思ったことを覚えている。しかし、私はガーンディーが異論を唱えた事実は気に入った。学校には同じ「偉大な考え」を繰り返す人がいくらでもいて、私はそれについてこぼし始めていたからだ。『ビッショ＝バロティ・ニュース』はガーンディーがこう述べたと報じた。「人生の音楽が、声の音楽のなかに失われてゆく危険がある」[7]。そこで公式の考えに疑問が投げかけられたことが、私には好ましかった。

私はサイン帳をもってガーンディーに会いに行った。彼はカースト制度の不平等と闘うための基金に五ルピー――世間的な水準からすればかなりの少額――の寄付との交換でのみ、そのような帳面にサインをしてくれたので、私はそのお金をもってこなければならなかった。幸い、お小遣いをいくらか貯めてあった。訪ねて行って寄付をすると、ガーンディーはゲストハウスの居間に座って、手書きのメモを読んでいた。彼は寄付にたいし私に礼を述べたが、サイン帳にサインをする前に、カースト制度との闘いはいま始まったばかりだよと、笑いながら言った。私はその笑い声が好きだったし、ガーンディーと同じくらいその言葉を楽しんだ。サインそのものは飾り気のないものだった。デーヴァナーガリー（サンスクリットと現代ヒンディー語の共通の筆記）で彼の名前があり、しかも、イニシャルと苗字だけだった。

私がまだ彼のそばを離れたがらず、もう少しだけ話ができればと願っているのを見て、ガーンディーは私に、自分の周囲で見たことにたいして批判的になったことがこれまであるかと尋ねた。私は、存命の人物で最も偉大な一人と世界に関する自分の懸念を話し合う機会に有頂天になり、あると答えた。彼との議論は非常にうまく進んでいたと、私は思ったが、ビハール地震をめぐって彼がタゴールと論争したことについて聞こうと思ったところへ（その問題については第5章で取りあげる）、付き人の一人がやってきて、この会話の続きはまた今度にしなければならないと告げた。温かい笑みを浮かべて、ガーンディーはその場を去る私に手を振って別れを告げてから、再び読んでいたメモに目を落とした。

一九五二年に、カルカッタのプレジデンシー・カレッジで学び始めた直後に、エレノア・ローズヴェルトがシャンティニケトンに来校したときも、私はぜひ話を聞いてみたいと興味をもった。そこで、学校に戻って彼女の講義を聴講した。一九四八年にローズヴェルト夫人の後援で国際連合によって採択された世界人権宣言は、そのころ私の耳に鳴り響いていた。実際には、いまもそうだ。彼女が語った言葉は、ひどく不透明な世界のなかで、人間性と頭脳の明晰さの模範となっていた。彼女はまた、やるべきことが、「私たち一人ひとりがやる」べきことが、なぜそれほどたくさんあるのかについても語った。その言葉も、私のなかに残りつづけている。彼女を取り囲み、称賛する大勢の聴衆の先まで行って、個人的に言葉を交わすチャンスがなかったのは残念なことだった。

定期的に来校し、文学への私の関心にとくに影響を与えてくれたのは、ショイヨド・ムジュトバ・アリだった。ショイヨド＝ダは優れた作家で、家族ぐるみの友人でもあり、私の両親とも、祖父母とも非常に親しい人だった。母は彼にすっかり心酔していたし、私は彼の書いたものをいくらか読み始めていた。彼のエッセイは機知に富み、いろいろと考えさせられるもので、これまで読んだなかでは最高のベンガル人作家だと思った。私は彼が年上の人たちと話をするあいだ、ただ彼の言葉を聴くためによくついて回った。彼の学識とリベラルな〔偏見のない鷹揚な〕知恵に強く感銘を受けただけでなく、ベンガル語の言葉が伝えるどんな考えに関しても、それ以外に多くのベンガル語の言葉があって、どれも非常によく似ていながら、まったく同じではないことを彼が熟知していたことにも感服した。彼の言葉の豊かさは、その使い分け能力がじつに並外れたレベルにあることを示しており、私にはそれがひらめきとなった。

渡英してトリニティ・カレッジに入学したとき、ピエロ・スラッファ——素晴らしく独創的で、哲学を愛する経済学者——が、イタリア人として生まれながら、英語でいかに思慮深く言葉を選ぶかを知ったとき、ショイヨド＝ダの言葉の選択への強い関心を思いだすことになった。バーナード・ショーが『ピグマリオン』で、外国人は母語でない英語を慎重に使うので、生まれながらに英語を話す人よりも、ときには英語の豊かさをうまく活用できると述べたのは、おそらく正しいのだろうと思った。ジョゼフ・コンラッド〔ポーランド出身〕やウラジーミル・ナボコフ〔ロシア出身〕は彼の説を裏づける。だが、英語についてショーの指摘したことは、ムジュトバ・アリには当てはまらなかった。ショイヨド＝ダはいかにも生粋のベンガル人だったからだ。本当に重要なのは、物事をうまく述べることにどれだけ力点を置くかなのだと、私は思った。よい文章というのは、類語を使い分けて選ぶ愛情の産物なのだ。

10

学校時代を振り返ると、あれほど素晴らしい友人たちがいて、いつでも一緒に楽しめたことに感動する。シャンティニケトンで私が最初に親友となったのは、一九三四年、上海生まれの譚立《タン・リー》だった。彼の父、譚雲山《タン・ユンシャン》教授は優れた学者で、中国とインド双方の歴史に深い関心をもち、とりわけ過去二〇〇〇年間の相互の関係を専門としていた。

彼とタゴールは一九二七年に、タゴールが友人たち（私の祖父のキティモホンもその一人だった）とアジアのほかの国々を訪れる旅に出た際に、シンガポールで最初に出会った。タゴールは譚雲山に非常に感銘を受け、シャンティニケトンに招待した。翌年、シャンティニケトンを訪ねてきた譚教授は、その地に移り住んで、インドにおける中国研究の機関を創設するうえで中心になってほしいとタゴールから懇願され、説得されたのだ。これはタゴールが長年、抱いていた夢だった。そこはビッショ＝バロティ大学の高等教育部門の一環になる予定だった。私の祖父やもう一人の優れたサンスクリット学者であるビドゥシェコル・シャストリ（学術面における重点は互いにかなり異なったが、私の祖父は彼とはたいへん馬が合った）が率いていたサンスクリットや古代インドの研究のための機関とよく似たものだ。譚教授はチナ・ボボン〔中国学院〕を創設するために（資金や書籍の寄付を集めることを含め）骨を折り、譚立が生まれる直前の一九三三年に、南京に中印学会を設立させたのを手始めに、数段階を経ながら発展させていった。チナ・ボボンは一九三六年に創設され、急速にインドにおける中国研究の憧れの中心地となった。

私がダッカのセントグレゴリーズからシャンティニケトン・スクールへ転校したとき、譚立と妹のタン・ウェンはすでに在学していた。譚立は私にとってシャンティニケトンへの案内役となり、何がどこで行なわれているのかを説明してくれた。譚一家は見事な速さで驚くほど「インド人」になり、子供たちはベンガル語を流暢に話していた。のちに生まれた妹のチャメリーは、長じてデリー大学のベンガル語の有名な先生になった。たいへん学究的な兄で中国に長いあいだ残っていた譚中《タン・チョン》も、やがてインドに移住してきて、やはりデリー大学の中国研究の教授となった。譚立はそのように親しい友人だったため、譚一家は私にとって大いに重要な存在となった。彼の兄妹たちも大好きで、私は何時間も譚家に入り浸っていた。譚夫妻と話すのも大いに楽しみで、こうした会話が扉を開いてくれたおかげで、私は中国の奥深くまでまっすぐに入り込むことができたのだとよく感じた。譚立は二〇一七年に急逝してしまったが、間違いなく最も長きにわたる私の友人だった。

ほぼ同じ時期からのもう一人の大親友はオミト・ミットロで、彼の父のホリダシュ・ミットロもやはりシャンティニケトンで教えていた。オミトは学業に優れていただけでなく（彼はシャンティニケトンを卒業後、カルカッタで工学を学んだ）、ずば抜けた歌い手でもあった。彼はいまプネーに住み、工学の仕事の傍ら、ロビンドロ・ションギト（「タゴール歌曲」）の協会を運営している。オミトは、譚立同様、私にとっては力の源泉であり、うまくいかないことがあったときには、いつでも二人からの同情を当てにすることができた。私はさまざまな生徒集会で早くから弁論活動に飛び込んでいたので（通常は文学、社会、政治のテーマで）、確かに運の悪い日々もあった。ときには、私と意見が食い違う相手から、大声であざけられて緊張が増したこともあった。親友の存在は、自分への酷評を受け止める能力を大幅に増してくれるという教訓を、私には早い時期から身をもって学んでいたのである。

11

クラスの女子生徒のなかでは、モンジュラ・ドット、ジョヤ・ムカルジ、ビティ・ドルが、その頭のよさと快活さで群を抜いていたが、ほかにも印象的な女の子はいた。シャンティニケトンはそのような学校であったため、女子生徒でも聡明であればきちんと注目されたし、成績はつまるところ重要ではないと見なされていたため、評価は試験の得点をはるかに超えたところにおよぶことが多かった（試験の得点など何ら考慮されないほどだった）。ある先生が、モンジュラの輝かしい試験の出来について述べた言葉がおかしかったのを覚えている。「まあ、彼女は実際かなり独創的ですよ。成績は非常にいいけどね」

試験の成績から示されることで人がいかに欺かれるかは、一部の生徒の学力が、どのように測定しても計画的に低い評価となる傾向と比べれば、はるかに理解しやすい単純な問題だ。これらの女子生徒たちは、ほかの人びとにそう思わせていた以上に実際はずっと賢く、才能があったのではないかという気が私にはしていた。ジェンダーの不平等は私が生涯にわたって関心をもってきた問題であり、文化のなかのジェンダーによる先入観《バイアス》（シャンティニケトンでは抑制すべく試みられていたが、否定できないもの）が女子生徒たちに自己主張を控えさせ、それによって男子に自分たちのほうが「できる」と思わせ、喜ばせて対抗意識をもたせないようにしていたのではないかと疑問に思っていたのである。自分の疑問にたいする答えがすべて出せたわけではないが、こうした謙遜の心理が、インドで女性にたいする強いジェンダー・バイアスが見られる一因ではないかと考えるにはいたった。インドで男性に比べて女性がこうむっている不利益にはじつにさまざまな特徴があるので、その成因すべてを突き止めるのは難しいだろう。とはいえ、この心理的要因は今日でもより綿密な検証が必要だと私は考える。それによって生まれる歪みは、もちろんインドだけに限定されるものではない。

12

学校で私たち一部の生徒が率先して行なった活動の一つに、アルクロンジョン・ダシュグプト、モドゥシュドン・クンドゥ、および私が創刊した文学雑誌があった。私たちはみな一三歳のころから親友だった。この雑誌の印刷代を賄うために、私たちはちょっとした資金集めをした。エッセイや詩、小説を書く作業は自分たちのあいだで分担した（アルコはすでに非常に洗練された詩を書いており、後年、たいへん有名な詩人になった）。私たちは校内のその他の人びとにも、文学作品を寄稿するよう呼びかけた。この雑誌には火花を意味して、『スプリンゴ』と名づけた。これはレーニン主義に由来する雑誌名だった（レーニンの雑誌は、同じ意味で『イスクラ』と呼ばれていた）が、私たちの雑誌は実際には、かなり意図的に政治には関与しないものだった。編集者のあいだで、政治的見解の一致がなかったのだ。この雑誌はこころよく受け入れられ、しばらくは称賛されさえしたが、一年ちょっと経つうちに、『スプリンゴ』はその効力を失い、火花と同様に消えていった。

譚立と私はその後、別の種類の企てを始めた。政治風刺画の雑誌である。これも短命に終わった。この手描きの雑誌は、学校の総合図書館の閲覧室に置かれ、当初は大いに読まれていたと思われ、私たちは得意になった。私たちは自分たちの名前を「イールナット〔Eelnat〕とアイトラマ〔Aytrama〕作」と、逆読みすることにした。正体を隠すためというよりは（もちろん正体はすぐにばれたので）、私たちが述べているすべてが、文字どおりの、もしくは率直な意味ではないことを示すためだった。さまざまな懸念を表明するなかで、私たちは独立後のインドでは政治的、経済的な正義をもたらすうえで、事態の変化があまりにも鈍いことへの不満を表明した（これは独立からわずか二年後のことなので、私たちはインド政府にたいし、やや公平さを欠いていたかもしれない)。私が雑誌に描いたある風刺画はジャワハルラール・ネルーを描いたもので、顔はじつに聡明――明らかに多くの名案をもっていた人物なので――なのに手がなく、何も成し遂げることができないというものだった。先生たちの一人――カシナト＝ダだったと思う――は私たちが「ただあまりにも性急」なだけだと言った。おそらく彼が正しかったのだろうが、その後数十年にわたってインドでは忍耐の日々が続いたものの、あまり報われはしなかった。性急性《インペイシャンス》を求める私の主張は、正しかろうが間違っていようが、私の著作の中心的テーマとなり、それはどうやらこの早い時期にすでに芽生えていたようだ(8)。

級友に関しては、私はじつに恵まれていた。親しい友人たちとの温かい、創造的な関係がなければ、私の人格はかなり違ったものになっていたことは疑いない。私の学校時代は――すでに思い出を述べた友人のほかにも――シャドン、シブ、チット、チャルトゥ、ベルトゥ、そしてのちにムリナル(彼は私の大親友の一人となった)、プロブッド、ディポンコル、マンスル、そして女の子ではモンジュラ、ジョヤ、ビティ、トポティ、シャントなどとの友情によって忘れがたく、影響を受ける日々となった。私のシャンティニケトンの思い出は、友人たちと密接に結びついているので、私が記憶するかなりの事柄にそれぞれのちょっとした略歴がかかわってくる。

愛に関しては、文学であまりに多くのことが書かれてきたが、友情についてはあまりに少ないと私はときおり思うので、友情を拡大解釈して愛の範疇に再定義することなく、そのバランスを本当の意味で是正する必要がある。両者は実際、何ら同じものではないからだ。そのため、私はもっと後年になってからの友人であるヴィクラム・シュト〔セス〕が、二〇一〇年にロンドン・スクール・オヴ・エコノミクスで、私の亡き妻、エヴァ・コロルニを追悼する講義をした際に、友情と詩を題材に話をしてくれたのは大いに喜ばしいことだった。エヴァはヴィクラムの講義が大いに気に入っただろう。

友情の問題は彼女には大きな関心事だったし、ヴィクラムの見解は、とりわけ友情がおよぶ驚くべき範囲に関するものは、きわめて示唆に富むものだった。彼が述べたことは、それまで友情について私が考えていたことをはるかに超えていた。それまでもＥ・Ｍ・フォースターから助言を受けたほか、シャンティニケトンで教え、友情について美しいエッセイを書いたオショク・ルドロからも手を貸してもらっていたのだが。

私の直接の級友たちのほかにも、シャンティニケトンでは何歳も年上ながら、私たちとほとんど際限なく話をしてくれるような人びととも親密な関係を築く機会が与えられ、私を夢中にさせた。こうした人びとには多岐にわたる関心事と才能があった。オミト＝ダはじつに滑稽なもの（詩、劇、エッセイ）を書いていた。ビショジット＝ダは私が聞いたこともないような本について知っていた。ブル＝ダは見事に歌うことができ、グループを一つの共同体に変貌させるような歌い方をさせてほかの人びとを主導した。モントゥ＝ダは、ほかの人びとへの純粋な好奇心がなぜ本当の愛情の基礎となりうるのかを示した。シュニル＝ダは驚くほど説得力のある方法で、マルクス主義の思想の人道的な側面を教えてくれた。

学校時代を振り返ると、多くの異なったピースがじつにうまく一緒に収まっているため、それらが一種の「知的創造」としてそこに配置されていたのだと想像するのは容易だと思わずにはいられない。首尾一貫した全体をつくるジグソーパズルだったのだと。物事がじつにうまくいくとき、世界には何かしら超自然の存在があるのだと信じたくなる誘惑がなぜそれほど強くなるかが私にはわかる。だが、さまざまな種類の機会喪失が互いに重なり合ったとき、その他大勢の人びと――何億もの人びと――の暮らしがどれほど恐ろしく悪化するかを深く考えると戒められる。となると、私自身は確かに幸運ではあったとはいえ、聡明で優しい創造主の存在についての教訓などここにないのは明らかだ。その考えが、格別に幸せだった学校時代を振り返りながら、私の脳裡にしばしば浮かんだ。

13

タゴールは、インドで教育を普及させ、それについて世界各地で主張することに生涯の大半を費やした。みずからがシャンティニケトンに創設した学校ほど、彼が多くの時間をかけたものはなく、そのために彼はつねに資金集めをしていた。一九一三年一一月にノーベル文学賞の受賞が発表されたときに、彼がほかの人びとにそれをどう告げたかに関して、素敵な逸話――おそらくは作り話だが、確かに彼らしい話――がある。彼はどうやら学校の委員会に出席していたときに、電報が配達されてノーベル賞について知ったようだった。その会議では、学校で新たに必要になった排水設備の資金をどう賄うかという難題が話し合われていた。ストックホルムからの知らせを会議で伝えるのに、彼はこんな風変わりな言い方をしたらしい。「排水溝のための資金がちょうど見つかったよ」。その話が正確に真実かどうかは別として、それが伝える彼の献身ぶりはまさしくそのとおりであり、タゴールは確かにノーベル賞の賞金をシャンティニケトンの設備改善のために使っていた。

理性と自由にたいするこの信念が、人生全般と、とくに教育に関するタゴールの考え方の根底にあり、すべての人への徹底的な教育が、一国の発展のために最も重要な要素だと主張させるにいたったのである。たとえば、日本の目覚ましい経済発展を評価するなかで、彼はよい学校教育が果たしたきわめて建設的な役割を強調した。これはずっとのちに、世界銀行や国連によるものを含め、発展に関する経済学の文献に反映されることになる分析である。「今日、インドの中心にのしかかる圧倒的な困窮は、ひとえに教育の欠如にその根がある(9)」と、タゴールは主張した。この見解には留保すべきことがあったにせよ、彼がなぜ変革をもたらす教育の役割が経済的発展と社会の変化に欠かせないものだと考えたかは、容易に理解することができる。

第4章　祖父母とともに

1

ビルマから帰国して二年足らずで、私がシャンティニケトンに移り、現地の学校に通い、祖父母と暮らしていたことをこれまでに述べてきた。私が生まれた祖父母の小さな家は、ビッショ＝バロティから貸与された、質素ながらも魅力あふれる家で、グルポッリ（「教師の村」）と呼ばれた教員用の住宅が並ぶなかにあった。この家には台所とダイニング、それに小さな書斎を挟んで両側に寝室が二つあった。家にいるときは、祖父はたいがいこの書斎にいた（もっとも、祖父はよくシャンティニケトン図書館の最上階で仕事をしていた）。ときには、ベランダの床に低い書き物机を置き、その前に小さな綿の絨毯を敷いて、あぐらをかいて座って仕事をするのも好んでいた。

家の中でも外でも、孫たちやその友達が周囲で走り回っているなかで、仕事に集中できるキティモホンの能力を私はつねづね尊敬していた。祖父母と最も長く暮らした孫は私だったが、その他の孫たちも何カ月間もやってきて滞在することがあった。私の母の兄であるコンコル（ケメンドロ）は当時未婚で、カルカッタに住み、『ヒンドゥースタン・スタンダード』新聞（現在は廃刊）で働いていた。

彼はシャンティニケトンによくきており、私は彼とのおしゃべりを大いに楽しみ、その穏やかなユーモアに魅了されていた。

私の母には二人の姉がいて、伯母たちには総勢八人の子供がいたので、休暇の時期にはとりわけ、グルポッリの家にはいとこたちが大勢出入りしていた。私は従兄弟ではとくにココン＝ダ（コッラン）、バッチュ＝ダ（ショムションコル）、ボレン＝ダ（ボレンドロ）と仲がよく、従姉妹もとくにシュニパ（メジュ＝ディ）が好きだったが、レバ（ディディ）、シャモリ（シェジュ＝ディ）、シュシマ（チョル＝ディ）、イリナとシュモナとも遊んだ。私の大好きな従姉妹のメジュ＝ディは、結婚後、夫とともに義父が医師として働くビハール州の田舎に移り住んだので、私はよく夏休みの一部を、美しい大自然のなかで彼女と夫（コッラン＝ダ、彼とも非常に楽しい会話を楽しんだ）と一緒に過ごした。ビハール州の田舎は子供時代からずっと、私のお気に入りの場所となってきた。

学校が休みの時期には、ほかのいとこ――ピアリとドゥラ――も、シャンティニケトンの両親の家に、兄弟のシャミとともに帰ってきていた。私は彼女たちとはじつに楽しい時間を過ごし、年齢を重ねるにつれてピアリとドゥラとはいっそう親しくなった。シャンティニケトンでおおむね暮らしていたいとこはほかにもいて、なかでもカジョリ、ガブル、トゥクトゥクとその兄たちであるボレン＝ダ（すでに言及したが）とブロティンは、私の素晴らしい仲間となった。いとこたちとはよく互いの家に泊まり合った。家族以外と暮らし、寝室を共有し――それどころか同じベッドで寝ること――は、私の人生ではよくあることだった。自分たちは統合された大家族の一部なのだという理解が、妹のモンジュと私には強く印象づけられていた。

グルポッリの家にある唯一のバスルームは外にあったため、同時期に滞在しているいとこの人数によっては、並んで待つことが私たちの暮らしの日常の一コマとなった。ダッカの家は照明で明るく照らされていたのに、ここでは電気はまだ通っていなかった。しかし、私は灯油ランプの明かりで暮らすことにも、その明かりの下で勉強することにも慣れていった。その後の人生において、私が都会暮らしをずっと好むようになったとすれば、すでに田舎暮らしは経験済みだと思ったからかもしれない。村での生活を楽しみはしたが、書店やコーヒーハウス、映画、劇場、音楽会、研究者の集まりなどには、何かしら意味があるという確信を徐々に強めていった。

私の祖父は毎朝四時ごろに、まだかなり暗いうちから起きて、支度を済ませたあと、長い散歩に出かけていた。私も起床していた朝には（この当時、自分が早起きだったことはいまでは信じがたい）、祖父は夜明け前の時間に輝く星に私を慣れ親しませようとしていた。祖父はそれらの星をすべてサンスクリット名で知っており、いくつかは英語名でも知っていた。私は夜が明ける時間を祖父とともに歩くのが好きで、星の名前を知るのも楽しかったが、それ以上に重要なのは、散歩のあいだに祖父を質問攻めできる素晴らしい機会が与えられることだった。祖父は自分の子供のころのおかしな話をたくさんしてくれたが、真剣なテーマについても話し合った。散歩は、インドが狩猟採集民の土地を取りあげ、陰惨な方法で扱ってきた問題などの授業にも早変りした（彼はそうした過程の悲しい歴史を、のちの政府がこれら部族民のために学校や病院を建てて失敗したことを含め、よく知っていた）。祖父はまた、紀元前三世紀にインドの大半を支配した仏教徒のアショーカ大王が、すでに都市化が始まっていたインドに暮らす「森の民」に関する懸念をとくに表わし、部族民にも、都市や町に暮らす人びとと同様に、独自の権利があると主張したことを私に話した。

2

ラビンドラナート・タゴールも早起きで、ときには夜明け前に私の祖父母を訪ねてくることもあったと聞いた。それも、事前に一言あるわけではなく、二人に早起きの習慣があるのを当てにしてのことだと。これはもちろん、私がグルポッリで暮らすようになるずっと前のことで、実際、大半は私がまだ生まれてもいないころの話だ。あるとき、祖母の話では、ラビンドラナートは何の前触れもなく夜明け前にやってきたのだが、その日はキティモホンが珍しく、まだ寝ていた。

そこで、ラビンドラナートは（幸いにも起きていた）私の祖母に、その場で詩をつくって質問をした。彼の名前、ラビが太陽を意味し、かたやキティは大地を意味するという事実を取り入れたものだ。ベンガル語から翻訳すると次のような内容だった。

夜が明け、
ラビ［太陽］が現われた
キティ［大地］の戸口に。
大地がまだ目覚めていないということがあろうか？

ディディマは、ラビンドラナートの魅力あふれる詩の続きができあがる前に、大地を起こさねばならないのが残念だったと言っていた。祖母は二人が散歩に出かけるのを喜んで見送ったが、ラビンドラナートがまだポーチに座って、即興の詩を完成させてくれたらと思った。(1)

3

一九四四年に、私たちはシャンティニケトンの西端、スリポッリに祖父母が建てた新しい家に引っ越した。そこもまだ小さな町のなかなので、キャンパスから四〇〇メートルと離れていなかった。ダドゥ〔おじいちゃん〕とディディマの新しい家は、前述したように、当時まだダッカに住んでいた私の両親が一九四二年に建てたプロティチと呼ばれた小さな家の隣にあった。私たちがスリポッリに引っ越してから数年後には、私はプロティチで寝泊まりし、勉強をするようになったが、食事は祖父母のもとで取りつづけた。

私はおおむね自分一人で暮らしていたプロティチに、非常に愛着を覚えるようになった。若い使用人のジョッゲッショルだけは例外だったが、彼は家の敷地内にある彼専用の部屋で別々に寝起きしていた。ジョッゲッショルは一九四三年のベンガル飢饉の年に、近隣のドゥムカ地区から仕事と少しばかりの収入を求めてやってきた飢えた少年だった。当時、私の家族はとくに新たな使用人を必要としてはいなかったが、初々しい顔のドゥムカの少年を助けるために何かすべきだということで意見の一致を見たため、ジョッゲッショルには住む場所が与えられ、最初は母方の伯母のレヌが、のちには私の母が彼の食事を用意するようになった。母は彼に当時、誰も住んでいなかったプロティチの留守を守る仕事を任せた。ジョッゲッショルは「家一軒を独り占めにする」のは最高だったと私に語った。祖父母とともにグルポッリから引っ越したころには、私は一〇歳になっており、ジョッゲッショルは一五歳だった。その二年後に私がプロティチに寝泊まりするようになると、ジョッゲッショルは私を監督する仕事を与えられた。隣に住む祖父母が、実際にはもちろん責任を担っていた。

ジョッゲッショルは私たち一家と七〇年近く暮らし、働いてくれた。一九九八年にノーベル賞の賞金をもらえたおかげで、初等教育と基本的な医療、ジェンダー間の衡平さ《エクィティ》〔格差に配慮したうえでの平等〕を推進するために私が創設することのできた二つの公益基金――一つはバングラデシュに、もう一つはインドに――が、「プラティーチー・トラスト」と名づけられたのを、彼は大いに喜んだ。「この名前はたいそう気に入りました」と、ジョッゲッショルは満面の笑みを浮かべて私に言った。

やがて、ジョッゲッショルはわが家の主たる雇い人となり、一九四五年、血に染まったインドの分離の直前に父がダッカ大学の教員を辞めたのち、両親とともにデリーへ、さらにカルカッタへと移り住んだ。私の父が一九六四年にニューデリーの仕事を最終的に辞めると、全員でプロティチに戻ってきて落ち着いた。そのころには、この家は建て増しされていた。オロビンド・ノンディは以前、私の母の文芸活動に手を貸し、とくに母が始めたベンガル語の雑誌（『スレヨシ』）の編集を手伝ってくれていたが、母が年老いてくるにつれて、彼女は家の「切り盛り」をする仕事にも乗りだした。一九七一年に父が他界したのちも、母はプロティチに住みつづけた。わが家で働いていた人びと——シャンオタル族の出身者——はそのころには家族同然となっていた（使用人の長はラニだった）。母はやがて二〇〇五年に九三歳で永眠した。母は亡くなる前に、プロティチで働いている六人の使用人（庭師の二人を含め）は誰も解雇してはならず、それぞれ退職後も給料全額と完全な医療保障を受けられるように計らえと私に厳命した。私は母の指示を守っており、プロティチはいまも活気にあふれている。四〇〇チャンネルのケーブルテレビに加入し、誰もが楽しめるようになってからは、なおさらだ。

私はプロティチをこよなく愛し、いまだに深くかかわっているので、住人たちが旅立っても、この家が昔とあまり変わらず、いまも活力に満ちているのを見るのは、私にとっては素晴らしいことだ。新たな恩恵の一つは、私の子供たちがプロティチに愛着をもっていることだ。オントラとノンドナはどちらもそうだが、下の二人、インドラニとコビルにも当てはまる。一年を通して誰もがかなり頻繁にプロティチに行く計画を入念に立てているのは、素晴らしいことだ。私の母はそのことをとても喜んだだろう。私自身も、短期間とはいえ、いまも一年に四度ほど帰省すると、勝手を知った馴染みの川に浸かったような気分になる（ただし、本書を執筆している現在のように、COVID-19が猛威を振るっているあいだを除いて）。同じ流れには本当は二度と浸ることはできないという、哲学的な戒めは承知してはいるが。

子供のころ、隣に住んでいた祖父母との食事は、しばしば長時間におよんだ。ダドゥとディディマと話をするのがとにかく大好きだったため、というのが大方の理由だった。私たちはありとあらゆる話題で長い対話を続けた。あるとき（私が一一歳ごろのことと思う）、基礎教育としてサンスクリットを学んだキティモホンは生物の進化がどのように進むのかを知ることに大いに関心を抱いていた。祖父は当時、自然選択を初めて理解するにいたった何かの書――J・B・S・ホールデンだったと思う――を読み、生存に関するごくわずかな有利さが、充分に時を経るうちに、一つの種が別の種よりも優位になる結果を生むことを学んでいた。私は複利式に拡大する計算方法を説明して祖父を助けたのを覚えている。指数関数的に拡大してゆく魔法は、私が予想した以上に祖父を面白がらせることになった。

ところがそこで、祖父を悩ませ、私も悩まされた疑問が生じた。世の中により適した種が優勢になり、その他よりも数で勝るようになることは容易に理解できても、その競争は間違いなくそこに何らかの理由で、たまたま存在していた種の集合体に限定されることになる。祖父と私の両方を夢中にさせた疑問は、それらの種がそもそもなぜそこに存在して、適者をめぐるこの競争を始めることになったのか、であった。キティモホンは説明にあたって神に言及することはなかった。神がそのように競い合わせる形で働きかけるとは考えなかったからだ。私もまた、神が生物種のあいだで競馬をさせるような事態が起きたとは考えられなかったので、神をもちだすことはなかった。キティモホンは、この問題はもっとよく理解する必要があるので、さらに多くの本を読む必要があると言った。数日後、私たちは突然変異と自然選択においてそれが果たす役割について盛大に議論をしていた。

キティモホンは、おおむね偶然と考えうること（つまり突然変異によってどの種が存在するようになるか）が生存における優位性では系統的な——それどころか予測可能ですらある——結果を伴って働き、私たちの周囲に見られる秩序ある世界を最終的につくりだすという考えに魅了されていた。因果関係と確率の組み合わせに、私も祖父と同様に取りつかれており、その探究を楽しんだ。しかし私にとっては、別の分野で学術的な功績が山のようにある人と一緒に問題に取り組むという大いなる楽しみもあった。遺伝問題には不慣れだからという理由で、自分の一一歳の孫とでも知的共同作業をするのを厭わない人である。

4

ウパニシャッド〔紀元前五〇〇年ごろのインドの哲学書〕や『ラーマーヤナ』と『マハーバーラタ』の叙事詩で盛んにたたえられた古代の学問の府を精神面で彷彿とさせるものとして、シャンティニケトンはときおり「アッスロム」〔修行場、アーシュラム〕と呼ばれていた。インドの古いアッスロムで学ぶことは、競争において勝るのではなく、好奇心を培うことに特別な重点が置かれているのだと私たちは教えられた。そして、シャンティニケトンの主眼もここに置かれていた。試験の出来や成績に傾注することは、すでに述べたように戒められた。このことから、私は以前のようにタゴールの詩や小説だけでなく、教育に関する彼のエッセイも多数読むようになった。

シャンティニケトンで学期中いつも水曜日の朝に開かれていた全校集会で、タゴールは教育に関する自身の考えを論じるのを好んだ。この毎週の集会は「モンディル」という、サンスクリットの文字どおりには「寺」と訳せる名前の付けられた講堂で開かれていたが、これは何ら特定の宗教の儀式ではなかった。毎週のモンディルは、シャンティニケトンの共同体全体の関心事となる重大な問題を議論するための、定期的な公開討論会《フォーラム》の役割を果たしていた。鮮やかに色づけされたガラスと、さまざまな色合いの半透明のブロックの壁面からなるモンディルの物理的な構造は、キリスト教の教会とどこか似たところがあると、私はのちに思った。ここでは無宗派で祈りを捧げることはあったが、宗教的なテーマだけでなく、道徳的な意味合いをもつ一般的テーマの、かなり長々とした議論になることが多かった。

タゴールはよく、話し言葉の合間にたくさんの歌をはさみながら、こうした集会を主導していた。彼の死後は、かつてタゴールがやっていたように、集会の進行役を務め、毎週の講話をするのは、私の祖父のキティモホンの仕事になった。タゴールがいた時代には、私はシャンティニケトン・スクールの生徒ではなかったが、子供のころダッカから遊びに行った際に、何度かモンディルに連れていかれたことがあった。ディディマは、タゴールが主導するモンディルに私が参加した際の、少々恥ずかしいエピソードを好んで語っていた。私は当時五歳くらいで、行事のあいだは一言も口をきいてはならないと、モンディルに行く前に厳しく言い含められていた。「絶対に静かにしていなければダメよ。みんなそうなんだから」と、祖母は言った。私は絶対に黙っていると約束した。ところが、モンディルに入り、タゴールが講話を始めるとすぐに、私は声に出して質問して沈黙を破ったのだという。「じゃあ、なぜあのおじさんはしゃべっているの?」タゴールは穏やかにほほえんだが、その謎を解く手助けは何らしてくれなかった、と私は教えられた。

5

毎週のモンディルで祖父の言葉に耳を傾けるのは、少なくとも最初のうちは楽しかったが、宗教的——もしくはなかば宗教的——な毎週の講話には、とくに心を惹かれるものは感じなかった。その時分には、私は一二歳になっており、やらなければならない勉強があるので、モンディルに定期的に出席するのはいやだと祖父に伝えた。「ということは、モンディルで行なわれる議論は面白くないわけだね？」と、祖父は私に言った（が、とくに気を悪くしたようには聞こえなかった）。私は黙っていた。祖父は、それならそれでよいが、成長すればおそらく考えが変わるだろうと私に言った。宗教にはまったく関心がないし、宗教的信念もないのだと、私は祖父に告げた。「自分自身について真剣に考えられるようになるまで、宗教的信念をもつことはないのだよ。そうしたものは、時とともに自然に湧いてくるものだ」

成長しても、私には宗教的信念は少しも湧いてこないどころか、年齢が上がるにつれて疑念はますます確たるものになるようだったので、数年後に私は祖父にこう言った。宗教が解決しようとする難題について辛抱強く考えてきたけれども、時を経ても信仰心は湧いてこないので、祖父の言ったことは間違いだったのではないかと。「私が間違っていたわけではない」と、祖父は答えた。「おまえは宗教的な問題に取り組み、ヒンドゥーの幅広い思想のうち、自分を無神論——順世派《ローカーヤタ》——に位置づけたことが私にはわかったよ！」彼はまた古代サンスクリットで書かれた無神論や不可知論の論考の長い参考文献リストを私にくれた。そこには『ラーマーヤナ』にあるチャールヴァーカ（順世派の別名）とジャバーリの講話や、ローカーヤタ派の著作全般が含まれていた。キティモホンは一四世紀のサンスクリットの書物マーダヴァチャルヤの『全哲学綱要』にも私の目を向けさせた。この書の第一章は、ローカーヤタの無神論哲学への好意的な解説に割かれている。当時、私はサンスクリットを読むことに熱意を燃やしていたので、これを熱心に研究し始めた。マーダヴァチャルヤは、論理的思考のおよぶ範囲を示すやり方が、これまで私が読んだなかでも抜群にうまく、さまざまな章で宗教に代わる哲学的立場を擁護していた。彼の本の第一章で展開された無神論と唯物論の擁護は、そのような考え方の解説として私がこれまで読んだなかで最良のものの一つだ。

キティモホンは『リグ・ヴェーダ』のなかの有名な詩――いわゆる「創造讃歌」――にも私の注意を喚起した。これはヒンドゥーの古典のなかで最古のものである（おそらく前一五〇〇年ごろまでさかのぼる）。創造讃歌は、世界がどのように創造されたかをめぐるあらゆる伝統的な物語に深い疑問を呈しているのだ。

誰が本当に知っていようか？　誰がそれをここで宣言するのか？　いつつくられたものなのか？　この創造はいつのことなのだ？　神々は、この宇宙の創造とともに、あとからやってきた。ならばそれがいつ生じたかを誰が知っているのか？

この創造が生じたとき――それは勝手に生じたのかもしれないし、そうでないかもしれない――最上天から下界を見下ろしている者だけがそのことを知っている。いや、彼もまた知らないのかもしれない。(2)

私はヒンドゥー思想の集成のなかにも、不可知論、または無神論の分析が含まれうるのだという考えに、強い衝撃を受けた。このような幅広い見解では、無神論者ですら宗教から逃れられないことに気づき、若干のいらだちも覚えたのだが。

6

タゴールがなぜ祖父をそれほど熱心にシャンティニケトンに呼び寄せ、新しいタイプの教育機関を築く企てに加わらせたのかが、私にはよく理解できた。タゴールは、優れた同僚のカリモホン・ゴシュから、キティモホンのことを聞いていた。カリモホンは当時すでにシャンティニケトンにいて、学校教育に貢献していたほか、村の改革と農村の復興に関するタゴールの仕事を手伝っていた。キティモホンについて聞いたタゴールは充分に感銘を受け、一種の身元調査を実施した。私の祖父の研究方法について知ったほか、リベラルな傾向があり、社会の最貧層の人びとと深くかかわってきたことがわかると、彼はキティモホンを説得してシャンティニケトンにきてもらうべきだと断固として主張するようになった。タゴールはこんなメモを書き残した。

経典や宗教関連の古典に非常に精通してはいるが、彼の優先事項は完全にリベラルである。彼はこの偏見のない鷹揚な考え方を、経典そのものを読むことで得たのだと主張する。彼ならば、経典の狭義の解釈を用いたがる人びとにすら影響を与え、ヒンドゥー教を縮小——および攻撃——するよう仕向けられるかもしれない。少なくとも、彼ならばわれわれの生徒たちの心から偏狭さをなくす手助けができるだろう。[3]

「私にはぜひとも仲間が必要だ」と、タゴールは一九〇八年二月二四日付の手紙でキティモホンに懇願し、（移動を渋る彼にたいし）こう付け加えた。「私はまだ望みを捨てる覚悟はできていない」[4]。シャンティニケトン・スクールの給料は非常に安く、キティモホンには自身の子供だけでなく、亡兄、オボニモホンの息子たち（ビレンとディレン）を含む大家族がいたのだ。一九〇七年には、キティモホンはヒマラヤ山脈の山麓にあるチャンバ藩王国で、現地の主任教師として安定した職に就いていた。彼は藩王ブリー・シングから寛大な支援を受けていたし（藩王との関係は非常にうまくいっていた）、この仕事から得られる定収を失いたくなかったのだ。タゴールは懇願しつづけ、キティモホンの報酬はかならず彼の扶養義務に見合うだけの額になるようにすると述べた。

最終的に、タゴールはキティモホンを説得してシャンティニケトンに移住させ、彼はそこで五〇年以上にわたって、タゴールの慧眼に影響を受けると同時に、逆にこの詩人自身の考えにも影響を与えながら、満ち足りた生産的な年月を送ることになった。二人は親友にもなった。一九一二年六月二七日にロンドンで、W・B・イェイツが主催した有名な文壇の夕食会の翌朝、タゴールが不安を打ち明けた相手はキティモホンだった。この夕食会によって、タゴールはヨーロッパで「売りだされた」のだが、自分はまるで間違った理由から支持されているのではないかと彼は案じていた。このエピソードについては次章でもう一度述べることにしよう。

7

キティモホン・シェンの一族はダッカのビクロンプル地区にある小さな町ショナロンの出身だった。私の父方の一族の出身地であるマニクゴンジからさほど遠くない場所だ。キティモホンの父、ブボンモホンはアーユルヴェーダ医学の昔ながらの開業医で、それなりに繁昌していたが、退職後にキティモホンとともにベナレスに引っ越した。私はキティモホンが自分の父親について話すのを聞いたことがなく、父子の関係はさほど親密でなかったのだろうと思う。キティモホンは、父親に関する何かを非難して――あるいは少なくとも悲しんで――いたのだという印象を受けたが、それが何であったかは、何度か聞こうとしたものの明らかにはできなかった。

だが、ブボンモホンは息子の学業成果を自慢に思っており、ベナレスのクィーンズ・カレッジでの学業に秀でて、修士号を取得した事実を祝っていた（正式には、クィーンズ・カレッジを傘下に置くアラハバード大学からの学位）。しかし、ブボンモホンは、彼の時代にはまだサンスクリットの伝統的な教育の中心地として勢いのあったベナレスの「チャトゥシュパーティース」ではるかに多くの時間を費やし、のちにインドの古典教育の保護と推進においてその伝統がなした偉大な功績と、国の近代化に伴ってそれが徐々に消滅した悲劇について書くことになった。彼はサンスクリットの学問研究ゆえに、羨望の的となる「パンディット」の称号も与えられた。かなり保守的なヒンドゥー教徒であったブボンモホンは、おそらく息子がサンスクリットとヒンドゥーの古典文学を習得したことは認めていただろうが、キティモホンの文学や宗教面の関心が急激に拡大していたことについては、かりにその実態を知っていたとすれば、警戒心を抱いただろう。

実際、ブボンモホンはキティモホンの態度や信念が「西洋的」になるのではないかと恐れ、そうした事態を防ぐために、自分にできることを試みた。キティモホンの関心の広がりは、実際にはまるで異なる方向に向かっていた。彼はますますイスラーム教スーフィー派の詩や歌がもつ美と力、およびヒンドゥー教のバクティ運動の文学に魅せられていた。彼はペルシャ語を学び、この点では、ペルシャ語に堪能だった兄のオボニモホンに大いに助けられていた。

一四歳のとき、キティモホンはカビールの多元的な宗教伝統、「カビール・パント」（「カビールの道」）に加わる決心をした。これはヒンドゥーとムスリムの宗教観を分け隔てなく結びつけたもので、そこから生みだされた素晴らしい詩は何世紀にもわたって歌われつづけている。カビール・パント教団に入るのは正式な入信行為だったが、その教義は偏見のない鷹揚なものであったため、キティモホンは理由があればなすべきことを優先させて、彼なりの人生を送ることができた。カビールは一五世紀なかばにムスリムの家庭に生まれ（生誕年は通常一四四〇年とされるが裏づけるのは難しい）、ムスリムとヒンドゥー双方の思想と文学の伝統を取り入れた。ブボンモホンがそれを認めなかったことは容易に推測できる。キティモホンはのちに何が起こっていたかを皮肉を込めて書いている。

私を保守的な［ヒンドゥーの］の集団にとどめるために、［キリスト教の影響を除外するための］さまざまな厳しい取り決めがなされたが、私の人生を支配していた神はこのことを面白がっただろう。私を伝統に縛りつけようとする試みは間違いなく損なわれたが、その危険はイギリス人からもたらされたわけではなかったのだ(5)。

キティモホンの人生における優先事項は、彼の信念が発展するにつれて変わった。一八九七年にチャンバへ行く一〇年前、まだ一七歳のときに、彼はインド北部と西部を旅して、カビールやダドゥなど似たような傾向の主唱者（聖人）たちの詩と歌を集め、編纂した。ムスリムとヒンドゥーの双方の思想を尊重しながら、独自の方法で信仰の道をたどった人びとである。訪ねるべき場所は広大な領域にまたがっていた。カビールをはじめとする聖人の信者は、インドの多くの州にまたがっていたからだ(6)。

私の息子はコビル［カビールのベンガル語読み］という。一つには、歴史上のカビールの思想に私が感銘を覚えていたからだが、彼の母親のエヴァ・コロルニがその名前が好きだったからでもある。カビールはもちろん、ムスリムの名前で、ユダヤ人のエヴァは私にこう言った。「ヒンドゥー系の父親とユダヤ系の母親の息子が、素敵なムスリムの名前になるというのは、まさにぴったりじゃない」。カビールとその伝統に関する研究に深く足を踏み入れる一方で、キティモホンは自分の生まれ故郷のベンガルにも、バウルの民［吟遊詩人のような修行者集団］のあいだに豊かで活発なヒンドゥー－ムスリム間の交流があることに気づいた。バウルも似たように、分け隔てないものの見方をしており、双方の宗教の思想を取り入れて、双方の社会から信者を引き寄せていた。そのため一八九七年から九八年にかけて、祖父はベンガルのバウルの民とともに、彼らの歌や詩も探し始めた。

これらの旅や膨大な記憶を残そうという決意から、キティモホンは膨大な時間を費やすことになった。家族ぐるみの親しい友人で、キティモホンと共同研究をしたベンガルの偉大な作家かつ学者のシヨイヨド・ムジュトバ・アリは、祖父が集めていた地方の口碑《こうひ》を研究し分析する方法は、古典研究者が古文書を読み解くような「科学的な徹底ぶり」だったと指摘していた(7)。

8

父親のブボンモホンは息子の関心事が広がるのをこころよく思わなかったようだが、母親のドヤモイはしっかりと応援してくれ、キティモホンは母親とは仲がよかった。母親は息子が独立して暮らし、サンスクリットの古典研究と田舎の宗教・文学の伝統を結びつける、彼自身の優先事項を追究できるように援助してくれた。彼女はまた、インド各地を息子がひっきりなしに旅をし、詩や民謡を集められるように支援もしてくれた。タゴールからの招待を受けるように彼を励ましたのも、母親だった。彼女はタゴールの書いたものを読んでいて、その見解と類まれな思想にたいへん感銘を受けていたのだ。ブボンモホンは、息子がシャンティニケトンへ移ることを認めなかったのではないかと思われるが、私は祖父を説得してそのことについて語らせることはできなかった。「母親からはとても支えてもらった」としか、祖父は言わなかった。

シャンティニケトンのある美しい夕暮れの、ちょうど日が沈むころに、キティモホンが私の母にこう尋ねたのを覚えている。「私の母親、おまえのおばあさんを覚えているかね?」(私たちはみなベランダに座っていた)。私は当時一二歳で、母は三三歳くらい、キティモホンは六五歳前後のことだ。当時は本当にあまりにも幼かったので、おばあさんのことは覚えていなくて……思いだせればいいのだけれど、と母は答えていた。ダドゥはこう言った。「もちろん、もちろんだ。聞くほうが愚かだったよ」。それから黙り込んでしまった。私は年老いた聡明な祖父が、みずからの母親を思いだそうと懐かしんでいるのだと思い、悲しくなった。生きていたら、そのころ曾祖母は百歳を超えていただろう。いつまでも心に残るその穏やかな夕べに、一二歳の子供には時の経過という悲劇にたいする鬱々とした思いに抗うのは難しかった。

9

キティモホンにとって母親が非常に重要な存在だったとすれば、彼の妻である私のディディマも、同じくらい重要であったのは、驚くべきことではない。祖母キロンバラは、非常に腕のよい成功した技師、モドゥシュドン・シェンの長女だった。祖母の二人の兄弟、オトゥルとシェボクも技師になり、私は彼らの子供たち（カナイ、ピク、ニマイ）との雑談を大いに楽しんだだけでなく、大おじたちとも年齢差があったにもかかわらず、よく話をした。私たちはよく大都市カルカッタの南部にあったオトゥル＝ダダの優雅な家に、ダッカから訪ねていっては泊まっていった。オトゥル＝ダダと初めて話をしたのは、彼が車を修理していたときのことだった。当時私は六歳か七歳だった。彼はいろいろな工具をそばに置いて、車の真下に入り込んでいて、私には伸ばした彼の脚しか見えなかった。それまで二本の脚と話をしたことはなかったが、車の下で見えない顔に非常に興味をそそられ、私は一時間以上もそこで楽しみ、夢中になっていた。

私の拡大家族のこちらの一族はみな、技術的なことに非常に関心があった。オトゥル＝ダダはカルカッタの工務店で働いていたし、シェボク＝ダダはシャンティニケトンの電気設備を請け負っていた。キロンバラの妹で、やはりシャンティニケトンに住んでいたトゥル＝ディは、数学の難問で私を楽しませてくれ、ごく幼いころから彼女がわが家を訪ねてくれるのは、私にとっては非常に楽しみなことだった。

キロンバラの結婚は、経済的な面では格下げとなるものだった。彼女の父のモドゥシュドンは資金繰りに苦しむキティモホンに比べればずっと裕福だったからだ。しかし、彼女はかなり困難な時代にも、相当なやりくりをして日々の暮らしを保っており、あれほどの家事・雑事をこなさなければならないなかで、祖母がいつも朗らかであったのが私には驚くべきことだった。祖母の仕事には、料理など家事全般のほか、私をはじめとする孫の世話、助産師としてのあらゆる勤め、さらに精神を患っていた末の妹インディラの面倒を見ることも含まれていた。この妹は幼いころ感染症に罹って脳を損傷して、回復不能の障害を負ってしまった。インディラは私たちと同居しており、キロンバラが生涯にわたって四十数年間面倒を見ていた。毎朝、丁寧に入浴させ、一日を通して世話をし、できる限りにおいて楽しませようとすら試みていたのである。苦しむ人びとにたいするディディマの愛情は、私にはとてつもなく感銘を与えるものとなった。

彼女は動物、とくにはぐれた動物にも目をかけた。そのなかには、毎日同じ時間にディディマが与える餌を食べにやってくる野良犬――定まった居場所のない雑種犬――もいた。これは日々の出来事だったが、何とも奇妙なことに、祖母の最晩年に、この野良犬がかなり驚くべき方法で祖母を助けたのだ。ある日、すでに九〇歳になっていたディディマは、ベランダに取りつけられた外階段で転倒して意識を失った。そのとき家にはほかに誰もいなかった。餌を求めてきた犬は、そんな状態のディディマを見て、隣の私の両親の家に走ってきたのだ（そのころ私はデリーに住んでいて、この話を母から聞いた）。犬は母に向かって吠えつづけ、ディディマの家に走ってゆく素振りをしては戻ってきて、同じことを何度も繰り返した。数回試みたあと、犬は母《マー》に好奇心と不安をもたせるのに成功した。そこで母がディディマの家に行ってみると、祖母が階段の下の床の上に倒れていたのだ。ディディマは助かり、その後六年間、九六歳になるまで生きたが、すぐに手当てがなされなければ、その日はまるで異なった結果になっただろうと医師たちは言った。その日の英雄は明らかに野良犬だったが、これはまた親切は報われるという、ほとんど道徳譚のような話でもあった。ディディマが存分に施していた親切だ。

ダドゥはほぼあらゆることでディディマに頼りっぱなしであり、二人は驚くほど親密な関係にあった。キティモホンが仕事から帰ると、敷地のはずれから帰宅を告げる「キロン」という大声が、まだ家に入りもしないうちに聞こえてきたのを私はよく覚えている。キティモホンは手紙をよく書く人だったが、彼の手紙の大多数は妻宛のものだったことはあまり知られていない。二人が離れているときはいつでも、自分に浮かんだあらゆる考えを妻には話さずにはいられなかったようだ。

偉大な芸術家のノンドラル・ボシュは、一九二四年にキティモホンとタゴールに同行して中国と日本まで東方への旅に出た折に、キティモホンが自由時間の大半をキロンバラに手紙を書くことに費やしているのを見て面白がり、それが彼の「お気に入りの活動」だったとした。ノンドラルはこのときの旅行記に、キロンバラは夫から受け取る洪水のような手紙を読むのに、非常に忙しかったに違いないと述べていた。

キティモホンの伝記を書いたプロノティ・ムコパッダエは、新婚のころキロンバラが実家に戻っていた一九〇二年六月二九日付の手紙をはじめ、彼が妻に宛てた手紙を何通かどうにかして入手していた。ダドゥは、彼女と結婚して以来、自分がいかに素晴らしく幸せになったかを書き綴っていた。一通目の手紙で、キティモホンはこう書きだしている。「幸せの温度計があったら、私がどれほど幸せかを説明できただろう！」近年、幸福度を測る方法について考えていたとき、私はその言葉を思いだした。この問題は、私の友人の経済学者リチャード・レヤードから、博愛的なブータン国王まで、さまざまな立場の人びとの関心を引きつけている。

10

私の祖父をシャンティニケトン・スクールの一員にしようというタゴールの決意は、キティモホンの古典研究と、彼がサンスクリットとパーリーの文書に精通していたこととおもに関連していた。彼が並外れた専門知識をもつ分野である。「アッスロム」〔つまりシャンティニケトン〕で研究していた時期に彼が書いた何冊かの本は、それまで容認されていた以上に偏見のない目で古典を読むことを奨励した点で、きわめて影響力をもつようになった。彼が選んで書いたテーマの多くは、カーストやジェンダーの不衡平《イネクウィティ》など、インド社会における不正義《インジャスティス》を分析してきたことを反映していた。それらは古典や経典の歪んだ読み方によって、しばしば助長されてきたものだった。

私はときおりキティモホンと議論をし、たとえ経典に不平等を黙認する裏づけが実際にあったとしても、思うに彼はそうした不平等にはどちらにせよ反対したのではないかと主張した。その点について、彼は否定しなかったが、「だからといって、これらの不正義が、古典を偏って選択して歪んだ読み方をする、怪しげな学識に影響された多くの人びとから支持されてきたという事実は変わらない」と、私に言った。たとえ経典などの間違った解釈だけが、いまに続く慣習にかかわるすべてでないことは認めても、彼はそれらの学識者の罪を正さなければならなかったのだ。『ジャティベド』〔「カースト区別」〕など、彼が苦心して書いた研究書は、人びとを階層化するヒンドゥーの慣習の経典上の根拠がいかに希薄なものかを示していた。『プラチン・バロテ・ナリ』〔「古代インドの女性たち」〕は、古代インドでは往々にして女性が享受していたさまざまな自由が、中世から現代までのインドでいかに徐々に否定されてきたかを論じていた。『バロテル・ションシュクリティ』〔「インドの文化的伝統」〕

では、ヒンドゥーの古代の文学で、いかに多様な種類の情報源が使われ、宗教、カースト、階級、ジェンダー、社会の区分を超えてまたがっていたかをとくに論じた。これらの著作は、彼の古典研究に多く言及したものだった。

タゴールが望んだように、キティモホンは「アッスロム」における旧式のサンスクリット研究の伝統的厳格さをやわらげるうえでも一役買った。タゴールが予期しなかっただろうことは、キティモホンがタゴール自身の古典や経典の理解を広めただけでなく、民衆の宗教思想や、そして何よりも田舎に残された詩と歌への理解をこれほど深めさせたということだ。これらは、カビールをはじめ、キティモホンが十代から取り組んできた口碑集の伝統の幅広い研究からもたらされたものだった。キティモホンがカビール、ダドゥなどの先見の明のある田舎の詩人たちに関する口碑集や注釈書を上梓し始めたのは、タゴールに強く勧められたからだった。

カビールに関する限り、キティモホンは五〇〇年以上前にさかのぼる彼の詩で、口伝えに残されたものだけに専念した。これらの詩はカビール・パント教団の詩人たちや歌い手によって、何百年を経る過程でときにはかなりの変化を遂げてきた。カビールのヒンディー語の詩をベンガル語に翻訳した彼の四巻ものの大要は、一九一〇年から一一年にかけて、「アッスロム」に移ってからさほど経たないうちに刊行された。(8) タゴールはキティモホンによるヒンドゥー教のリベラルで寛大な解釈に大きく影響されただけではない。その他の主要な宗教、なかでもイスラーム教との相互の破壊的関係ではなく、創造的な関係に重点を置く解釈だ。タゴールはそれだけでなく、泥臭いとされてきた田舎の詩人たちの、高度な思想に関心を向けたキティモホンのやり方にも感化されていた。

古い時代のものながら、これらの活気あふれる詩の素晴らしい簡素さと奥行きは、ヒンドゥー・バクティ運動とイスラームのスーフィズムの伝統の主要な橋渡しをするもので、タゴールを大いに感動させた。彼はイヴリン・アンダーヒルの協力を得て、キティモホンの口碑集から選んだ「カビールの一〇〇詩集」を英訳した[9]。これらは、タゴールがノーベル文学賞を受賞した二年後の一九一五年に出版された。エズラ・パウンドもカビールの詩の別の英訳にかかわっており、このときもまたキティモホンの口碑集が典拠となった。英訳された詩の一部は出版されたが[10]、パウンドが思い描いていたもっと充実した野心的な作品集は完成されず、発表されなかった[11]。

11

キティモホンが収録したカビールの詩に関しては、一部の批評家から疑問の声が上がっていた。これらの詩がかならずしも、〔カビールの詩として伝わる〕ほかの版とは言い回しが厳密には一致しないためであり、この問題は私がシャンティニケトンの学校を卒業するころには、学術的な関心を集めていた。私はこれに関するキティモホンの見解を、彼ののちの著作の序文で見たことがあった。六世紀のもう一人の田舎の聖人で、カビールの信者であり、彼と同様にヒンドゥーとムスリムの伝統の橋渡しをしたダドゥの詩に関するものだ。一九三五年刊のその本のなかで私の祖父は、『ビジョク』と題されたカビールの詩の印刷版に、彼のカビール詩集が準拠していないとする批判が止まないことに言及していた。それに応えて祖父はこう書いた。カビールに関する自著の序文を、これらの批評家が読んでいれば、収録にあたっての焦点は、インドの田舎に暮らす人びとのあいだでいまなお盛んに口伝えで残る伝統を世間に紹介することにあるという、彼自身の説明を目にしたことだろうと。彼は『ビジョク』からの詩も数多く含めたが、それをはるかに超える作品を収録していたのだ。

私はこの論争に引き込まれるものを感じ、キティモホンは少なくとも一部には、都市部のエリートがインド文化の解釈を支配していることへの懸念から動かされていたのだと感じた。私たちが食卓を囲みながら頻繁に議論したテーマである。そこで私は彼にそれを確認した。キティモホンは同意したが、カビールの詩にいくつもの異なる版がある事実は、何ら驚くべきことではないのだとも言った。カビール自身はどの詩も文字にしておらず、編纂者としてキティモホンは、現代の口頭伝承で暗唱され歌われてきた詩を優先させるのは正しいことだと考えた。その他の収集家はしばしばどこかの時点で文字に書かれた版を使うことを好んだ。おそらく、より古い時代に広まっていた口伝にもとづいたものだ。こうした論争全体の驚くべき点は、何世紀も昔に生きて口承の詩を残した詩人の作品に、異なる版が存在することではない、と彼は私に言った。というのも、伝統的な口承詩では複数の言い伝えがあるのが一般的な特徴だからだ。むしろ、多くの編纂者が「いまも実践されている生きた伝統を盛り込む余地を与えずに」、「印刷されて凍結した版」(と、彼は笑って言った)だけに忠実であるべきだと主張していたことなのだ。キティモホンは実際、こうしたことすべてを一九一〇年から一一年に刊行した彼のオリジナルのカビール詩集の序文で、かなり詳細に説明していたのである。

子供のころから、私がカシ[ベナレス]やその他の巡礼地で親しんできた「聖人」にカビールが含まれており、私には彼の伝えることがはっきりと聞こえた。のちに私はインド各地からカビールの歌をすべて集めることにした。そこにはカビールの歌で出版された版もすべて含まれていた[……]さまざまなものを読んだなかから、私は[彼の教えの]実践者たちが歌うものと最も合致し、彼らや私が伝統に忠実だと判断したものを選んだ。私が得たさまざまな助言から、[自分の判断を用いて]選ばなければならなかったことを付け加える必要はまずない。信者は往々にして自分たちの時代に当てはまることは明確に語る。同じ詩にもさまざまな言い伝えがあり、それらが容易に理解できるのは、制作された時代においてのみなのである。カビールの詩集を編集するにあたって、私はこれらの懸念すべてに留意しなければならなかった。いつの日にか、カビールの詩のあらゆる言い伝えが含まれる全集を刊行できればと願う[12]。

ここで注意すべき重要なことは、カビールの歌には同時に出回っている異なる版がある（したがってその他すべての版に勝る正当な版が一つだけあると主張するのは無駄である）だけでなく、キティモホンはつねにカビールの信者のあいだで盛んに暗唱され歌われ、伝統のなかでまだ生きているものを優先してきた点である。こうした人びとはしばしばインド社会の最下層の出身で、信者たちが暗唱したり歌ったりするのを彼自身が聴いていたのである。この点において、キティモホンの手法は「サバルタン研究」（従属的社会集団の研究）と呼ばれるようになったものと、多くの点で共通していた。私たちのエリート社会にありがちな偏見と無視についてキティモホンから聞いたことと、ロノジット・グホをはじめとする初期のサバルタン理論家たちが、社会で低い地位に置かれた人びとの暮らしや考えが伝統的に軽視されてきた事実について語ることには、驚くべき類似が見られる[13]。

キティモホンが可能な限り、田舎の人びととの生きた伝承を、それも多くは社会の最貧層からの伝承を優先することにこだわったのは、それが文学のなすべき義務だと彼が見なしたためであり、そこには正義感も含まれていた。だが、それはまたカビールやダドゥなどの人びととの独創性を理解する最良の方法でもあったのだと、彼は主張した。彼ら自身が口承の詩人であり、庶民の理解を反映しようと努めた人びとだからだ。これはタゴールをとくに惹きつけた優先事項であり、彼を通じて、世界各地の多くの知識人にも伝わったものだった。たとえば、フランスの作家ロマン・ロランは、一九二三年一二月三〇日付でタゴールに、「あの素晴らしいダドゥの人柄に魅了されて」おり、キティモホンの研究に深く感銘を覚えたと書いている[14]。

だが、タゴールもまた、キティモホンが民衆のあいだから作品を集めたことにいらだちを見せた同じ一派からの批判にさらされることになった。カビールの作品に接する機会を、都市部の教育を受けた階層に限定するエリート主義の傾向は確かにあったのだ。キティモホンやタゴールが主張したように、田舎の詩人たちにも気の利いたことを言う垢抜けた点がある可能性は往々にして無視されていた(15)。これはまた私の学校時代にちょっとした論争になった問題でもあり、一部の生徒のあいだで関連する問題を、とりわけエリート主義と都市部にある偏見について議論した。また、じつに多くのエリート主義の学者が書き言葉だけを優先し、田舎の人びとのあいだに伝わる口承の詩の生きた伝統を拒絶していることについても語り合った。

シャンティニケトンで教えていて、私も知り合う光栄に浴した、ヒンディー語の偉大な文学者ハザーリー・プラサード・ドウィヴェディーは、キティモホンを擁護するために立ちあがった。その過程で彼は、田舎の詩人たちの高度な素養にたいするみずからの信念を、たとえそのひたむきな独創性が都市部のエリートによってどれほど見下されても肯定した。ドウィヴェディーはとくに、民衆にも高度な素養があることを信じられない人びとに批判的だった。彼はこうした批評家を「マハートマー」と呼んだが、それが敬意からでないことを、説明すべきだろう。彼はキティモホンの口碑集の信憑性を疑う見解を否定し、インドの田舎の卑しい聖人の詩にしてはあまりにも洗練されているとこじつける議論をとくに拒絶した。一九四二年刊の彼自身のカビールに関するヒンディー語の――決定的な――著作で、ドウィヴェディーはキティモホンの口碑集からじかに一〇〇編の詩を取り入れて再掲載し、次のように述べた。

キティモホン・シェンによって編纂された『カビール・ケ・パド』は、新しい種類の研究書である。［カビールの］信者たちの歌からじかに聞いた詩を彼は収録した［……］その信憑性は根底にあるメッセージに刻印されている。それにもかかわらず、自己利益と身勝手さに導かれた一部の「マハートマー」たちは［キティモホンの］本の奥深さと重要性を軽視しようとした。(16)

12

キティモホンがカビールやダドゥやバウルの民の口承詩にかかわってきた理由の一つは、エリート主義の偏見によって無視されることの多いインドの民俗文学の富を正当に評価したいからだった。もう一つの理由は、インドでヒンドゥーとムスリムの伝統が相互に関係してきた長い歴史に、彼が深くかかわってきたためでもある。彼はその後、このテーマをいくつかの論文でとくに取りあげたし、何よりも重要なことに、広く評価されたベンガル語の著書『バロテル・ヒンドゥ－ムショルマネル・ジュクト・シャドナ』（「インドにおけるヒンドゥーとムスリムの共同探究」）でも書いている。一九四〇年代後半に、ヒンドゥー－ムスリム間の緊張が高まり、暴動が頻発していた時期に出版されたものだ。この本は、ほかの共同体にたいする暴力行為を組織的に扇動する人びとと一線を画する立場を断固として取るが、ヒンドゥーとムスリムの分離主義的な歴史を学識者が優先することにも反対するものだ。ヒンドゥー－ムスリム間の相互関係が実際いかに広範囲におよび、創造的であったかについて、民衆のあいだではそれがとりわけ顕著であったことを、祖父のこの著書は幅広く説明する。この書はまた、インドの主要な宗教が孤立した島同士であって、渡れない海域に囲まれているのだと見なされているのなら、それどころか、互いを攻撃することに夢中の好戦的な敵同士の島なのだとするならば、インドの豊かな歴史のいかに多くが見逃されてしまうかも示すものである。そのような扇動に関する私の記憶と、それらとともに語られた「理論」については、この先で再び取りあげることにする（第

8章)。

ヒンドゥー教は、宗派主義の多くのヒンドゥー理論家の主張とは異なり、ムスリムの文化と思想から影響を受けて格段と豊かになったというのが、キティモホンの理解していたことだった。この主張は、確かに異端ではあるが、ヒンドゥー教について英語で書かれた彼の著書でも、強く表現されていた。[17] もともと一九六一年にペンギン・ブックスから出版され、その後たびたび重版されてきたものだ。一九五〇年代初めにキティモホンからこの本の準備をしていると言われ、誰もが読めるような短い本にしたいと聞いたときには、驚いたことを告白しなければならない。驚いたのは、この問題に関する彼の圧倒されるような専門知識や、ヒンドゥーの膨大な文献を自由に操る彼の知識や、ベンガル語でもヒンディー語でも(グジャラーティー語でも)多くの優れた論文を書いていることを疑ったからではない。むしろ、キティモホンがおもにベナレスの伝統的なサンスクリットの学問の府で教育を受けており、彼の英語の知識がきわめて限られていたからだ。なぜペンギン社は彼に英語で本を書くように依頼したのだろうか。

私がこう疑問を投げかけると、キティモホンはペンギン社とのやりとりを見せてくれた。実際には、別の学者のサルヴパッリ・ラーダークリシュナン(オックスフォード大学の東洋宗教倫理のスポルディング教授を務めたのちインド大統領)がペンギン社に、キティモホンがこの問題に格別に精通していることを考えれば、彼に依頼すべきだと提案したのだった。しかし、ラーダークリシュナンは出版社に、キティモホンがベンガル語かヒンディー語、ことによるとサンスクリットで書いたものの英語版を作成する翻訳者も手配しなければならないと告げた。そこで、ペンギン社はキティモホンに翻訳者を探すように依頼し、彼はその仕事をシャンティニケトンの友人であるシシル・クマル・ゴシュ博士に頼んだのだった。ゴシュの翻訳はある意味で充分に事足りるものだったが、文体面の問題とともに編集面でも問題があったため、ペンギン社は原稿を長年、手元に置いておきながら、その先へ進めようとはしなかった。そのため、原稿はペンギン・ブックスの編集室で埃をかぶっていた（ペンギン社のオフィスに実際埃があるとすればだが）。そして、一九五〇年代末になって、私がどうなっているのか問い合わせると（当時、私はケンブリッジに留学していた）、彼らはすぐにベンガル語の原稿から英語の訳文を作成してもらえないかと聞いてきた。祖父にこの件を問い合わせると、祖父は私が関与することを非常に歓迎するが、時代が変わったこともあり、原稿に訂正を加えたいのだとも言った。

このようにして私が――神を信じない社会科学者が――ヒンドゥー教についての本を、キティモホンの見事なベンガル語の原稿にもとづいて英語で制作する作業に勤しむことになった。祖父の厳格な指示のもとに、英訳を編集作業とともに進めるうちに、祖父は一九六〇年にしばらく患ったあと急逝してしまい、私が刊行を見届けなければならなくなった。翌年、ペンギン社から本が出版されたとき、キティモホンならすべてが自分の指示どおりであるのを見て、喜んでくれただろうと思ったことを覚えている。

この本には従来にない特徴がいくつもあるが、ここで手短に述べておきたいのは、キティモホンによるヒンドゥーの伝統の読み方についてである。なかでも、スーフィズムの伝統を中心に、イスラームの思想がヒンドゥーの思想におよぼした影響についての彼の評価について触れておきたい。インドでヒンドゥーとムスリムの伝統のあいだに見られた相互の建設的な影響を彼が強調したことは、この本が書かれた当時も充分に妥当なものだったが、現代の南アジアの政治ではヒンドゥー教の攻撃的で偏狭な解釈が支持されているため、この数十年間に格段に重要な問題となってきた。

この本は、ラビンドラナート・タゴールが「インドの文化と宗教に関するキティモホンの無限にも思われる知識の宝庫」と見たものを利用したものだった。彼は大量の文献や口碑を引用して、インドの諸々の宗教の歴史にあった受容的で多元的な特徴を無視してはいけないと主張していた。たとえ、そのことが分断を図るそれぞれの側の闘争的な唱道者たちが好む不寛容で厳格な解釈とはかけ離れたものに思われたとしても、である。「現在のことを憂慮するあまり、多くのインド人は「イスラームの」こうした影響を軽視するようになったが、ヒンドゥーの伝統の進化を客観的に研究するには、この偉大な宗教の独創的な影響力を考慮しなければならない」と、キティモホンは指摘した。

私がまだ八歳にならない年齢で、シャンティニケトンに移って祖父母と暮らすようになったとき、私はもちろん、自分の暮らしがダドゥとディディマの家でも学校でも、これほど充実した日々になるとは思いもしなかった。だが、一九四一年一〇月の最初の夜に、台所の低いスツールに座って、料理をする祖母とおしゃべりをしたときに私が感じた高揚感は幻想ではなかった。それは心躍る瞬間であり、その後に訪れる魔法のような年月を予感させるものだった。

第5章　議論の世界

1

一九三四年一月一五日、午後二時に、シャンティニケトンからさほど遠くないビハール州で大地震が発生した。当時、私は生後二カ月あまりで、まだ自分が生まれた母方の祖父母の家にいた。地震が起こったとき、私は家のすぐ外の木に吊るされた一種のハンモックに寝ていた。ベンガル人が「ドルナ」と呼ぶものだ。地震の波がシャンティニケトンに到達すると、かなりの揺れが生じた。私たちがいた場所は、震源地からそう離れていなかったのだ。ディディマは私を必死になって捜した。母が数分ほど外出した際に、どこに私を置いていったのか定かではなかったためだ。そのときディディマは「ドルナ」からキャッキャッと笑い声が聞こえてくるのに気づいた。私は揺れながら喜んで両手を振っていた。もちろん、私はこうしたことは何一つ覚えていないのだが、のちにディディマは私にこう言った。「地震は明らかに、あなたに人生最高の経験をさせてくれていたのよ」

シャンティニケトンでは犠牲者はおらず、建物などの被害もなかったが、そう遠くない場所では途方もない悲劇が起こっていた。マグニチュード8・4を記録した地震はビハール州で大混乱を引き起こし、ムザファルプルとムンゲールの両地区を押しつぶし、約三万人の死者を出したうえに、何十万もの人びとの暮らしを台無しにした。タゴールをはじめとする人びとは心からの哀悼と同情を表明し、救援活動を積極的に組織し始めたが、マハートマー・ガーンディーはこうした活動に加わっただけでなく、地震はインドが不可触民差別を続けることへの天罰だとする声明を出すことにした。もちろん、ガーンディーは当時、不可触民差別にたいする闘いに非常に深くかかわっており、忌まわしいカースト制度にたいする総力戦を繰り広げるなかで、この出来事から強力な論拠を引きだすことにしたのだ。「私のような者には、この地震がわれわれの罪にたいする神からの叱責だと信じざるをえない」と、ガーンディーは言った。「私にとって、ビハールの厄災と不可触民差別の助長とのあいだには、きわめて重要な関連がある」とも付け足した。

タゴールは予想どおり憤慨した。彼はもちろん、不可触民差別の撤廃に同じくらい熱心に取り組んでおり、不可触民差別反対運動ではガーンディーと心底から共闘していたが、子供や乳幼児を含め、何十万もの無辜《むこ》の人びとに過酷な苦しみや死をもたらした自然現象にたいするガーンディーの解釈に驚愕したのだ。彼はまた地震を倫理的な現象と見なす認識論も嫌悪していた。「自然現象にたいするこの種の非科学的な見解は、多くの同胞からあまりにも容易に受け入れられるがために、なおさら残念である」と、彼はガーンディーへの手紙で嘆いた。

その後に続いたやりとりのなかで、タゴールはガーンディーが「自然現象を倫理的原則と」結びつけたことへの落胆を述べた。彼はまたガーンディーの言うことが正しいとすれば、過去においてなぜこれほど多くの残虐行為が起こりながら、何ら自然の大惨事は引き起こされなかったのか知りたいとも要求した。

人類の歴史に陰湿きわまりない不衡平と無縁の時代などどこにも見当たらないが、それでも悪意に満ちた要塞はいまだ揺るぎもせず残っている。飢えた耕作者のどん底の貧困や無知を糧に無慈悲に隆盛を極める工場も、あるいは刑罰制度とされながら、その大半は認可された特殊な形態の犯罪行為でしかない世界各地の獄舎も、いまなお堅固に立っている。これはただ、重力の法則が冷淡さの途方もない重みには少しも反応しないことを示すに過ぎない。しまいには、われわれの社会の道徳的基盤に危険な亀裂が入り始め、文明は蝕まれてゆくだろう(1)。

ガーンディーはこれに応えて、彼自身の信念を次のように繰り返した。「私にとっては、地震は神の気まぐれではないし、無目的に働く力が結集した結果でもなかった」

ガーンディーが「われわれはおそらく根本的な違いに到達したのだろう」と書いたとき、タゴールは即座にその言葉に同意しただろう。科学と倫理に関しては、両者のあいだには橋渡しできない溝があった。ガーンディーの手紙は一九三四年二月二日付となっていた。同日、『ハリジャン』誌の記事で、彼は自分の立場が合理主義的な議論に引きずり込まれるのを拒絶しなければならないと主張した。「私はさまざまな難題に動揺したりはしない。たとえば、『昔からある罪に、なぜ天罰が下されるのか』とか、『なぜ［不可触民差別の慣習がずっと色濃く残っていた］南部ではなくビハール州が罰せられるのか』とか、『なぜほかの種類の天罰ではなく、地震なのか』という類いの問いだ。それにたいする私の答えはこうだ。私は神ではない(2)」。何年ものちにこの『ハリジャン』のエッセイを読んだとき、私はガーンディーが本当にそこでこの問題に終止符を打てたのだろうか、と疑問に思った。というのも、彼は間違いなく世の中に向かって、あの地震において神が何を意図したかを語ってもいたからだ。彼はさまざまな種類の疑問を区別していたようだった。その一部は彼が神に代わって答えられるもので、残りは神に任せなければならないものだ。私はガーンディーの心の動きをより理解できればと思い、しばらく時間をかけて彼がどう疑問を分類したのかについて考えた。

ガーンディーとそりが合わなくなってゆくあいだも、タゴールは個人的なレベルでは深く彼に同情していただろう。ガーンディーは別の手紙のなかで、次のように述べていたのでなおさらだ。「ビハールの厄災に関する私の発言は、自分を打つよい棒となった(3)」。実際、インド全土でガーンディーにたいする批判の声が高まるにつれて(なかでも、ジャワハルラール・ネルーは強い異議を唱えた)、タゴールは人びとにガーンディーがいかに「偉大さを身にまとって」いるかを思い起こさせざるをえないと感じた。だが、人びとの科学にたいする姿勢や、物理的な厄災に道徳的な説明を下すことの是非は、たとえ最善の大義のためであっても、人びとを分断しつづけた。

両者間のもう一つの重大な違いは、ガーンディーがすべての人に一日三〇分はチャルカ――原始的な糸車――を使うべきだと提唱していたことだった。彼はチャルカを、人びとの精神を向上させる方法としてだけでなく、彼の提唱する代替経済の基盤の一つとしても見なしていた。タゴールは明確に反対し、ガーンディーの代替経済には目もくれなかった。代わりに彼は、近代の技術が貧困だけでなく、人間の苦役も軽減するうえで果たした解放的役割を、若干の留保は付けながらも称賛すべき理由を見いだしていた。彼はまた、原始的な機械で糸を紡ぐことに精を出せば、精神が高尚になるという主張にも非常に懐疑的だった。「チャルカは使うために考える必要がない」と、彼はガーンディーに忠告した。「ただ判断力もスタミナも最小限しか使わずに、時代遅れの発明物の糸車を際限なく回すだけなのだ」

私の子供時代に、チャルカはガーンディーが解釈したように、人間の進歩へのインドの取り組みを表わす大きなシンボルとなりつつあった。ガーンディー主義の友人たち(私には大勢いた)の何人かに奨励されて、私は糸紡ぎがどんなものか知るために、何度か試しはした。糸車を果てしなく回しているような作業に退屈したというのが本音だが、それで充分に言い尽くせるものではなかった。ガーンディーのような偉大な人物が、この途方もなく機械的な繰り返し作業で何一つ考える必要のない活動に、どうしてそれほどの価値を付与しえたのか、私は自問しつづけたからだ。単純な技術革新を利用すればまったく回避できる苦役に人びとが身を置くことに、なぜ彼がそれほどこだわったのかも、私は疑問に思った。技術面のささやかな変化で人は生産性を上げ、より充実することができ、タゴールの主張に従えば、本当に考えるためにより多くの時間がもてるようになる。

2

インドの偉大な指導者である二人のあいだの論争は、シャンティニケトンの学校時代にたびたび話題となった。地震に関する論争の根底には、二つの主要な問題があった。一つは、自然現象を理解するうえでの科学の位置であり、もう一つは大きな大義のために科学的に無意味なことを戦術的に利用することである。これらの問題をめぐってときおり交わされた議論のほかに、シャンティニケトンの学校時代が終わりに近づいていたころの長い夕べに、級友たちのあいだの推論に本質的違いが明確に見られたことをはっきりと覚えている。

タゴールとガーンディーは互いによく議論をもちかけていたが、二人には非常に異なる関心事があった。近代科学への疑念に関連して、ガーンディーは近代医学にも多くの点で敵意を抱いていた。このころ私は友人たちと自分たちの初歩的な実験室でいろいろなことを試みる活動――「自然の法則」に親しむための単純な実験――に熱を上げていて、科学と医学における飛躍的進歩についてもあれこれ読んでいた（その一つは放射線の医療利用で、シャンティニケトンを出たわずか一年後に私の命を救うことになった)。程度の差こそあれ、私たちはみなガーンディーが推論を進めていると思われる方向に当惑しつづけ、この対立では自分たちが非常にタゴールの側にいると考えた。私は自分が科学的な推論を支持しているのだと考え、そのことは重要に思われた。

3

だが、シャンティニケトンであまりにも全員の意見が一致していることが心配になったことは述べておかなければならない。まるで、「タゴールの学校」で訓練された生徒たちに予測される、体制順応的な態度に思われたからだ。体制順応主義への懸念こそ、一九四五年にガーンディーが私たちのキャンパスを訪れて、シャンティニケトンの公式な考えに逆らうことをいくつか述べた際に、私がたいへん嬉しかった理由の一つなのだ。チャルカを奨励するガーンディー主義者の主張に関して、私は自分たち全員が見落としている重要な関連があるのではないかと考えた。

実際、私たちが若さゆえに、ガーンディーにたいして公平さを欠いていた可能性はある。タゴールもまたそうであったかもしれない。肉体労働者が日常的に従事しているような仕事を行なうことは、ガーンディーにとっては社会の弱者との一体感をもつ利点があったのかもしれず、それは重要なことかもしれない。一体感の考え――自分たちよりも恵まれていない他者と「ともに」あるという感覚――には確かに広く訴えるものがある。私はのちに(ケンブリッジのトリニティ・カレッジに入学したのちに)ルートヴィヒ・ヴィトゲンシュタインが肉体労働者の生活を送ってみることに、いかに深く心を奪われていたかを知って驚き、かつ非常に興味をそそられた。彼はそのことを、とりわけ友人の(そしてのちに、私の先生となった)ピエロ・スラッファに語っていた。

ヴィトゲンシュタインの社会的信念は、懸命に働く肉体労働者の厳しい暮らしへの感情的な憧れを、労働者の革命が「科学の崇拝」を拒否することにつながるという――相当に風変わりな――願望に掛け合わせたものだった。科学の崇拝には、現代の暮らしを堕落させる影響力があると彼は見なしていた。そして、ここにもまたガーンディーとの何らかの類似点があった。ヴィトゲンシュタインとガーンディーを比較するのは奇妙なことに思われるかもしれない。前者は数学の論理と基礎にかかわっており、後者は精神・宗教面を優先していたことを考えればなおさらだが、それでも両者のあいだには何か共通するものがあった。この事実に初めて気づかされたのは、トリニティのレン図書館でヴィトゲンシュタインのいくつかの論文を読んでいたときだった。

のちにまた、私が当初考えたこと――ガーンディーはただ道理にもとづいて選択すべきという要求を、社会の弱者との仮定上の緊密さという道理にもとづかない空想物語と混同していただけだという考え――は、あまりにも稚拙であったことに気づいた。年齢を重ねるにつれて、私はインドの思想界の二人の指導者間の違いには、はるかに多くのものがあったのだと考え始めた。そして、ガーンディー主義の立場が確かにもっていた力が正確には何によるものだったのか、本当に突き止めることができず私はいらだっていた。ガーンディーとヴィトゲンシュタインに共通していると思われる感情面の優先には内心、懐疑的でありつづけたが、ガーンディーの言い分に議論の余地はないという自分のかつての信念を私は真剣に疑い始めた。

4

シャンティニケトンの学校を卒業するころインドで吹いていた変革の風は、左翼政治の方向に強く向かっていた。ベンガルにとってこれは、一九四七年の分離後もそれ以前においてもとくに重要なことだった。インドの知識人に多大な影響を与えた左翼の主張の相当部分は、ソビエト連邦が、教育面で遅れていた〔中央〕アジアの国々を含め、その広大な国土一帯に学校教育を普及させていたことを評価したものだった。そして、タゴールがソ連を賞賛するうえでは、ソ連が教育を拡大したことが大きな位置を占めていた。

タゴールは一九三〇年にソ連を訪問し、その発展に向けた努力に、なかでも貧困と経済格差を撲滅するための真摯な取り組みと彼が見なしたものにたいそう感銘を受けた。しかし、彼が何よりも感服したのは、旧ロシア帝国一帯に基礎教育を普及させたことだった。一九三一年にベンガル語で出版された『ラシアル・チティ』(「ロシアからの手紙」)のなかで、彼はイギリス領インド政府がインドの識字率を高めるのに取り組むうえで完全に失敗していることを強く非難し、すべての国民に教育を普及させているソ連の試みと対比させた。

ロシアの国土に足を踏み入れて、私が最初に目にしたものは、ともかく教育に関することだった。農民や労働者階級がこの数年間に目覚ましい進歩を遂げているが、過去一五〇年間にわれわれの最上流階級にすら、それに比肩する事態が生じていない〔……〕。この国の人びとは遠方のアジアのトルクメン人にすら完全な教育を与えることを何ら恐れていない。むしろ、彼らはその普及にひたむきに尽くしているのである。(4)

このベンガル語の本が一九三四年に英語に抄訳されると、イギリスの支配者はこの比較にひどく動揺し、たちまち発禁処分になった。『ラシアル・チティ』の英語版は、一九四七年にインドがイギリスから独立するまで存在しなかった。私はシャンティニケトンの自分の小さな勉強コーナーに完全なベンガル語版はもっていたが、発禁処分となった英語版を手に入れようと試みたものの、入手できなかった。左翼は、無理もないことだが、ソ連の教育政策を支持し、イギリスによるインド統治が公共教育に嘆かわしい記録を残したことを強く非難したタゴールの主張を利用した。実際、まさにそのとおりでもあった。

タゴールによるソ連の支持には、重要な留保があった。彼は教育の普及には高得点を付けたが、政治的自由は非常に低く評価していたのだ。私の母方の伯父、ケメンドロ・モホン――私たちにとってはコンコル伯父《ママ》――は社会主義者だったが、かなり断固とした反共主義者だった。現地でインタビューを受けた際に、ソ連では異議を唱えることが禁じられているのを批判したタゴールは、その記事が公表されなかったことを憤慨していたとコンコル伯父は私に語った。そのことをどうやって伯父が知ったのか、私には確かなことはわからなかったが、ずっとのちに歴史を振り返ったとき、まさしく彼の言ったとおりであったことが判明した。実際、クリシュノ・ドットとアンドルー・ロビンソンが詳細に調査したタゴールの伝記のなかで論じたように、一九三〇年に訪ソしたタゴールは『イズヴェスチヤ』紙のインタビューに応じたが、同紙はそれを発表するのを拒んだのだ(5)。ソ連では最終的に六〇年近くのちの一九八八年に、多くの政治的変化が起こり、ミハイル・ゴルバチョフの改革が行なわれたのちに、それを発表した。

だが、『イズヴェスチヤ』でタゴールが表わした疑念や疑問は、インタビューの二週間後には『マンチェスター・ガーディアン』の紙面に登場することになった。

お聞きしなければならないことがあります。あなた方は訓練する人びとの心に、敵と見なす相手にたいする怒りや階級間の憎悪、復讐心を掻き立てることで、理想の務めを果たしているのですか？［……］真実を受け入れるには精神の自由が必要です。恐怖はその自由をひたすら奪います

[……]。人類のために、あなた方が悪意ある暴力的な勢力を決して生みださないことを願います。そのような勢力は暴力と冷酷さの連鎖を織り成します[……]。あなた方は「ツァー」時代の数多くの悪を滅ぼそうと試みたのです。ならばなぜ、この悪も滅ぼそうとしないのですか？(6)

タゴールはすべての人が教育を受けられることを望んでいたが、論理的に考え、反論し、論争する自由もまた求めていた。ソ連だけでなく、イギリス領インドももちろん、彼の希望と要求を叶えることはできなかった。さらに日本も、自分の期待には添わないことを彼はまもなく知ることになった。とりわけ、ほかのアジア諸国を占領し悪政を行なうようになったためだ。世界にたいするタゴールの悲観主義は悲しいことに、一九四一年四月の彼の最後の演説、「文明の危機」のなかで雄弁に語られることになった。

5

タゴールは理性と自由を優先することに専念し過ぎていたのだろうか？　理性的な議論の場で、彼がガーンディーを真剣に考慮しようとしなかったのは、ガーンディーはただ批判的推論を軽視しているのだというタゴールの思い込みにもとづくものだった（ガーンディーの「偉大さ」は認めながらも、その点における強い非難を帳消しにすることはなかった）。だが、もしタゴールが理性を最優先するよう提唱していたのであれば、欧米の多くの見識者たちの目になぜ、いかにして彼がその正反対の存在のように、つまり明快さよりは神秘主義に傾いた盲信的な主唱者として映っていたのかは理解に苦しむところだ。(7)　タゴールを理解するうえでのこの奇妙な逆転現象は、どうすれば理解できるだろうか？

一九六〇年代に、私のシャンティニケトン時代からの親友であるニマイ・チャタルジがロンドンの自宅から（彼は当時インド高等弁務団に勤めていた）当時の文学界の重鎮たちに大量の手紙を書き、タゴールに関するそれぞれの見解を尋ねたことがあった。驚いたことに、その多くはただ返信しただけでなく、長文で見解を述べていた。そのうちの数人（ヘンリー・ミラーはその一人）はタゴールへの敬意を表しつづけたが、その他――ライオネル・トリリングからT・S・エリオットまで――は、当初の敬意のほとばしりを、のちに誤解と見なすようになったあとは、単なる軽蔑を表わすか、深く失望したと語っていた。タゴールの神秘主義や推論の否定と言われるものは、批判の根拠として最もよく挙げられ、それと相まって彼の著作には文学的な価値が欠けるとされていた。

推論や理性にたいするタゴールの姿勢を誤解したものとしては、バートランド・ラッセルがニマイ・チャタルジに書いた手紙にその本質の恰好の例を見いだすことができる。(8) 一九六三年に書かれた率直な手紙に、ラッセルはこう綴った。

ローズ・ディキンソンが曖昧にしか書いていない［タゴールとの］会談のことを私は覚えている。タゴールとはそれ以前に一度、初めて出会う機会があり、そのとき彼はロバート・トレヴェリヤンとローズ・ディキンソンに伴われて私の家にやってきた。正直言うと、彼の神秘主義的な態度には心を惹かれず、もっと率直に語ればいいのにと思ったのを覚えている［……］。彼の強烈さは、自己陶酔によって損なわれていた。当然ながら、彼の神秘主義的な考えは公式見解的なもので、それらについて論ずることはできなかった。

四年後に書かれた二番目の手紙では、ラッセルはさらに厳しい口調で、タゴールによる理性の回避と彼が見なすものを糾弾した[9]。さらに、彼が多くのインド人の愚かさと見なすものについても、やや一般化して付け加えている。

無限に関する彼の話は曖昧でナンセンスだ。多くのインド人から称賛される類いの言説は、実際には何の意味もない。

6

ここには確かに一つの謎がある。理性を優先することにあれほど専念したタゴールは、欧米の一部の知の巨匠たちからなぜその正反対の人物だと思われたのだろうか？　ここで何が生じていたのかを理解するには、なかでもラッセルによるタゴールの評価を解明するには、三つの要因を検討しなければならない。そのうちの一つはバートランド・ラッセルに特有のもの、すなわち、自分がすぐさま理解できないことは却下する彼の傾向だった。タゴールは、ラッセルが彼に示した反応という点では、明らかに損な役回りを担わされたが、それでも彼は、たとえばラッセルの『西洋哲学の歴史』でとりわけ風刺されたニーチェほどひどい目には遭わなかった[10]。学生時代から、私はラッセルの著作を非常に高く評価してきたが、ラッセルが考えだしたニーチェと釈迦のあいだの疑似会話を読んだときは仰天した。ニーチェの思想と彼が見なしたものの愚かさを――不快さとともに――描くためにつくりだした会話だ。釈迦にたいするラッセルの称賛は、私自身の考えともさほど違わず好ましく思ったが、ラッセルが表現したようなばかげた方法でニーチェの特性を表わすことなど、いったいどうしてできようか？

ラッセルの性急さは、タゴールにたいする彼の奇妙な発言を説明するうえで役立つが、これだけでは西洋でタゴールが広く誤解されているというもっと大きな疑問には、まだ答えが出ないままだ。だが、タゴールが盛んに受けたタイプの称賛に、彼が憤慨し困惑したのと同時に、喜んでもいた証拠がいくらかある。タゴールを西洋世界で文学界の新星として送りだすことになった、イェイツの家での有名な文壇の夕食会の直後の一九一二年六月二八日の朝に、彼は私の祖父キティモホンに不安と失望を込めて手紙を書いていた。これは悲しい私信であり、自身が祭りあげられたやり方にたいする疑念を訴えるものだった。

キティモホン・バブ〔父を意味する男性への敬称〕、昨夜、私はこの地の詩人の一人であるイェイツと食事をした。彼は私の散文詩を翻訳したものを何編か朗読した。適度な口調で、じつに美しい朗読だった［……］。この地の人びとは私の作品に過剰な熱意をもって没頭するため、私には本心からそれを受け入れられない。何一つ予期していない場所から、どういうわけか何かが生みだされ、凡庸なものですらあるのに、人びとが驚嘆している、というのが私の印象だ。それが、当地の心理状況なのである(11)。

そのお披露目会はやがて、西洋で「偉大な神秘主義者」が受け入れられたときの恍惚状態へと発展し、それによってタゴールは当初、多くの栄光（ノーベル文学賞の受賞はその一つ）を勝ち取ったが、やがては長きにわたって顧みられない事態となった。

タゴールを売りだしていた人びとが広めることにしたタゴール観では、『ギタンジャリ』〔彼自身によるこの詩集の英訳がノーベル賞受賞作品となった〕に代表される世界の驚異的特徴と見なせるものの詩による表現が、ありふれていながら非常に重要な、世界を形づくるものへの彼の深いかかわり

（ガーンディーとの論争が典型例だった）を覆い隠していたのである。西洋で彼を宣伝する人びとは、世界にたいするタゴールの深い考察――詩でも散文でも表現されたもの――と、『ギタンジャリ』という特定の詩集を読み比べる余地を残していなかったのだ[12]。この詩集の英訳は、イェイツ〔の序文〕にも助けられて、それ自体が過度に神秘化されていた。それどころか、イェイツはタゴールの詩の翻訳に注釈すら加えて、読者が「要点」――単純な宗教観――を確実に把握できるように仕向けたほか、人間の愛と神の愛の扱いについて、タゴールの言葉では両義に取れる部分、すなわちベンガルの多くの読者にしてみれば、『ギタンジャリ』に味わいをもたせていた部分を完全に抹消していた。

タゴールは一時期、自分の作品をこのように改作されたことに甘んじていた。あるときキティモホンが私にこう言った。彼がタゴールをかなり無条件に称賛していたことを考えれば、やや気を抜いた瞬間だったと思う。「当初、彼はその好意を、疑う理由があったにもかかわらず、喜んでいたのだろうと私は思う。公の場で抗議をする心の準備ができたころには、彼にとっての西洋のイメージはしっかり固まっていて、自分も内部に身を置くその西洋という偶像からどう抜けだせばよいのか、はっきりとわからなかったのだろう」。タゴールは、西洋で熱狂的に受け入れられる一方で、どれだけ誤った解釈がなされていたかに気づいていたのだ。一九二〇年に彼は友人のC・F・アンドルーズに宛ててこう書いた。「これらの人びと〔……〕は、しらふになった合間を恐れる酔っ払いのようだ」。それでも、タゴールは感謝と疑念の網の目に捉われて、公の場では反論せず、それに甘んじるようになったのだ。

もう一つの、三つ目の要因は、タゴールの詩が西洋で大流行したときに、ヨーロッパが置かれていた特殊な状況だった。タゴールは一九一三年一二月、第一次世界大戦が勃発する直前に、ノーベル文学賞を受賞した。ヨーロッパ全土で、信じがたいほどの残虐さで繰り広げられたこの大戦の野蛮さと殺し合いを目の当たりにして、ヨーロッパの多くの知識人や著述家は、ヨーロッパ以外の地からの洞察に目を向けるようになった。そして、タゴールの声は当時の多くの人びとにとって、その特別な必要性に見事に当てはまるように感じられたのだ。たとえば、反戦の大詩人ウィルフレッド・オーエンが戦死したとき、戦場から見つかった手帳にタゴールの詩が多数綴られていたことに彼の母スーザン・オーエンが気づいた。そこには、戦地に赴く前、ウィルフレッドが家族に別れを告げたときの詩（「私がここを発つとき、これを別れの言葉にさせてくれ」で始まるもの）も含まれていた。これらの詩句は、「懐かしい彼の筆跡で書かれ、その下にあなたの名前が記されていました」と、スーザンはタゴールに書いた。

タゴールはまもなくヨーロッパで、メッセージ――東洋からの平和と善意のメッセージ――を携えてきた賢人として考えられるようになった。二〇世紀初頭に陥った戦争の惨状と不信感から、ヨーロッパを救ってくれるかもしれないメッセージである。それは故郷の人びとがタゴールに見いだしていた、多芸で独創的な芸術家で、慎重な推論家とはまるで異なる人物像だった。タゴールは同胞たちに盲信から目覚め、論理的な思考力を使うよう強く促していたにもかかわらず、イェイツはタゴールの詩をまったく神秘的な観点から述べていたのだ。「私たちはみずからのイメージに出会った」とか、「文学においておそらく初めて、みずからの声を夢のなかにいるように」聞いたのだ、と。

西洋の崇拝者たちに引きずられて、東洋には西洋に伝えるメッセージが本当にあると、タゴールが信じ込むようになったことも認めなければならない。彼の道理にもとづいたその他の理念や信念からすれば、これはそぐわないものではあるのだが。とはいえ、イェイツやエズラ・パウンドなどのタゴールの後援者を筆頭に、西洋の知識人が彼の特性と考えるようになる宗教性（グレアム・グリーンは彼に神知学者の「明るいギョロ目」を見たと考えた）と、タゴールが実際に抱いていた宗教的信条とのあいだには、深刻な不一致があった。おそらく彼の詩の一つに、その不一致は最もよく表わされているだろう。

こんな詠唱をし、歌い、数珠をつまぐるのはやめよ！
寺院のこの寂しく暗い片隅で、あらゆる扉を閉めて
誰を崇めているのか？
目を開けて、おまえの神は目の前にはいないのを見よ！
神はあそこで耕作者が硬い地面を耕している場所に、
道を切り拓く人が石を割っている場所にいる。
神は日を浴び、雨を浴びながら彼らとともにいて、その衣服は
埃にまみれている。(13)

敬遠されていない神が、恐怖ではなく寛容と愛の源であり、日常生活のなかに存在する神が、タゴールの思考のなかでは大きな役割をもっており、彼はそれを包み隠すことのない推論と結びつけていた。だが、真のタゴールは西洋の聴衆からはごくわずかにしか注目されていなかった。彼のいわゆる神秘主義を擁護した後援者たちからも、彼の特性とされる信条を拒絶する中傷者たちからも見逃されていたのだ。その他の面では同情的なバーナード・ショーのような作家が、冗談にラビンドラナート・タゴールを「ストゥペンドラナート・ビゴール」〔ストゥペンダス（途方もない）、ビゴーラ（神よ！）を掛け合わせた造語〕という架空の登場人物に変身させるにいたっては、タゴールの本当の思想が正当な関心を得られる見込みはほとんどなかった。(14)

7

これらの誤解を招く押しつけによって、タゴールの思想は長年、雲に覆われたままとなった。その重要な一つの側面は、多くの問題は私たちがどれほど試みても解決されないままとなるかもしれないことを、彼が受け入れようとしたことだった。私たちの答えは不完全なままとなりうるのだ。タゴールの見解には非常に説得力があると思い、このことは私自身の考えに大きな影響を与えた。語り尽くされていない話の領域は時代とともに変わるが、それがなくなることはない。そして、タゴールはこのことを敗北ではないと考えたのだ。広大な世界を理解するうえで私たちには限界があることを、慎ましくも、見事に認めるものだと見なしていたのである。

彼特有の教育論における別の信念は、世界のあらゆる地域から自由に知識を集める必要性をとくに強調することだったが、それを用いるときは道理にもとづいた精査を経てからでなければならなかった。シャンティニケトン・スクールで学んだ者として、自分たちの教育の地理的境界が（イギリス領インドの学校ではありがちだったように）インドとイギリス帝国だけに制限されていなかったことを（第3章で述べたように）、私はたいへんな特権だと感じていた。私たちがヨーロッパやアフリカ、中南米、そしてアジアのその他の国々についてはさらに広く、非常に多くを学んでいた事実についてである。

タゴールは宗教上の敵意にもとづいて対立する宗教集団《コミュナル》間の考えを打破するためにも、懸命に努力をした。こうした考えは彼の生涯のあいだにインドで支持され始め、一九四一年に彼が亡くなったのちの年月に最盛期を迎えた。ヒンドゥー－ムスリム間の暴動がインド亜大陸で突如として始まり、この国を分離に向けて動かしたときである。どちらの宗教に属するかで決まってしまう、人のたった一つの自己認識だけを利用した暴力に彼は大きな衝撃を受け、政治的な扇動者によってふだんは寛容な人びとに不信感が押しつけられたのだと確信していた。

タゴールは、政教分離のバングラデシュが出現するのを見ることなく世を去ったが、この国は対立するコミュナルの分離主義を彼が断固として拒絶したことや、彼にとって重要だったその他の人びと（詩人のカジ・ノズルル・イスラムなど）の同様の立場から一部の着想を得たものだった。独立に際して、バングラデシュはタゴールの歌（「わが黄金のベンガルよ」）を国歌として選び、インドはすでに彼の歌「インドの朝」を採用していたので、彼は二つの主要な国の国歌の作詞をしたおそらく唯一の人となった。

8

タゴールの声が共同体主義《コミュナリズム》や宗派主義に強く反対するものだったとすれば、彼はナショナリズムを拒絶するうえでも同じくらい率直な物言いをした。イギリスの帝国主義は一貫して批判したものの、彼はインドにおけるナショナリズムの過剰な発露にも批判的だった（このこともまた、マハートマー・ガーンディーとの軋轢を生んだ）。タゴールはナショナリズムに伴いがちな不快さと暴力に関するエッセイを多数書いており、『ナショナリズム』の題名で発表された演説と論文集もその一つだが、いくつかのフィクション作品でも彼の懸念はよく反映されていた。ナショナリズムの妄想的で破壊的な力は、タゴールの素晴らしい普遍的小説『家と世界』でも、痛烈に描きだされている。この小説はのちに、ショットジット・ラエ監督によって美しい映画になった。

小説『家と世界』で示唆されたものを含め、タゴールによるナショナリズム批判は、インドの熱心なナショナリストからだけでなく、多方面から中傷された[15]。マルクス主義者の哲学者ルカーチ・ジェルジュはこの小説を、「最も粗悪な種類のプチブル的憧れ」で、「イギリスの警察に知的面で奉仕する」ものであり、かつ「ガーンディーの情けない戯画」だと考えた。この解釈はばかげていると言えるほどだ。小説のアンチヒーロー、ションディプはガーンディーではないし、タゴールはそんな意図でこの主人公を考案したわけではまったくない。むしろ、その正反対だった。小説を読めば明らかなように、ションディプにはガーンディーの特徴である純粋さや人道主義は見られない。だが、タゴールはナショナリズムが掻き立てていた情熱については深く憂慮しており、この小説には確かに、ナショナリズムがときとして高邁な目的を掲げつつも、厄介事を引き起こす力があることへの警告が込められていた。ルカーチとは非常に違うタイプのマルクス主義者だったベルトルト・ブレヒトは、自分の日記にタゴールの憂慮を強く支持する言葉を綴り、『家と世界』はナショナリズムの堕落しやすさにたいする「強く穏当な」警告だと論じていた。

タゴールは日本の文化や歴史、教育を大いに称賛していたが、日本社会の多くの特徴を評価しつづけたにもかかわらず、彼はのちに日本が極端なナショナリズムに走り、中国をはじめ東アジア、東南アジアの国々を不当に扱ったことを厳しく非難するようになった。彼はまたイギリスのインド統治への批判を、イギリスの国民や文化への糾弾とは切り離すことにも尽力した。ガーンディーがイギリスに滞在していた折に、イギリスの文明についてどう思うかと質問されて答えた有名な洒落（「それがもし存在するとすればいい考えになるだろう」と、ガーンディーは言ったとされる）は、タゴールの口からは、たとえ冗談でも出なかっただろう。

第6章　過去の存在

1

セントグレゴリーズから転校した一九四一年から、一九五一年にカルカッタのプレジデンシー・カレッジに入学するまでの一〇年間、私はシャンティニケトンで学んだ。シャンティニケトンで私が熱心に打ち込んだのは、数学とサンスクリットだった。学校での最後の二年間には理数系を選択し、プレジデンシー・カレッジで専攻するつもりだった物理と数学をとくに学んだ。数学に魅せられることは珍しくはなかったが、学校でサンスクリットをこよなく愛するのは変わり者だった。私はこの言語の複雑さに夢中になっており、長年、サンスクリットはベンガル語に次ぐ私の第二言語に近いものになっていた。一つには、私の英語が遅々として上達しなかったためでもある。ダッカのセントグレゴリーズでは、私は勉強全般に抵抗していたが、とくに英語が苦手で、シャンティニケトンに転校すると、授業で使われる言語は完全にベンガル語になった。イギリス統治下で使われた言語は、なぜか私を素通りしていたのであり、少なくとも長年にわたってその状態がつづいていた。

英語からは遠ざかっていたのと対照的に、私にはサンスクリットで遅れをとる理由はなかった。それどころか、家では祖父からさらに勉強を進めるようつねに奨励されていた。実際には、私はすでにサンスクリット文学にかなり取りつかれていたので、祖父は私の尻を叩く必要はなかった。私の関心はおおむねサンスクリットの古典文学だった。祖父の助けがあれば、それ以前に全盛期を迎えたヴェーダ文学やサンスクリットの叙事詩も読むことができた。ヴェーダ・サンスクリットは紀元前一五世紀ごろまでさかのぼる。

私はサンスクリットの言語学に、すっかりのめり込むようになった。前四世紀の文法学者パーニニの書を読むことは、私の生涯で実践したどんな知的冒険にも匹敵するほど興奮するものだった。実際、いろいろな意味で、パーニニはサンスクリットそのものの教養をはるかに超えて、学問の基本となる要件を私に教えてくれた。私たちが知識として理解していることの大半は要するに、明確に理解できることのカテゴリー化なのだという彼の洞察は、私の生涯を通じて何度も思いだすことになった。

近年、インドの学校ではサンスクリットの授業の復活を提唱する声が高まっている。その基本的な考え、つまり生徒に何らかの古典言語の勉強を奨励することには同感している。学ぶのはサンスクリットでもいいが、代わりに古代ギリシャ語やラテン語、アラビア語、ヘブライ語、あるいは漢文や古いタミル語でもいい。だが、サンスクリットを支持する声はしばしば、そのような広い選択は許さない人からのものだ。彼らが求めるのはサンスクリットであり、その他の古典言語では話にならないのだ。このようなサンスクリット推進派は通常、この言語をヒンドゥーの経典の偉大な言語として見なしがちだ。もちろん、そのとおりなのだが、サンスクリットはそれ以上の――は、る、か、にそれ以上の――ものでもある。これはまた古代インドにおける合理主義の、それどころか（無神論を含む）唯物論の思想の伝達手段でもあり、その文献は驚くほど範囲が広い。サンスクリットは（そこから派生し、かなり近い言語でありつづける）パーリ語と並んで、仏教の学問研究の言語でもあり、仏教の伝播を通じて、サンスクリットは第一千年紀にはアジアの大半における共通語のようなものになった(1)。

2

古代インドについての自分の理解を何らかの系統的な枠組みに納めなくてはならないという考えは、シャンティニケトンでの勉強が終わりを遂げるにつれて、強いどころか、強迫観念に近いものになっていった。私は何時間もそれについて考えて過ごし、統合した理解を得るために必要なバラバラの要素を集めようと試みていた。それに成功したかどうかはわからない（また自分が使っていた筆記帳は転居を重ねるなかで失われてしまった）が、こうしたことすべてを考える過程で、何かしらは得ていた。それはとくに、一九五一年の夏に終わったシャンティニケトン・スクールでの最終学年のときのことだった。

サンスクリット文学のなかでは、私はカーリダーサ、シュードラカ、バーナなどの優れた戯曲が好きだった。これらは読んで楽しいだけでなく、哲学的な問題についても非常に考えさせられるもので、哲学への入門書の役目を果たしていた。私は『ラーマーヤナ』と『マハーバーラタ』の叙事詩にも没頭した。これらの叙事詩は宗教的文献、あるいは少なくとも半宗教的文献としてしばしば考えられているが、実際にはその基礎は宗教には立脚しておらず、語り聞かせの叙事詩（『イーリアス』や『オデュッセイア』のような作品）なのである。『バガヴァッド・ギーター』は、宗教心の強い多くの人びとからは、反抗的な戦士アルジュナをクリシュナ神が議論で打ち負かした話として考えられ、大いに崇められているが、これも全編が『マハーバーラタ』に含まれ、壮大な叙事詩のごく一部なのである（アルジュナは大戦争を起こし大勢の人を殺すことは不本意だと言いだした）。それどころか、『マハーバーラタ』は、アルジュナには正義の戦争を戦う義務があるとするクリシュナの主張や『バガヴァッド・ギーター』そのものをはるかに超えた見解を提示するものなのだ。この叙事詩には最後のほうで、戦争――高貴なパーンダヴァ兄弟たちによって正当に勝利した戦い――の直後に、国土が火葬の炎で包まれ、女たちが死んでいった男たちを嘆き悲しむ様子が描かれる悲劇的なシナリオが含まれている。この情景は、どれほど壮絶な結果を招こうと戦争で戦うのがアルジュナの義務であると主張するクリシュナよりも、反戦を唱えるアルジュナの見解のほうにまず間違いなく近い。

3

サンスクリットは祭司職の言語ではあるが、この言語には世界のほかのどんな古典語よりも多くの、完全に不可知論的で無神論の文献――たとえば順世派〔ローカーヤタやチャールヴァーカ〕の作品――がある。そこにはまた前六世紀からの釈迦による深く合理的で完全に不可知論的な推論も含まれている。

自分がなぜこれほど釈迦に心から動かされるのか、私はよく不思議に思ってきた。釈迦について書かれた短い本を祖父がくれて、その思想に初めて触れて以来のことだ。当時、私は一〇歳か一一歳だったに違いなく、釈迦が用いた推論の明快さと、論理的に考えられる人ならば誰にとっても近づきやすい人物であることに、私は完全に圧倒されていた。

年齢を重ねるごとに、釈迦にたいする私の思い入れは深まった。釈迦の手法について考えたとき、倫理を説く大半の人との違いが歴然とする少なくとも四つの異なる側面ゆえに、これほどにまで感動したのだと思った。それらは、ときには誤解されて、宗教であると受け取られかねないものだった。

まず、釈迦の手法は、議論されることのない信条に訴えることなく、一つの立場を受け入れ、別の立場を拒絶する理由に注目する。確かに、彼も世界の抽象論を示したが、特定の倫理上の結論――出身社会やカーストにかかわらず人間はみな平等であることや、動物に慈悲をもって接することや、他者を憎むのではなく普遍的な愛を抱くことなど——を擁護するうえで、その抽象論を受け入れることを条件にするものではなかった。その反対に、それぞれの倫理上の結論が、ときには明示したものではなく暗示しただけであっても、論理的思考による裏づけが必要だとしていた。

次に、釈迦は明らかに人間なのだと、それも神、もしくは強大な力のある神々や女神たちには見られないような、私たちと同様の不安をかかえた人間なのだと思われた。若いガウタマ・シッダールタは悟《エンライトゥンメント》りを開くためにヒマラヤの山麓にあった王城を離れたとき、死と病、老いの光景を見て心を動かされた。普通の人間と同様に彼にもあった関心事である。そのとき彼を苦しめたものは、今日も私たちを悩ませつづける。大半の宗教的指導者とは異なり、彼と私たちのあいだには、何ら実際の距離はなかったのだ。

三つ目に、釈迦をこれほど魅力的にしていた特徴は、彼が擁護しようとしていたものだった。釈迦の詳しい説明のなかで手に入るものをあれこれ読んだあとで、彼が私たちの宗教的な関心事を、神やその他の想像上の存在についての信条から、振る舞いや行動に移し、いまこの場で決断できることに変えてのけたのだと私は確信するようになった。宗教上の疑問を「神はいるのか?」から、神がいようがいまいが、「われわれはどう振る舞うべきか?」というような疑問に変えたのは、釈迦だった。彼は形而上学的な大きな宇宙観についてかならずしも同意しなくとも、人びとがよい行ないについて同意することは可能であるとしている。これは、途方もなく重要なことだと私は考える。

最後に、倫理にたいする釈迦の姿勢は、「社会契約」の道徳性とは大きく異なっている。社会契約はインドの思想に(たとえば『バガヴァッド・ギーター』などに)断続的だとしても、力強く現われており、これはトマス・ホッブスやジャン=ジャック・ルソー以降のヨーロッパの倫理思想におけるきわめて主要な特徴となった。社会契約は、契約するそれぞれの当事者が他者のために、他者もやはりその他すべての人になすべきことをするという条件で、特定の善行をなす〔便益を図る〕という形態をとる。釈迦はその代わりに、よい行ないをすることはそのような相互のやりとりであるべきではなく、人は自分がよいと見なすことを、たとえほかの人びとがそれ相当の義務を果たさなくても、一方的にする義務があるのだと論じた。

『スッタニパータ』と呼ばれる経のなかで、釈迦はこの推論の筋道を、母親が幼児のために、まだその子が自分ではできないことをする義務を指して説明する。これは母親にとっては幼児を助けるためのやむをえない理由となる。それは幼児が自分に何かをお返しにするだろうと、社会契約の場合のように期待するからではない。道徳性を相互のやりとりに変えることは、その中心となる要求を見逃すことになると釈迦は論じた。そしてこのことは、人間が無力な動物のために何かをすべき理由ですらあるとした。

釈迦は実際には、無条件に正しい行ないをすべき場合があると主張した唯一の人ではなかった。イエスもルカによる福音書の善いサマリア人の話で同様の主張をしていた。負傷した男を助けに行くとき、サマリア人は——明示的にも暗示的にも——どんな社会契約にも動かされていない。道の反対側に倒れている人が助けを必要としているのを見て、自分ならその役に立つので、助ける。よく知られたキリスト教の隣人を助ける義務は、「隣人」という言葉を通常の使用範囲で考えれば、ここではそれを裏づける理由とはならない。それでも、地元の律法の専門家が「近隣」の概念を助けられるすべての人にまで広げるのかと質問すると、イエスはその議論に勝つ。釈迦とイエスは最終的に同じ結論に達するのだが、釈迦がまっすぐ倫理の道を進んだのにたいし、イエスの推論は単純化できない認識論的なものだ(2)。

シャンティニケトン・スクールの文学の夕べで、私は「社会契約」よりも「無条件の義務」（シャルトヒン・コルトッボ）の倫理が勝ることを論じようと試みた。多くの聴衆を説得できたとは思わないが、級友のうち何人かは私を応援してくれた。シャンティニケトンで過ごした何年間かは、実際、自分の宗教を仏教として登録しようと試みたこともあった。学校の幹部はこれを悪ふざけと受け取り、認めてくれなかった。周囲数百キロにわたって、ほかに仏教徒がいないという事実に、思いとどまりはしなかったのか？　自分の宗教が登録されるのを見届けることは、この事実ゆえになおさら必要なのだと応じたものの、私の意見が好意的に受け止められることはなかった。この論争では、一度や二度は小競り合いに勝つことはあったが、結局は負け戦となった。学校のお偉方は孤独な仏教徒として登録したいという私の主張を、笑って退けた。

4

サンスクリットによって開かれた世界にますますのめり込む一方で、数学による分析の挑戦もまた私の心を捉えるようになった。とりわけ数学の哲学には魅了された。初めて公理や定理、証明の利用を習ったときに興奮したのを覚えている。つまり、一つのタイプを理解することから始めて、そこからいかに多くの別の種類の気づきを得られるか、ということだ。古代ギリシャへ行く切符があって、それによってエウクレイデスの私生活に踏み込めるのであれば、私は何でもしただろう。分析的推論の簡潔さとそれが応用できる範囲や、証明の魅力は、生涯にわたって私を夢中にさせてきた。実際、私は研究者としての多くの時間を、社会的選択理論と決定分析で結果を出すために費やしてきた。数学的推論の基礎において、私が何よりも関心をもっていたのがこれらの分野だった(3)。

幸い、私はすぐにサンスクリットと数学にたいする自分の双方の関心事のあいだに強い相補性があることを発見した。『メーガ・ドゥータ』にあるカーリダーサの優雅な詩や、シュードラカの興味深い戯曲『ムリッチャカティカー』（私の大好きな文学作品の一つ）から、アーリヤバタ、ブラフマグプタ、バースカラ（実際には一世と二世の両バースカラで、どちらも著名な数学者）の数学や認識論へ、自在に移れる事実を私は大いに楽しんだ。それどころか、これらの数学者たちのサンスクリットの著作に、私の二つの主要な関心事はともに確固たる居場所を見いだしたようだった。

サンスクリットと数学という多様な――だが両立する――誘惑が学校時代の私の学問探究を形づくった複数性の一つだったとすれば、抽象的思考や周囲の世界にたいする飽くなき好奇心は私を別な方向へと引き寄せた。自分の生涯のなかでなし遂げたいくばくかの仕事を振り返ると（もっと多ければよかったのだが）、かなり抽象的な推論（たとえば公理や定理、証明を使って正義の考え方《アイデア》を追究したり、社会的選択理論のさまざまな道を探究したりすること）と、より地に足のついた実際的な問題（飢饉、飢え、経済的機会喪失、階級、ジェンダー、カーストの不平等など）に大まかに分かれるようだ。どちらの基礎も、私の学校時代にかなりしっかりと築かれていた。

こうした諸々のことを振り返ることになったのは、ノーベル財団からノーベル博物館に展示するため、私の仕事に密接に関連していた二つの品を寄託してほしいと依頼されたときのことだった。スウェーデン・アカデミーが私の受賞を発表した際の気前のいい表彰内容は、社会的選択理論における私の分析的業績方面に大きく偏っており、いくつもの章や節が（それどころか定理や証明まで）引用されていたが、声明文の最後に飢饉や不平等、ジェンダー格差についての私の業績についても短く触れていた。しばらく迷った挙句に、私はノーベル博物館に、私がじつに多くを学んだ『アーリヤバティーヤ』（西暦四九九年に書かれた数学に関するサンスクリットの偉大な古典の一つ）と、学校時代から使ってきた古い自転車を寄託した。

この自転車は、一九四三年のベンガル飢饉について研究していたとき、古い農場の小屋や倉庫のように、行きづらい場所で賃金や価格に関するデータを集めるために使用しただけでなく、五歳までの子供たちの体重を測る器具をシャンティニケトンから近隣の村に運び、ジェンダー差別や、相対的に女児がより機会を喪失していないかを調査するのにも利用した。私はこの体重計もノーベル博物館に差しだしたい誘惑に駆られた。私の調査助手が、歯をむきだした子供に噛まれるのではないかとおびえてひるむと、いつも私が代わってやらなければならなかったのが自慢だった。私は歯型を付けられずに体重を測るエキスパートになった。ノーベル博物館がストックホルムから始まる世界巡回展を行なうなかで、私は何度もアーリヤバタの数学と自転車に何か関係があるのかと質問された。その答えがなぜ「大いにある」でなければならないか説明できることが、私には嬉しかった。

自転車——アトラス社製の普通のもの——は両親が買ってくれたもので、成長期にもらったため、通常の大人用の自転車よりやや小型のものだった。しかし、私はそれを五〇年以上、一九四五年から、ノーベル博物館がその保管を肩代わりした一九九八年まで使いつづけた。自転車のおかげで、シャンティニケトンの村内をずっと早く移動できただけでなく、初等教育を受けられない部族民の子供たちのために夜間学校を始めると、近隣の村まで行く手段にもなった（第3章で先述）。級友や夜間学校で教えた仲間には自転車のない人もいたので、後ろに誰かを乗せて二人乗りしていないことがまずなく、ときにはハンドルとサドルを結ぶ水平棒の上にもう一人乗せることもあった。

5

シャンティニケトン時代の研究から私が知るようになったインドには、いくつかの悩ましい特徴——とくに国全体を強力に締めつけるカースト制度（釈迦が前六世紀から反対していたもの）——

と同時に、きわめて興味深く示唆に富む多くの思想もあった。その二重性は古代までさかのぼるものだ。一千年紀に書かれたサンスクリットの古典や叙事詩を読むためには、のちの時代の思想家たち（ジャヤデーヴァ、マッドヴァーチャールヤからカビール、アクバル帝の顧問で協力者だったアブル・ファズルまで）の推論や推測で補う必要があり、これらの人びとが異端を貫いたことがとくに刺激的だった。しかし、過去の遺産の壮大さに心を奪われたとしても、インド文化を狭い宗派主義の視点に閉じ込めようとする、当時も進行していた試みは、とてつもなく苦痛なものだった。

　人間のアイデンティティは唯一のものに封じ込められはしないという認識は、古典作品からかなり強烈に教えられたものだった。四世紀ごろに書かれたシュードラカの『ムリッチャカティカー』（「小さな素焼きの荷車」〔邦訳では『土の小車』〕）のヒロインのヴァサンタセーナーを考えてみるとよい。これは反体制的な急進派の劇で、いくつかの異なる、重要なテーマを繰り広げる。テーマの一つは、人間を多くのアイデンティティをもった存在としてみる必要性だった。これは宗教や出身社会《コミュニティ》（ヒンドゥーかムスリムかの区別だけに焦点を当てることを含め）にもとづく、一つの圧倒的なアイデンティティを押しつけられることへ抵抗するうえで私を助けてくれた考え方で、学校の学年が上がるにつれて、そういう機会にますます遭遇するようになっていた。

　ヴァサンタセーナーはたいへん美しい、裕福な高級売春婦で、追い詰められたチャールダッタに尽くす愛人であり、忠実なパートナーである。チャールダッタは落ちぶれたバラモンで、社会改革を目指す政治革命家でもあり、最終的に洞察力のある慈悲深い判断を下す人となる。支配的な派閥を一掃する改革に成功し、自分が悪人たちを裁く番になると、彼は寛大な措置を取り、堕落した支配者に代わって、自分とヴァサンタセーナーを殺そうとした人物を釈放することにした。彼女はチャールダッタが報復に夢中になるのではなく、人びとに最も多くの恩恵をもたらす社会的——心的態度の——改革に乗りだしたことに感銘を受ける。チャールダッタは殺人未遂犯を釈放すべきだという判決を下して誰をも（おそらくヴァサンタセーナーを除いて）驚かせる。なぜなら、「悪人を善行で殺す」のが社会の義務だからだ（その革新的な刑罰を表わすサンスクリットの言葉――ウプカーラハタスカルタッヴィヤハ――はそれ自体がとても優雅だ）。これはチャールダッタの言葉としても、ヴァサンタセーナーの言葉としても合う崇高な考えだ。最終的に、ヴァサンタセーナー――劇の冒頭では権力の不平等や、富裕者の不正行為などの不正義について、じつに雄弁かつ感動的に語り、人びとに反乱を起こすよう強く促していた当人――もチャールダッタに賛同して報復を拒絶し、悪人を改心させ、社会を紛争と暴力から遠ざけるための一助となりうる寛大さを示すことを選んだ。

『ムリッチャカティカー』が私たちに考えることを促すもう一つのテーマは、チャールダッタが世界に示す法学の理論である。学校時代にこの戯曲を最初に読んだとき、私はシュードラカの論理的な考え方によって自分が変貌したように感じた。報復の伝統を拒絶するチャールダッタは、一つの行動が引き起こすあらゆる結果について考えてみることを促す。この場合は特定の刑罰についてだ。この手法は、『ムリッチャカティカー』を初めて読んでから六〇年以上ののちに、『正義のアイデア』で追究してみた二つ異なる解釈を見分けるうえで役に立つ。違いは、サンスクリットの二つの語、ニーティとニヤーヤでそれぞれ表わされた正義の概念である。ニーティはおもに、きちんと定められた規則と組織内の礼儀作法に従うことの美徳を表わすのに使われる。ニーティとは対照的に、ニヤーヤという言葉は実現した正義の包括的な概念を表わす。その観点からは、制度や規則、組織の役割は重要ではあっても、ただ単に自分たちの社会にたまたま存在する制度や規則としてではなく、正義を貫く過程で現実に見えてくる世界のなかで、諸々のことを受け入れた広い視点で評価されなければならない。チャールダッタが優先したのはニヤーヤの追求であり、定められた規則のニーティに従うのではなく、誰もが公平に生きられるよい世界を探し求めることなのだと私は解釈した。ニーティの規則にはたとえば、一般論で問題となる罪に「ふさわしい」とされる罰を要求することが含まれる。

個別の適用を考えるうえで、昔のインドの法理論家たちは、マーツヤニヤーヤ、つまり大魚が小魚を自由に貪ることのできる「魚の世界における正義」と呼ばれるものを軽蔑して語った。マーツヤニヤーヤを避けることは正義の肝心な点でなければならず、恐ろしい「魚の正義」に人間の世界を侵略させないようにすることがきわめて重要なのだと、私たちは警告される。ここで中心となる認識は、ニヤーヤの意味における正義の実現は、ただ制度や規則を判断するだけの問題ではなく、社会そのものを判断することだというものだ。既存の組織――および社会が決めた刑罰などの規則――がどれだけ妥当なものであっても、大魚がまだ好きなだけ小魚を貪れるのであれば、ニヤーヤとしての正義には明らかに違反しているものと見なされなければならない。私たちには古い規則や神聖化された因習にただ従うのではなく、異なった――よりよい――世界が必要なのだった。

一九二四年に『ムリッチャカティカー』の英語版『ザ・リトル・クレイ・カート』〔「小さな素焼きの荷車」〕がニューヨークで上演されると、『ザ・ネイション』誌の演劇評論家、ジョゼフ・ウッド・クラッチは絶賛する評を書き、このドラマは「心底から感動的」だったと述べてから、この劇にたいする惜しみない称賛の言葉を連ねた。「われわれヨーロッパの過去のいつの時代を探しても、これほど完全に文明化された作品を見つけられるだろうか」(4)。これはやや大げさだが、あの優れた戯曲のなかで「情熱が、知性の下す決断と折り合い」を付けさせられていることを理解する重要性を指摘した点で、クラッチは確かに正しかった。情熱と知的熟考との折り合いは、学生時代に私が最も関心を抱いた考えの一つだったので、シュードラカの劇にたいするクラッチの評には、称賛すべき点が多々あった。

6

インドの古典文学を広い目で見ようとする試みは、シャンティニケトン時代にさまざまな論争に私を引きずり込んだが、今日でもおそらくまだ抵抗に遭うだろう。ヒンドゥー教の基礎をなす論文としてよく見なされる四部からなる書である『ヴェーダ』〔一連の宗教文書の総称だが、ここでは狭義のサンヒターを指す〕を考えてみよう。古代の『ヴェーダ』崇拝は、インドで宗教の政治的擁護者の多くが主張することだ。これは私の若いころは日常茶飯事だったが、今日でもそれは変わらない。六〇年以上前に、『ヴェーダ』を初めて読んでみたときから、その高尚な見解に導かれていたが、それはこれらの古典がヒンドゥー教の基礎として見なされていたからではなく、そこに高度な数学が見いだせるからでもない（ときおりそう間違って主張されるが）。私のシャンティニケトン時代にも、いわゆる深遠な「ヴェーダ数学」にたいする混乱した主張には案ずるだけの理由があったが、いまではその懸念はずっと強まった。インドのいくつかの大学は「ヴェーダ数学」を研究科目として、大学院生向けに説明をしている（このおおむね架空の分野における大学院の学位すら取得できるのだ）。数学の世界にインドが深い貢献をするようになったのはずっとのちの五世紀以降のことであり、アーリヤバタやブラフマグプタなどに主導されたものなのである。そのような貢献を『ヴェーダ』に見いだそうとするのは、まったく愚かなことだ。

そうではなく、『ヴェーダ』を大切にすべき理由が私たちにあるのは、素晴らしい詩が、内省的なものや大胆なもの、優雅なものから心を揺さぶるものまでそこに満載されているからだ。その多くはきわめて宗教的だが、疑念や不可知論にたいする非常に歯切れのよい議論も含まれている。先に引用した『リグ・ヴェーダ』第一〇巻からのいわゆる「創造讃歌」は、その深い懐疑主義の一例だ。

祖父の手ほどきを受けながら、子供のころに初めてこの詩を読んだのは、自分は無神論者だという確信が根づきだしていたころで、私は三五〇〇年前からのこの裏づけに興奮を覚えた。『ヴェーダ』、なかでも『リグ・ヴェーダ』に取り組む一つの方法は、それを圧倒的な自然界の力にたいする人間の心許ない反応を、美しい詩で表現したものとして見ることなのだ。何らかの自然界の超自然的な状態を、とてつもなく強大で、人間の手に負えないこれらの自然界の力のせいにしたくなる誘惑は明らかにある。それが万《よろず》の神を生みだすのだとすれば、それはまた、これら諸々の強大な力を支配する唯一神――創造主、保護者、破壊者――が存在する可能性についての憶測も生みだす。『リグ・ヴェーダ』にはその方向へ向かう優雅な詩もある。しかしその逆方向では、そんな統合力など存在せず、すべてを創造し、自分が何をしたかまだ覚えている唯一の神など存在しないという可能性を検討した大昔の思想家たちの批判的精神も認めている。自然界の力の背後には、おそらく何もないのだという強い疑念があるのだ。第一〇巻の詩はその不可知論を表明したものだ。

7

古代インドの知的活動の歴史には、さまざまな種類の宗教思想と同じくらい娯楽やゲームも含まれる。インドの遺産を理解するのであれば、そのどちらも抹消できないし、そうすべきでもない。チェスはインド発祥のゲームとして最もよく知られたもの（おそらく最も洗練されたものでもある）かもしれないが、ほかにも多数の遊びがある。人間の暮らしがいかに偶然に左右されるかという洞察を与えてくれるものと私に思われたのは、ガン・チョウポル、もしくはモッコ・パタムとも呼ばれるもので、一世紀ほど前にイギリスに伝わり、「スネイクス・アンド・ラダーズ」として知られるようになった「すごろくゲームのようなもの」[5]。

『ヴェーダ』ですら、ゲームについて論じる余地があったことを知って、私は嬉しかった。人間の暮らしに影響をおよぼしうる現実のゲームである。『ヴェーダ』を宗教書として読んでいる人びとには、『リグ・ヴェーダ』にある「賭博師の嘆き」と題された以下の教訓的な一節は容易に見逃されているのかもしれない。

暴風のなかで実を結び、大木で震えるヘーゼルナッツのイヤリングが、溝のある板の上で揺れて、私を酔わせる。サイコロはムージャヴァント山からの神酒ソーマのように思われ、私を覚醒させ興奮させつづける。

……

「やつらとは遊ばない」と誓うと、仲間は立ち去り、私は取り残された。だが、茶色のサイコロが投げられ、声が上がると、私はすぐさま、女が恋人のもとに行くように、走っていって仲間と合流した。

賭博師は会場へ行って自問し、武者震いする。「勝てるだろうか?」だが、サイコロは彼に逆らい、願望を打ち砕き、勝利は相手のものとなった。

……

これは高貴なサヴィットルが私に示すことだ。「サイコロ遊びはもうやめ、畑を耕すのだ。自分が手にしているものを楽しみ、それを大切にせよ。あそこにおまえの牛がいるし、妻がいる。なあ、賭博師よ(6)」

賭博師は中毒に染まる代わりに、土地を耕すなど、有益なことをすべきだと悟る。しかし、賭博はやめたいと願うのに、彼はたびたび賭博場へ足を運んでしまい、それによって人生を台無しにする。哲学にますます関心をもつようになると、私はこれが「意志の弱さ」としてよく知られる問題（古代ギリシャ人はアクラシアと呼んで大いに研究した）の、世界初の議論かもしれないと思うようになった。現代の哲学でも非常に重要でありつづける問題だ。

この詩には、最初に読んだ際に面白いと思った顕著な特徴がもう一つある。まず間違いなく「義母」にたいする最初の愚痴と思われるものだ。これも現代世界でそこそこのユーモアのネタとなりつづける問題である。『リグ・ヴェーダ』の賭博師はこう嘆く。「女房の母親はおれを憎み、女房はおれを遠ざける。問題をかかえた者には、誰も同情してはくれない」。『ヴェーダ』を人間的資質――心の奥底での傷つきやすさや想像の飛躍――を考慮せずに読むことは、先細りとなる手法だろう。義母から認められていないことへの不安も、そこでは語られている。

8

仏教徒として登録するのを学校から拒まれたことは、私にとってはことさら失望する体験だった。なにしろ、古代にはビハール州――当時は非常に栄えていた――が仏教の宗教、文化、および悟りを得るための当初の中心地だったからだ。その都であるパータリプトラ（今日のパトナー）は、前三世紀に始まり一〇〇〇年以上にわたって、インド全土にまたがる初期の帝国の首都でありつづけた。この州最大の栄光の一つは、世界最古の大学であるナーランダーの創設だ。ここは五世紀から一二世紀末まで仏教の拠点として繁栄した。ちなみに、ヨーロッパ最古の大学であるボローニャ大学は一〇八八年に創設された。したがって、ボローニャ大学が誕生したころには、ナーランダーの大学はすでに六〇〇年以上にわたって機能していたわけであり、世界各国から毎年、何千人もの留学生を迎えて教育していたのである。

留学生は東アジア全土からナーランダー大学にきていたので、二〇〇九年のいわゆる東アジアサミットでは、この大学の再建が本格的に試みられた。二〇一四年九月にナーランダーで再び授業が始まったとき、イタリアで最大の発行部数を誇る『コリエーレ・デラ・セラ』紙は、「ナーランダーに戻る」と大見出しに書いた。これは世界の高等教育の歴史における、記念すべき出来事だった。それはまた、新たに再建されたナーランダー大学の総長となった私にも、個人的に深い郷愁に駆られた出来事だった。私は感受性の強い子供だったので、ナーランダーが再び甦る日がくるだろうかと七〇年近く前に考えたのを思いだした。「ここは本当に永久になくなってしまったの？」と、私は祖父のキティモホンに尋ねた。「そんなことはないだろう」と、つねづね文化面では楽観的だった祖父は言った。「いまでもここは大いに役立っているよ」

一五〇〇年以上前にナーランダーで授業が行なわれていたころ、ここは私たちがいま大学に求めるような指導を与えられる、地球上で唯一の場所だった。ナーランダーはまったくの新境地を切り開き、多岐にわたる分野の高等教育を施す際立った機関としての地位を確立した。そこでは仏教研究だけでなく、言語、文学、天文学、観察科学、建築、彫刻、医学、公的医療などが教えられていた。ここにはインド各地からの学生だけでなく、中国、日本、朝鮮など、仏教と関係のあるアジアの国々からの留学生も集まってきており、七世紀には一万人にのぼる学生がここに滞在して学んでいた。ナーランダーは実際、古代中国の人びとが高等教育のために国外へ学びに出かけた唯一の教育機関だった。インドだけでなく、世界がそのような大学を必要としていたのであり、ナーランダーはその力をどんどん増していた。ナーランダーそのものとあわせて、これらの地域の古い遺跡を発掘した結果、ここが世界にかなり価値のある貢献をしていたことが判明した。(7)

ナーランダーは私にとって個人的に、幼少期から馴染み深い存在だったとはいえ、ナーランダーの近くのテルハラで進められている近年の発掘事業で、一〇〇〇年以上前には世界に類を見ないものであったはずの講堂や学生寮が出土する過程を眺めるのは衝撃的なことだった。今日、歴史的遺構を発掘するなかで、私たちが最も予期していなかったものは、講義や授業に利用されたと思われるいくつもの大きな講堂と、今日の学生寮に似た狭い寝室の寄せ集めだった。入学条件の厳しい高等教育機関であったナーランダーは、付随した教育組織のネットワークから学生を集めていた。ナーランダーで一〇年間学んだ有名な義浄《ぎじょう》（西暦六三五―七一三年）をはじめとする中国〔唐〕からの学生は、まず広州からスマトラ島（当時はシュリーヴィジャヤ王国の本拠地だった）に行って、そこでサンスクリットを学んだ。義浄は、中国とインドの医療を比較して、最初の国際的な医療制度の比較研究を行なった。シュリーヴィジャヤの学校でサンスクリットを充分に学ぶと、義浄は再び船旅に出て、ナーランダーへ向かう途中、今日のカルカッタからそう遠くないタームラリプタに到着した。七世紀には、主としてナーランダーに触発されて、仏教にもとづく大学がビハール州にほかにも四校存在していた。そして、一〇世紀にはそのうちの一校――ヴィクラマシーラ――が本格的なライバル校として台頭していた。

七〇〇年以上のあいだ栄華を誇った古い学問の府ナーランダーは、一一九〇年代に西アジアからの侵略軍による度重なる攻撃で破壊された。ビハール州のその他の大学も、このときの攻撃によって崩壊した。北インドをじわじわと進んだ征服軍を率いた、無慈悲な侵略者のムハンマド・バフティヤール・ハルジーが（通説どおりに）ナーランダーの略奪に関与したかどうかは大いに議論されているが、侵略軍による暴力的な破壊行為があった事実は、充分に証明されている。稿本でいっぱいだった九階建ての図書館は、三日間燃えつづけたと言い伝えられている。ナーランダーの破壊は、一一六七年からオックスフォード大学が発展してまもない時期に起こった。そしてこれは、一二〇九年にケンブリッジ大学が創立する一〇年前のことだった。インドにおける高等教育が、定住したムスリムの君主たち、とくにムガル人による庇護下に置かれるようになったのは、ずっと後世のことであり、そのころにはナーランダーには何も残っていなかった。

9

ナーランダーはインドと世界の遺産の一部であり、いまの世界の現代的な状況のもとにここを再建する試みは、アジアの国々から、なかでも東アジアサミットの参加国から奨励と支援を得た。インド政府は当初は熱心だったが、二〇一四年ごろ、この国を支配する政権が交代してからは、ヒンドゥトヴァ〔ヒンドゥー・ナショナリズムの核となる概念〕の優先事項と政治的ヒンドゥー教が支配的になり、ナーランダーとその仏教的世界観を復興させる計画には暗雲が立ち込めるようになった。

しかし、古典時代のナーランダーを求める声は残っている。その必要性の一部は、ナーランダーが質の高い教育に専念したことから生じるものだ。今日のインドの高等教育では、おおむね無視されていることである。人類にたいする宗派にこだわらない見方を含め、ナーランダーの明らかに仏教的な特徴は、古代インドをヒンドゥーのインドとして解釈することへの関心がきわめて強い近年の人びとには魅力的に映らないかもしれない。カーストの序列や不可触民差別など、インドに古代からある身分制度の途方もない汚点に、釈迦と仏教の伝統は強く抵抗したことに気づくのも重要だ。こうした対立にたいし二〇世紀に知的な戦いをつづけた主要な闘志であるB・R・アンベードカル博士は、みずからの立場を確立するために仏教に改宗した。ナーランダーは平等主義の見解と結びついており、これは教育一般において、そして高等教育ではとくにきわめて重要なことなのだ。

ナーランダーの教育方法には、今日の世界の問題にも関連しつづけるものがある。中国からの留学生が記したように、ナーランダーの指導方法は対話と討論を多用するものだった（古代ギリシャの方法よりもさらに顕著であったと思われる）。この弁証法的な方法は珍しいものであっただけでなく、非常に効果的だった。ナーランダーの影響がアジア一帯に広まったことを、シンガポールのアジア文明博物館は「ナーランダー・トレイル」と呼んだが、これは互いに話し合い、学ぶことから生じたものだった。

ナーランダーの新しいキャンパスを訪れ、アジアの歴史についてのセミナーを実施した際に、シルクロードがナーランダーにおよぼした影響に関する質問が寄せられた。アジアとヨーロッパのあいだにほぼ七〇〇〇キロにわたって延び、物資を移動させてきた通商路のことだ。絹《シルク》は中国からの主要な輸出品の一つで、それゆえにこの名称がある。もともとは漢代の前三世紀から紀元三世紀にかけて築かれたシルクロードは、交易と通商にとってだけでなく、人や考え《アイディア》が入り混じるうえでもとてつもなく重要なものだった。

問うべき重大な疑問は、シルクロードの重要性ではなく、国境を越えて人びとを結びつけるうえで通商が果たした決定的な役割でもない。これらはどちらも議論の的ではない。問うべきはむしろ、人同士の接触における通商と物資のやりとりに焦点を絞りつづけること、およびその結果、シルクロードの役割を拡大解釈することが、国境その他の境界を越えて人間同士がかかわり合ったそれ以外の影響を、過小評価することになっていないかということだ。「ナーランダー・トレイル」が生みだし、維持してきた膨大な文明同士のかかわりも、そこには含まれている。

近年は、昔のナーランダーそのものをシルクロードの副産物として見るという、混乱を招く試みすら散見される。これは途方もない誤解だろう。ナーランダーはシルクロード上にはなく、交易路と密接に結びついてすらいないだけでなく、別の交流路の中心であったからだ。そこでは、物資の交易は原動力ではなかった。交易が人びとを集めるのだとすれば（それは確かにそうだが）、知識と啓蒙／悟り《エンライトゥンメント》の追求もまた然りなのだ。数学、科学、工学、音楽、美術は、宗教や倫理上の義務とともに、何千年にもわたって地域を越えて陸路でも海路でも人びとにそれらを追い求めさせる原動力となってきた。こうした旅の背景にあった動機は、通商による利益の追求ではなく、アイデアを追い求めるためのものであり、そこには宗教上の考えも、それに限定されるわけではないが含まれていた。貿易のプリズムを通して世界的なつながりを見ることが昨今は大いにもてはやされており、シルクロードはその最たる例だが、深い思索が同じくらい何世紀にもわたって、地域を越えて人びとが移動する動機を与えてきた事実が、それによって覆い隠されるようなことはあってはならない。グローバル化は商機を求めるためだけでなく、互いに話をする——そして学び合う——ことを追求してきた結果でもあるのだ。

10

昔のナーランダーは、世界的にかかわり合う伝統に属したものであり、その必要性は今日も変わらず強いものでありつづける。新しいナーランダーのキャンパスは、古い大学の遺跡から数キロ離れた、当時はラージャグリハ〔王舎城〕と呼ばれたラージギルの古い町のはずれにある。ここはまさしく釈迦の入滅後まもなくして、第一回の「結集《けつじゅう》」が開かれ、「議論によって違いを解決する」ことにした場所だった。前三世紀にアショーカ大王が招集してパータリプトラ（パトナー）で開かれた第三回目の結集は、その規模からも、議論を通じて対処された食い違いの重要性ゆえにも、最も有名なものとなった。したがって、ナーランダーはおそらく世界で最初に、一九世紀にウォルター・バジョットがジョン・スチュアート・ミルの考えを受けて「議論による統治」と呼んだものを実現させようと試みた場所の、すぐ隣に位置しているのだ。民主主義の思想史においては、過去はとてつもない存在となる。その歴史は、現代の世界にも多くの示唆と教訓を与えてくれる。

私たちシャンティニケトン・スクールの生徒の多くは、年末になるとラージギルやナーランダーの林間学校によく出かけた。テント泊だったので、寒さに少々震えはしたが、焚き火を囲んで座り、夜中まで話し込んだ経験はいつも温もりをもたらしてくれた。そこでの語らいは、深遠な話題とは程遠いことが多く（引率の先生は何かしら教育的な話題にしようと努めていたが）、関係のない冗談も多く交わされた。ときにはこうした旅行で共学の生徒間にかなりのスピードで淡いロマンスが芽生えた――そして同じくらい早く冷めた――こともあった。しかし、こうしたことはいずれも、昼間に仏教の痕跡や古代史を丹念に探索する活動を妨げるものではなかったのである。

第Ⅱ部

第7章　最後のベンガル飢饉

1

　一九四二年の初めには、私はすっかりシャンティニケトンに落ち着いたと感じていた。「平和の住処」ののどかな自然は、かなり印象的だった。そしてどこへでも徒歩か自転車で行けることが、何とも楽しかった。動力車がほとんど皆無であることは、この地の生活様式にどんどん慣れるにつれて、ありがたく思うようになった恵みだった。私は何よりも、シャンティニケトン・スクールのくつろいだ学究的な雰囲気を満喫していた。じつに興味深いあらゆる種類のことについて学ぶ機会があって、往々にしてカリキュラム外にそのような機会がさらにあることをありがたく思っていた。私は開架式で、利用者の立場に立った図書館をうろつき回りつづけ、自由気ままにあれこれ味見しては首を突っ込み、人生を様変わりさせていた。

　とはいえ、自分自身の暮らしはそれほど順調であっても、周囲の世界で、インドの国内でも国外でも、緊張が高まっていることに私は気づき始めていた。激しい世界大戦は続いており、その東側の前線は私たちのほうへじりじりと近づいていた。だが、インドのかかえていた問題は、外の世界に端を発するものだけではなかった。ヒンドゥーとムスリムのあいだの緊張が政治的に醸成されていたのだ。そのうえ食品価格が急速に上がっていた。それによって生じた厳しい困窮状態は、ベンガルの多くの――おそらく大半の――家庭でつねに話題に上っていた。こうした問題や懸念はいずれも、私が一緒に暮らしていた祖父母を悩ませていたし、シャンティニケトンを頻繁に訪ねてきた私の両親をはじめ、親戚たちも同様だった。学校の休みに両親と過ごすためにダッカへ戻ると、そこでは不安な状況がいっそう肌身に感じられた。

2

飢饉の兆候を最初に見たのは、一九四三年四月のことだった。二〇〇万人とも三〇〇万人とも言われる人びとが犠牲になった、いわゆる「ベンガル大飢饉」のことである。食品価格は、飢饉前年の一九四二年にはかなり急速に上がり始めていた。

一九四三年春に授業が終わったとき、下の学年の生徒たちから、シャンティニケトンのキャンパスに入り込んできた精神錯乱状態らしい男が、二人のいじめっ子の生徒にひどくからかわれていると教えられた。私たちはこの野蛮な行為の現場――クリケット場の近く――へと向かった。二人のいじめっ子は、私たちの側の誰よりも個人としては腕力があったが、こちらは多勢だったので、力を合わせれば二人を押しとどめることができた。いじめていた二人が悪態をつきながらその場を去ると、私たちは犠牲者と話をしようと試みた。彼の話はほとんど首尾一貫していなかったが、一カ月近く何も食べていなかったのだと私たちは推測した。話をしているうちに、先生の一人が私たちのところへきてくれ、その先生から飢えが長引くとよく精神錯乱を引き起こすことを教えられた。

私がじかに飢饉の犠牲者と接したのは、それが初めてだった。だが、まもなく、飢餓から逃れようとして私たちの近所へほかの人びともやってきた。五月になって学期が終わり、夏休みに入ると、そうした人びとの数が増していった。飢えた犠牲者たちがますます大挙してやってくるなか、両親もシャンティニケトンで私と過ごすようになった（この時期は、ダッカ大学の父の仕事も休暇に入っていた）。七月に学校が始まったころには、細々とした人の流れは、悲惨な激流と化していた。人びとは食べられるものであれば何でも探し求めていた。大半は一六〇キロ近く離れたカルカッタへ向かう途中だった。カルカッタには生活困窮者を支援するための準備がなされているという噂があったからだ。こうした噂はとんでもなく誇張されたものだった。実際には、政府は何ら救済策を講じておらず、民間の慈善事業は嘆かわしいほど不充分だった。ところが、この噂のせいで、飢えた人びとはカルカッタへ行きたがった。カルカッタまでの旅を続けられるように、少しばかりの食べ物を――食べ残しや腐った食べ物でも――私たちに恵んでほしがっていた。

状況は悪化しつづけ、九月までにおそらく一〇万人ほどの困窮者が大都市へ向かう長旅の途中でシャンティニケトンを通過しただろうと私たちは考えた。助けを求めて、子供からも大人の男女からも聞こえつづけた泣き叫ぶ声が、七七年を経た今日でも私の耳にこだまする。私の祖母は、食べ物を乞う人がいれば誰にでも、タバコの缶いっぱい分の米は分け与えさせてくれたが、「たとえ胸が張り裂けても、缶いっぱい以上の米は誰にもあげてはいけないよ。できる限り多くの人を助けなければならないのだから」と説明した。小さな缶一杯分の米では、長くもたないことはわかっていたが、自分たちが少なくとも何かしらの援助はできることが私には嬉しかった。当時、やってきた人の一人は、第4章で述べたように、ジョッゲッショルだった。シャンティニケトンから六四キロほど離れたドゥムカからきた一四歳の、生死の境にあるほど飢えた少年で、私の伯母がすぐさま命を救うために彼の食事の面倒を見るようになった。

3

一九四三年の春から夏にかけて、飢饉が恐ろしい勢いで広がったころ、私は一〇歳の誕生日を迎えようとしており、ひどく困惑していた。「このまま事態が推移すれば」破滅が迫るかもしれないという不安な議論に、私は耳をそばだてた。両親も祖父母も、おじやおばもみな、物価がなぜ上がっているのか、そしてこのままさらに急速に高騰したら飢餓がいかに広範囲におよぶかについて、いろいろな見解をもっていた。「大飢饉も起こりうるだろう」と、母方のコンコル伯父が、一九四三年の初めと思われるある朝、そう言った。私には飢饉が実際にどんなものかまだはっきりとわかっていなかったが、大いに心配になった。もちろん、私は経済のことは何も知らなかったが、食品の価格が上がって、人びとの収入が上がらなければ、多くの人が飢えて、死んでゆく結果になることは気づいていた。家庭内で悲劇や破滅に関する会話が交わされるのを聞くことは、現実と向き合わされ、急いで大人にならざるをえないことだった。

差し迫った問題は、何が原因で一九四三年に食品価格は急速に値上がりしていたのか、とりわけなぜベンガルの主食である米が高騰しているのかであった。一九四二年は飢饉の年ではなく、飢饉の前年であることに留意してほしい。一九四二年には食品価格がすでに上がっていた（それによってパニックが生じた）という、一般に噂されてきた理解は正しかったのだろうか？　その三〇年後に経済学者として飢饉全般について、そしてとくにベンガル飢饉について研究しようと決心したとき、私はこの通説がまったく正しかったことを発見した。たとえば、カルカッタのカレッジ・ストリート市場（ここに関してはかなり信頼できるデータを入手することができた）の米価は、一九四二年一月の初めから八月なかばまでに、すでに三七パーセント上がっていた。その年末には、米価は七〇パーセント値上がりしていた。困窮するほどの低所得で暮らしている人びとにとって、このような急激な値上がりは生存にかかわる深刻な問題となった。一九四三年には事態は悪化し、その年の八月には米価は一九四二年の初めに比べて五倍にまでなっていた。その時分には、ベンガルの相当数の住民にとって飢えは避けられないものとなっていた。

なぜこのような事態が起こってしまったのだろうか？　インド人には飢饉対策を講じる権限がなかったとしても、イギリス人はどうだったのか？　飢饉は本当にそれほど阻止できないものだったのか？　実際には、まるでその逆だった。問題は、ベンガルにどれだけ食糧があるかに関してイギリス側のデータが間違っていたのではなく、飢饉に関する彼らの理論が完全に間違っていたのだった。イギリス政府はベンガルには豊富な食糧があるので、飢饉は起こりえないと主張した。ベンガル全体には、確かにたくさんの食糧があった。それは本当だ。しかし、それは供給側のことだ。一方、需要は急速に上がっており、価格を高騰させていた。好景気――戦争によって生みだされた景気――に取り残された人びとは、食糧を買う競争に負けたのである。

これは日本軍がビルマとインドの国境に迫っていた時期だった。じつは、日本軍の一部が――反英のインド国民軍（インド出身の住民と、東アジアと東南アジアで捕虜となった軍人から募った軍で、インド人指導者のネタジ・スバス・チャンドラ・ボース〔ベンガル語ではネタジ・シュバシュ・チョンドロ・ボシュ〕によって結成された軍隊）とともに――インパールで実際にインド領内に到達していたのだ。イギリス領インド陸軍とイギリス軍、そしてのちにはアメリカ軍がみな食糧を買っていた。これらの軍隊、および軍用の建設工事を含め、戦争遂行のために雇われたすべての人びとが多くの食糧を消費していたのだ。戦争関連の建設プロジェクトは、新たな仕事と収入を生みだした。たとえば、ベンガル各地に新たな飛行場が建設されたのを私は覚えている。需要主導によって価格はいっきに上昇し、食糧の売買におけるパニックと市場操作によってそれがさらに助長された。

食糧は周囲にたくさんあるのだという知識だけでは、たとえそれがどれだけ確かでも、人は生きていけない。必要な食糧を、市場経済のなかで他者と競って買う能力に依存しなければならないのだ。食糧の供給可能性《フード・アヴェイラビリティ》（全体としてどれだけの食糧が市場にあるか）と食糧を買う権利の保有《フード・エンタイトルメント》（各家庭が市場からどれだけの食糧を買えるか）には、とてつもない違いがある。飢餓は、市場で充分な食べ物が買えない人びとに特有の状況であって、市場に充分な食糧がないことではないのだ。一九七〇年代に私が世界各地の飢饉について研究したとき、食糧の供給可能性ではなく、食糧を買う権利保有に注目することがいかに重要であるかが明確になった。

飢饉の原因についてのこの基本的な分析は複雑なものではなく、とくに新しいものでもなかったことを強調すべきだ。ベンガルにおける食糧供給は急激に落ち込んでいたわけではないが、戦争経済において需要が高まったことが食品価格を高騰させ、固定の安い賃金に依存していた貧しい労働者の手に届かないものに押しあげてしまったのだ。都市では賃金が、程度の差こそあれ、戦争経済で労働の需要が高まっていたために柔軟に上昇していたが、田舎では賃金がほとんど、もしくはまったく上がっていなかった。そのため、飢饉の犠牲になった最大のグループは、田舎の労働者だった。政府はこれらの人びとについてはさほど心配していなかった。政府が案じていたのはおおむね都市部の不満であり、それが戦争を遂行するうえで障害となる可能性があったからだった。

都市の住民、なかでもカルカッタの人びとに充分な食べ物を確保するために、政府はカルカッタの配給店を通じて統制された価格で食糧を配給する手はずを整えた。配給制度は、事実上、カルカッタの全住民を対象としていた。カルカッタに配給するために必要な食糧は、地方の市場でどんな価格でも買いあげられた。それによって田舎の食品価格はさらに上がり、地方で貧困と飢餓を引き起こしたが、かたや都市の住民は補助金で大幅に安くなった食糧を配給店から手に入れられたのだ。地方の困窮状態はこうして、政府の政策によって追い打ちをかけられたのである。

4

ベンガルの教養雑誌は、ベンガルで生じている飢餓は市場にもっと多くの食糧が流通すれば、食い止められるだろうと確信しており、イギリス政府が飢饉に対処しないことを非難した。こうした雑誌の一つの『デシュ』は、一九四三年七月に印象的な社説を掲載し、ローマが燃えているとき、皇帝ネロがバイオリンを弾いていた例え話を紹介した。この社説には皮肉たっぷりに、「チャーチル政権の栄光」という見出しがついていた。この記事は力強いベンガル語で、ウィンストン・チャーチル首相がもっと多くの食糧をベンガルにもち込むことを許可していれば、なぜ飢饉が防げたはずであるかを明白に示した。この見解は、飢饉の原因が何であるかを、またそれを防げたはずの別のやり方を政府が理解し損ねていたことに関して、いくつかの特徴を見逃していたかもしれないが、政府の政策にたいする同誌の基本的な鋭い批判はひどく誤ったものではなかった。

ベンガルの日刊紙は飢饉の時代には厳重に検閲を受けていたが、教養雑誌は購読者がさほど多くないため、かなり自由に売られていた。私の祖父母はこうした定期刊行物を数誌、購読しており、なかでも『デシュ』（ベンガル語週刊誌）と『プロバシ』（ベンガル語月刊誌）を高く評価していた。祖母のディディマは、午後はたいがい昼食後にお気に入りの木製ベッドで横になりながらこれらの雑誌を読んでいて、しばしば自分が読んだ記事について私に教えてくれた。私はこれらの記事に書かれていた議論に、ただ関心をもっただけでなく、自分でもすっかり関与した気分になっていた。ときおり遊びにやってきた年上のいとこたちも、周囲で生じつつある恐ろしい事態について、できる限りの情報を得ようとしていた。私はいとこたちとあれこれ議論をし、とくに二歳年上のココン＝ダ（コッラン・ダシュグプト）とは頻繁に話し込み、そんな折に彼はよくもっと「大人」の視点から話を遮るのだった。コンコル伯父はパール・バックが書いた『大地』（一九三一年刊）をくれたので、私は中国の飢饉について書かれた彼女の長編の創作物語をゆっくりと、取りつかれたようになって読んだ。

ある日、ディディマが『プロバシ』のスラボン（モンスーン月）号に掲載されていた「食糧問題」の印象深い分析を私のために読んでくれた。一九四三年八月に刊行されたものだろう。私は後年、この記事が実際に言っていたことについての、自分の記憶が正しかったかどうか調べてみた。これは確かに戦争遂行の結果として都市部で支出が増加し、食糧の購買量が増えたことと、食品価格の上昇を関連づけていた。そこにはベンガルだけでなくその奥地に駐留して、そう遠くない場所にいる日本軍と対峙している兵士たちの消費分も含まれていた。『プロバシ』は戦争遂行の必要性について議論することはなかったが、それによって生じる困難に当局がまったく注意を払わなかったことは疑問視していた。地方の貧困層の暮らしを成り立たなくした食品価格に与える影響も、その一つだった。

5

イギリスのウェストミンスターの議会では、飢饉の厄災について議論はされなかったのだろうか？一九四三年一〇月に飢饉がほぼ収束するまで、議題には上らなかった。それどころか、飢饉のニュースはイギリス国民にはそれまで入念に伏せられていたのだ。これはきわめて重要なことだった。というのも、たとえインドが帝国支配下で経済的自立政策を取っていても、その統治を管理していたのはイギリスで機能している民主主義だったからだ。この矛盾は、ダッカだけでなく、シャンティニケトンでも大いに話題に上っていた。私の親族のうち、共産党の党員、もしくはそれに近い人びとは、当てにならない「ブルジョワ民主主義」を信頼するという考えをあざ笑った。だが、彼らの反帝国主義の信念も、ソ連が戦争において（一九四一年六月に〔ドイツのソ連侵攻後に〕スターリンが寝返り）イギリスと手を結んだことでさらに混乱していた。その他の、ガーンディー主義者や議会社会党員〔インド国民会議という政党の左派〕、あるいはスバス・チャンドラ・ボース（彼については第9章で触れる）の信奉者たちは、イギリス議会が行動しなかったのは、ベンガル飢饉ほどの規模の大惨事に対処する能力が本来欠けているせいではなく、むしろ政治的に選択されたのだと考えた。私はこうした議論に大いに引き込まれたが、それらを整理するのはたいそう難しかった。居間の片隅に座りながら、おじやおばのうちで誰が議論に「勝った」か見届けようとして、自分がどれほどその場に釘付けになっていたかを、四〇年の歳月ののちに思いだした。

しかし、実際にはベンガルが一八世紀以降（ベンガルがイギリスの支配下に入った当初から）類を見ないような飢饉に見舞われていたさなかですら、ウェストミンスターの議会でも、つねに活発なイギリスの新聞紙上でも、飢饉に関する充分に詳しい報道や議論は見られなかったのだ。それどころか、イギリス国民は驚くほど情報を与えられていなかったのである。発行部数の多いベンガルの新聞は、前述したように（世界大戦を戦ううえで支障をきたす噂を避けるために）検閲を受けていたし、カルカッタの有力な英字新聞で、祖国に忠実なイギリス人のイアン・スティーヴンスが所有し、編集者を兼ねていた『ステイツマン』は、戦争遂行のための団結心を培うために、飢饉については論じない方針を忖度していた。

報道管制が終わったのは、イアン・スティーヴンスが一九四三年一〇月に反旗を翻してからだった。それまでは、植民地政府による検閲と、『ステイツマン』の沈黙が相まって、ベンガルにおける飢えと飢饉に関する報道上の大規模な議論は阻止されていた。私の拡大家族のメンバーはいずれも、政治見解の違いはあったにせよ（親族にはナショナリスト、社会主義者、共産主義者、自由民主主義者がいた）、報道の抑圧にたいして怒り、現実に起きていることを分析するという点では団結していた。

6

戦争は続き、激しさを増し、食品価格は一九四三年にはさらに急速に値上がりした。経済活動が増し、市場の需要が急速に拡大したためだけでなく、パニックと投機的な市場操作によって煽られたものでもあった。前述したように、八月までには米価は急騰し、一九四二年初めの価格の五倍ほどにもなっていた。私はもちろん、当時はこうした数値は知らなかったし、『プロバシ』、『デシュ』などのベンガルの定期刊行物もそうした問題を深く論じてはいなかった。それでも、これらの雑誌は読者の関心を、物価の上昇と、それが飢えの拡大におよぼす影響の因果関係に向けるとともに、戦争によってもたらされ、放置された結果生じた困窮状態に、植民地政府が行動を起こさなかったことを非難した。

どんな飢饉もほぼみなそうだが、一九四三年のベンガル飢饉も階級によって異なる惨事だった。私の拡大家族や学校の級友たちの家族を含め、比較的裕福な家庭出身の者は誰一人として、何百万人もが命を奪われた惨禍でも生き残るのに何ら困難はなかった。もちろん、誰もが食品価格の値上がりには愚痴をこぼしたが、比較的豊かな人びとは飢餓にまで追い込まれることはなかった。

7

一〇月の初め、飢饉が最も深刻な段階に達したとき、私は父と一緒に数日間カルカッタへ行った。父はそこでやらねばならない仕事があり、私は前年一二月に大いに楽しいひとときを過ごした大都市に（遠くのキディルプルの波止場を日本軍が爆撃していたが）行ってみるのは悪くないと思った。ところが、今回私が目にしたカルカッタはまるで別の、それも恐ろしい場所だった。どの通りにも飢えた貧困者がいて、私は生まれて初めて人が実際に餓死する現場を見たのだ。市内のいくつかの場所では、民間の慈善団体が炊き出しを行なっており、限られた数の人びとに食事を提供していた。それらはみな同時に開始され、そうすることで一カ所以上には食べに行けないようになっていた。飢えた人びとは互いに争って定員に達する前に列に並ぼうとした。

飢饉は、手に負えない状況に苛《さいな》まれた人びとのあいだで、一種のモラルの低下を招いていた。ほかの人より先に行こうと押し合いへし合いするさまは、見ていられなかった。とはいえ、一〇歳の子供でも状況を考えれば、これが避けられない事態であるのはわかった。祖母は私に、一人の母親がどこかで手に入れた食べ物を、膝の上のやせ衰えた子に与える代わりに自分が食べながら、号泣しているところを見たと語った。「私たちはもう人間ではない――獣になりさがったんだよ」と、その母親はディディマに言った。

ベンガル飢饉の悪夢は、飢饉が再び起こるのを防ぐために自分にできることをしようという決意を私のなかで芽生えさせた。このことを学校の先生の一人に伝えると、先生はほほ笑んで私の野心を褒めてくれたが、飢饉を撲滅するのはほぼ不可能なのだと言って「私の足を地につけて」（先生の表現を借りれば）もくれた。一九七〇年代に、飢饉を部分的にでも防ぐうえで役立つ解決策を見いだそうと分析を始めたとき、私はその落胆させられた会話を思いだしていた。

第8章　バングラデシュの構想とベンガル

1

一九四四年のある朝、私たちの家の門から一人の男が、大量出血して痛みで叫びながら入ってきた。私は学校の休暇中でダッカに戻っていて、わが家、ジョゴト・クティルの庭に一人でいた。ムスリムの日雇い人夫だったその男、カデル・ミアは腹だけでなく、背中にもひどい切り傷があった。彼は近くの家で、わずかばかりの報酬を得るために仕事を終えて家に帰るところで、私たちが住むヒンドゥー中心の地区で、宗教集団間《コミュナル》の意識の強いごろつきたちに通りで刺されたのだった(1)。深い傷を負い、苦痛に喘いでいたカデル・ミアは水と助けを求めていた。その途方に暮れるような状況で、私は両親に向かって叫びながら、水を取りに走った。父は彼を急いで病院に搬送したが、悲しいことに、カデルの刺し傷は致命傷となった。

当時、私はまもなく一一歳になろうとしていた。もちろん、コミュナルの対立がひどく険悪なものになりうるのは知っていた。だが、その午後、血を流すカデルの身体を支えて水を飲むのを手伝おうと試み、出血がさらに夥《おびただ》しくなるのを見ながら、私には人びとの分断が工作され、敵意が醸成されることで、いかに不快な恐怖と恐ろしい結果がもたらされるかが突如として見えてきた。この事件の残忍さはさておき、なぜカデルが、彼を知りもしない暗殺者たちに殺されねばならなかったのかが理解――それどころか推測すら少しも――できないことに気づいた。これらの熱狂的な殺人者たちにとって重要なのは、カデルがムスリムということだけだったのだ。彼に特定のコミュナル・アイデンティティがあるということだけだったのである(2)。

その衝撃と悲しみから充分に立ち直ったとき、私はどういう事態が起きたのか、両親と長い議論をすることになった。「凶暴な事件に出くわすたびに、わかるようになるだろう。この先、おそらくもっと忌まわしい事件が起こるということが」と、父は言った。父はこの醜悪な時代にどんどん悲観的になっていった。「まさか。人がこんな野蛮な状態で暮らしつづけられるはずがないでしょう」と、母は言った。「これは人間のもう一つの顔だよ。非理性的な暴力で満ちているが、私たちの大好きな優しくて人間味あふれた顔と同様に現実のものなんだ」と、父は言った。

その午後の記憶は、コミュニティ〔社会的アイデンティティで区別され、多くは実際に住み分けてもいる社会集団〕ごとに人を識別する際に往々にして隠されている残忍性について考えるなかで、何度も甦ってきた。宗教別の社会集団を自分たちの主要なアイデンティティとして、それどころか唯一のものとすら見なせば、私たちは人をただムスリム、あるいはただヒンドゥーとして、もしくはそれ以外の排他的な帰属集団を通して見る結果になる。コミュナルな対立が起きている時期には、人間を一次元に単純化することは、暴力沙汰を引き起こす役目を果たしうる。コミュニタリアニズム〔共同体主義〕は確かに特定の集団内では互いの結びつきと同情を生むものにもなりうる。私がそれでも、生涯を通じてその哲学に懐疑的であったのは、コミュニティにもとづく分類の残忍な行為を少年時代に体験していたからだ。二〇〇六年に『アイデンティティと暴力――運命は幻想である』〔邦訳は勁草書房〕という本を上梓し、そのなかで人を――そして自分たちを――ただ一つのアイデンティティという観点から見ることの危険について書いたとき、何十年も前に、カデル・ミアが殺されたあの血塗られた午後に始めた旅を、私はただ終えただけなのだと感じずにはいられなかった。

2

私の父に病院まで運ばれる途中で、カデル・ミアはコミュナル暴動が発生している時期には危険な地区には行かないでくれと、妻から懇願されていたのだと告げていた。だが、家には食べ物が何もなく、少しばかりの賃金を稼ぐために、彼は職探しに出かけなければならなかった。その経済的な自由の欠如に抗った報いは、死となった。そうした不穏な時期に新たな収入がなくても家族が何とか暮らせれば、カデル・ミアはわずかばかりのお金を得るために出かけずに済んだだろう。飢えている子供たちを見て、食べ物を買うためにとにかく何か稼ぎに行かねばならなかったのだと、カデルは私の母に言った。

そんな危険は冒さないでくれと懇願したカデルの妻のことを、私は何度も考えた。この事件は長いあいだ私の頭から離れず、貧困が人のあらゆる自由をいかに広範囲に奪うかに気づくようになった。殺される危険が大いにあるのに、それを避ける自由すらないのだ。階級はこの問題に大きな意味でかかわってくる。家から出るなと人びとに伝えるのは明らかにまっとうな助言だが（実際、暴動のさなかには繰り返し聞くが）、家にいれば子供が飢えるのなら、どうすればいいのか？　コミュナル暴動による犠牲者の大半が社会の最も貧しい層の人びとであるのは、驚くべきことではない。どんなときでも最も安易に殺される人びとだ。インドにおけるコミュナル暴力と殺戮の恐怖を理解するうえで、経済的な階級を早急に考慮する必要性に気づいたのは、私がまだ年端もいかないころのことだった。

一九四〇年代のヒンドゥー－ムスリム間の暴動で殺された人びとの大半は、宗教上の、つまりコミュナル・アイデンティティ（ムスリムかヒンドゥーか）は異なっていても、階級アイデンティティが共通していたのだ（〔日雇い〕労働者やよりどころのない人びと、およびその家族だった）。

もちろん、親族のあいだでも、私の幼いころは母方でも父方でも、階級について多くのことが話し合われた。私の母の唯一の兄であるコンコル伯父はインド国民会議という政党の左派〔議会社会党〕に所属していたし、母たちのいとこのショッテン・シェン、もしくは私たちにとってはロンカルおじ《ママ》（私は彼をもう一人のおじと思っていた）は共産党員だった。インドから分離したあと、ロンカルおじは東パキスタンに残り、この地で左翼政治の発展に尽くした。別の「おじ」で、父のいとこであるジョティルモエ・シェングプト（私にとってはシドゥおじ《カカ》）は、ナショナリストの革命家として当初活動していたが、やがてインド共産党の創始者の一人であるムザファル・アハマッドの強い影響を受けて、共産主義運動を支持するようになった。二人はイギリス統治下のインドの刑務所で出会っていた（当時は知識人に出会うには恰好の場所だった）。

私の母は、インドがかかえる本当の問題は何かを分析する彼らの、どこか異なるものの、いずれも基本的には階級に根ざすものとする議論に熱心に耳を傾けていた。イギリスの支配による不衡平を超えた問題である。確かに、親族の者たちはみなイギリス領インド政府とも闘っており、私が子供のころには、これらのおじたちは定期的に植民地政府の刑務所に入っていた（第9章で再び取りあげる）。私の父は、イギリス人を追いだそうとするナショナリストの政治的能力を疑いつづけたが、母のはうはずっと受け入れており、とりわけ左翼の活動家の考えを好んでいた。母はマルクス主義の思想にとくに関心があり、政治について私と語るのが好きで、よく「お父さんはおそらく賛成しないでしょう」と付け足した。飢饉と暴動が身の回りに迫っていたので、私には階級の分析をすれば少なくとも、貧困や不平等、基本的な自由の喪失（自分の命を大きな危険にさらさずに済む自由を含め）など、私たちを蝕むものを部分的には理解できるようになると思われた。こうした議論については、本書のなかでもう一度、取りあげることにする〔第26章〕。私が政治を理解し、疑問に答えを出すうえでそのような考えがもたらした影響はさておき、それらはまた数学の抽象概念や歴史的文化への関心に比べて、人間の暮らしが私の好奇心において比重を高めつつあったことも示していた。

3

コミュナル暴動は、ベンガルでは何ら新しい現象だったわけではない。二〇世紀の別の時期にも、ヒンドゥーとムスリムのあいだでときおり暴動は生じていた（一九二六年にカルカッタで何度か起きていた）し、インドのその他の地域も、宗派主義に扇動されていた。しかし、一九四〇年代に起こったのは破格の出来事であり、まず前例を見ないものだった。一部の人びとは要求し、その他の人びとは抵抗した分離政策によって、ヒンドゥーとムスリムの亀裂を想起させることがそれ以前と比べて急激に日常茶飯事になった。その一〇年間に鬱積した暴力は、一九四七年の少し前に〔イギリス領インド帝国からのインドとパキスタンの〕国の独立と分離が近づくにつれて、その頂点に達した。ダッカでの生活では、そうした暴力は逃れようのない現実だったが、私の学校があったシャンティニケトンの町では、理由は明白だが、事情は異なった。

国の分離を力強く要求し、ムスリムのために別の祖国を求めたのは、ムハンマド・アリー・ジンナーの率いる全インド・ムスリム連盟だった(3)。この要求は、分離前のインドには――ヒンドゥーとムスリムの――「二民族」がいたという主張によって同連盟のいくつかの声明のなかで支持されていた。この主張は私の家族のなかでも大いに論じられたが、それがまったくの偽りであるという点では完全な一致を見ていた。私の祖父のキティモホンは、これはインドの歴史についてまったく無知であるがゆえのことと考えていた。私の家族はムスリムとヒンドゥーのあいだで続いてきた関係を建設的でおおむね友好的なものと見なしており、双方の違いは実際の宗教の実践を除けば、基本的に重要ではないと考えていた。

国の分離を求める要求はムスリム連盟から始まったが、ベンガルにいるヒンドゥーの上流階級の多く（その大半は上位カーストの人びと）は、インド全体を分ける一環として、ベンガル地方そのものの分割を求める方向へ急速に動いていた。ベンガルには圧倒的多数のムスリムがいて、ベンガル全土が東パキスタンに移れば、社会生活でも職業面でも支配的な立場にいて比較的に特権をもち、平均するとはるかに裕福であったヒンドゥーは、自分たちの権力と卓越性を失うことになる。ベンガルの分割のためにヒンドゥーの中・上流階級の特権を享受する人びとがどれだけ動いたかについては、近年、ジョヤ・チャタルジの考えさせられる研究によって、大いに明らかになった(4)。

手に入る情報が限られていた当時の考察は、明らかに後世に到達した包括的な歴史研究には匹敵しないが、その時代にベンガルで暮らしていた年端もいかない観察者にとっても、ベンガルの統一を保つことにたいし、ヒンドゥーのエリートたちの主張に――断固とした肯定から不確かなものや戸惑いまで――変化があって揺れ動いていたことは、見逃しようがなかった。こうした事態にキティモホンはひどく動揺していたが、インドが全体として完全に分離する可能性に、彼はさらに落胆していた。

4

実際には、ベンガルの分割、もしくは分割の試みにはかなりの歴史があった。一九〇五年一〇月に、インド総督（副王）のカーゾン卿がこれを試み、ダッカを新たに隔離された「東ベンガルとアッサム」州の州都にした。カーゾンがこれを決断した理由には、ベンガルのナショナリズムがイギリスの支配への反感を生むことに果たしていることへの懸念があった。ベンガル分割に関するイギリスの判断は、それによってベンガルのムスリムの支持が（ダッカでムスリムが主要な政治集団となることで）得られるだろうと期待してのことだったが、カーゾンの分割にたいする抗議の声はベンガルの社会のあらゆる方面から上がった。カーゾンは最終的に自分が講じた処置を諦めざるをえなくなり、ベンガルは一九一一年に、イギリス領インドの首都がカルカッタからデリーへ移される決断と同時に、再び統一された。分割反対運動の結果の一つは、ラビンドラナート・タゴールが心を揺さぶる感動的なベンガルの歌「アマル・ショナル・バングラ」（「わが黄金のベンガルよ」）を作詞したことだ。一九〇六年に彼はこの歌を発表し、分割反対集会で歌った。一九七二年にバングラデシュが誕生したあと、この新しい国の国歌として選ばれたのはこの曲だった。

一九四〇年代にはじつは、ベンガルは分割されずに、独自の一つの国になる可能性もあった。それによって旧インドを三つの部分に、すなわちインド、パキスタン、ベンガルに分離するというものだった。これは実際、何人かのベンガルの政治指導者が提案した代案の一つだった。しかし、ムスリムの支持者はいたものの、この提案はヒンドゥーの特権階級のあいだではごくわずかな支持しか得られなかった。私自身の家族はインドが分割されるなかでベンガルの統一を主張することをめぐって、意見が分裂しており、それについては限定的な支持しかしていなかった。基本的に、親族はみなどんな種類のインドの分割にも反対だったのである。

5

私たちにはダッカにもカルカッタにもシャンティニケトンにも、じつに大勢のムスリムの友人がいた。友情は一般に階級の壁のなかで育まれるので、ムスリムの友人たちの大半は、社会的に私たちと似たような階層にいた。しかし、そのグループは比較的少数派であり、裕福なヒンドゥーに比べてずっと数が少なかった。私は家族との議論だけでなく、自分の目で見たことからも、大学教育を受けたエリートや公務員、専門的職業――医師、弁護士など――に就く人や、全般的にそれなりに裕福な中流階級には、ムスリムは比較的少数であることに気づくようになった。ここベンガルでは、インド北部とは大きな違いがあったのだ。北部ではムスリムはエリートのなかで充分な地位を占めている。私は北部の都市ラクナウに行くといつも、驚くほど対照的だと感じていた。母の姉であるモモタ（私にとってはラブ＝マシ）が、ラクナウ大学の史学教授をしていた夫のショイレン・ダシュグプトとそこに住んでいたため、私はよく訪ねていたのだ。私は少年時代、この大学のキャンパスを訪ねるのが楽しみだったが、それ以上に、ラクナウが好きだったのは、ラブ＝マシとショイレンの息子であるショムションコル（私にとってはバッチュ＝ダ）と娘のイリナとシュモナと一緒に時を過ごせるからだった。

私はまた、地主階級のムスリムが支配するラクナウの文化の豊かさにも感銘を受けた。ラクナウの上流階級は伝統的にムスリムの地主階級で、そこにはさまざまな人びとが――やはりムスリムであった、かつての支配者である太守《ナワブ》だけでなく――含まれていた。ラクナウのムスリムの支配層のゆったりとして、くつろいだ、穏やかな生活様式は、イギリスによる征服という形で運命を突きつけられながらも、ショットジット・ラエ監督の優れた映画の一つ、『チェスをする人』（一九七七年）のなかで美しく描かれることになる。ダッカにももちろん、ムスリムの太守がいたが、そのわずかな集団を除けば、ベンガルの大多数のムスリムは通常あまり裕福ではなかった。

ベンガルはムスリムの君主に何百年間も支配されてきたので、ここには奇妙な点がある。しかし、これらベンガルのムスリム支配者たちは、ヒンドゥーの上流・中流階級を安穏とした地位から追い落とすことは望まず、強制的にイスラーム教を信奉させることもなかったようなのだ。ヒンドゥーは、宮廷でも軍隊でも、ムスリムの支配者の役人や将校として仕えるために、自分たちの信仰を棄てる必要はなかったのである。ムガルの軍隊の宣誓式では、ムスリムの将校はアッラーの名において誓いを立て、ヒンドゥーの将校はヴィシュヌの名において誓っていたという印象的な記述がある(5)。

複数の宗教を受け入れるこの姿勢は、一六世紀後半のアクバル帝に始まり、総じてムガルの支配者が断固として宣言した政策だった(ジョルダーノ・ブルーノがローマのカンポ・デ・フィオーリ広場で背教の罪で火あぶりに処せられているときにも、アーグラではアクバルが宗教面での寛容の大切さを説いていた)。多くのヒンドゥーの歴史家はのちのムガルの支配が、とりわけ一世紀後のアウラングゼーブ帝の統治下では「コミュナル」な性質になったことを辛辣に批評してきたが、私の祖父のキティモホンはその一般通念を——私の子供時代の紛争に明け暮れた年月には大いに強調されたものだったが——「想像による歴史」としてよく反論していた。アウラングゼーブの時代にも、宮廷や側近に大勢のヒンドゥーがいたからだ。キティモホンはこの問題については容赦せず指摘していた。これは思うに、宗派主義的な反ムスリムの歴史が、不満と暴力を生みだすうえでも、インドにおけるコミュナル的分断を深めるうえでも、きわめて不快な役割を演じたと彼が見ていたからだろう。

一六世紀にムガル人によって征服される以前から、ベンガルのムスリムの支配者(アフガニスタンからのパシュトゥーン人)はすでに宮廷でも軍隊でもヒンドゥーを受け入れることを厭わなかった。ヒンドゥー社会の上層部でイスラームに改宗する人はわずかだったうえに、インド北部からベンガルにムスリムの上流階級が入り込んでくることもあまりなかったからだ。確かに自分たちの祖先はカイバル峠の西の、ペルシャやアラブ、トルコの王国から、つまりムスリムの中核領域内の国からきたと主張する「アシュラーフ」もいた。だが、移住してきたアシュラーフは多くはなかった。イスラーム教への主要な改宗（一四世紀からかなりの数に上っていた）は、さほど裕福でない人びとのあいだで行なわれており、その多くはヒンドゥー社会の外縁で生じていた。実際には、イスラーム教を信奉するすべての人びとが、ヒンドゥー教からイスラームに改宗したのかどうかは実際にはあまり明確ではない。これらの人びとは、ヒンドゥーの社会そのものに統合されたことがほとんどない場合が多かったからだ。

ヒンドゥーとムスリムのあいだの溝は、当初、東インド会社のもとで始まったイギリスの支配下で広がった。一七九三年に、イギリスの総督コーンウォリス卿による宣言（コーンウォリス法として知られる）が、地主から国家へ支払われるべき税金を「永代」定額にしたことで、土地の所有権を確かなものにしたのに加え、増税による影響もおよばなくなった。これらの安定した地主の多くはヒンドゥーで、そこから地代で暮らす階級が成長した。彼らは実際には遠方に住み、自分たちが耕作するわけではなかった。地代を地主に支払い、大幅に搾取されていた小作人の大半はムスリムだった。「永代定額」は農業生産を向上させるための、ほぼすべての動機を失わせ、土地所有にもとづく不平等を固定化することによって、経済に多大な損害を与えた。

6

成長して階級カテゴリーの重要性をいくらか理解し始めるにつれて、分離以前のベンガルにおいて、ヒンドゥー－ムスリム間のこうした経済的な不平等の影響がどれほど広範におよんでいたかが私には明らかになってきた。活動家のいとこたちや、義理のいとこたちに強く影響を受けていた母は、土地をはじめとする生産手段を所有するかどうかが生みだした社会的な距離について、断片的な情報を与えてくれた。母は明らかに重要な何かをつかんでいたが、長年編集に携わっていた雑誌のなかですら、自分の思考の道筋を完全にたどったことはなかった。

私の一族はまとまった土地を所有してはいなかった——いくらかでも成功していたのは専門的職業からの収入によるものだった——が、長年のあいだカルカッタで、さまざまな規模の土地を所有して、そこから定期的な収入を得ていた大勢のヒンドゥーの不在地主たちと知り合いになった。歴史学者のロノジット・グホ（のちに友人かつ同僚となった）は、「永代定額」のまったく不正な制度の起源に関する決定的で周到な研究をした人で、その不在地主階級の一人として、彼自身もこの制度の恩恵を受けていたことを認めていた。

筆者は子供のころ、ベンガルの同世代の多くの人びとと同じく、「永代定額」の陰に隠れて育った。筆者の生活基盤は、家族の生計と同様に、自分たちが一度も訪ねたことのない遠方の地所から得たものだった。筆者の教育は、コーンウォリス卿の恩恵を受けた御曹司たちを幹部に募った植民地政府の官僚制度の需要に見合ったものだった。その文化の世界は、小作農たちの現地の文化からは切り離され、安穏とした暮らしを送る中流階級の価値観によって厳密に境界線を引かれたものだった(6)。

別の重要な歴史学者トポン・ラエチョウドゥリも、地主の家族の一員としての自身の経験を書くが、彼の家族はグホの家よりもはるかに多くの土地を所有しており、ボリシャル管区にある地所の近くに実際に住んでいた。ラエチョウドゥリ自身は平等主義の信念を貫いており、ベンガルの土地所有制度の不衡平を見事な明快さで明らかにした。

ジョミダル［土地所有者《ザミーンダール》］であるということは、わが家の賃借人である貧しい小作農たちから土族として扱われることだった［……］。ライヨト［耕作者《ライヤト》］に出会うと、われわれは確かに領王や主人として扱われてきた。［……］ベンガルのジョミダルは一世紀以上にわたって農村部を支配していたのであり、世界のその地域においてある程度まで都市の社会も牛耳っていたのである。(7)

従属的なライヨトの一部は、社会的地位の低いヒンドゥーだったが、その多く――実際には大半――はムスリムだった。

このように経済的に不平等であったため、ベンガルのムスリムは不満の声を集める政治に容易に誘われた。一九四〇年代なかばにムスリム連盟がベンガルで、ムスリムの忠誠心を集めるのに一時的に成功したのは、土地所有のこの問題と密接に関係していた。しかし、コミュナルな対立を利用できる可能性があったにもかかわらず、ベンガルのムスリムは一九四三年までは宗教集団別でない統合された政党を支持しつづけていた。ベンガル管区の「首相」――選挙政治にもとづく地位だが、イギリス統治下では限定された権限しかもたなかった――となったフォズルル・ホクは、当初はムスリム連盟と、その後はヒンドゥー大連盟《マハーサバー》と手を結ぶなど、さまざまな連携を図った。彼自身の党は宗教色のないクリショク・プロジャ党（「農民と小作人党」）で、土地改革とコーンウォリスの「永代定額」の廃止に専念するものだった。この党はコミュナル政党ではなかったが、ベンガルの経済の本質から考えれば、彼の党の支持者は実際にはその大半が、ベンガルのムスリムだった。

フォズルル・ホクは議会で一部の人びとから「コミュナリスト」として攻撃された。自分は「何よりもムスリムで、次にベンガル人だ」と彼がよく述べていたことに、批判者は言及できたし、彼がムハンマド・アリー・ジンナーに説得されて、一九四〇年にムスリム分離主義の「ラホール決議」を提案したことも非難した。しかしホクは、インド亜大陸のその他の地域のムスリムとはまるで異なる経済的地位にあるベンガルのムスリムの指導者として、自身の優先事項を追求しつづけていたのであり、実際には一九四一年にムスリム連盟からジンナーによって追放されていた(8)。

ベンガルのムスリムの利害関係は確かに、ベンガルにおける土地改革と、土地所有の不平等と搾取という、本質的に宗教と無縁の問題と深く結びついていた。ホク自身は、ベンガルのもっと広い利害関係や偉業に関心をもっていた。若干の例を挙げると、試験で優れた成績を収めたあと、トポン・ラエチョウドゥリはフォズルル・ホクから、「ボリシャル管区の栄光」に貢献したことをたたえる祝電まで受けた。「フォズルル・ホクが実際には何を代表していたのか」をめぐって、私の一族のあいだでは多くの議論が交わされたが、親族の多くは、私の父を含め、ホクをよく知っており、彼の基本的理念には共感していたので、ホクはよくこうした議論では支持され、正当化されて登場していた。

7

ベンガルでは私の子供時代から多くのことが変わったが、なかでも最も抜本的な変化は「永代定額」の重荷と不衡平が排除されたことだ。トポン・ラエチョウドゥリは裕福な地主たちの生活様式がいかに「一九四七年から四八年にほぼ一夜にして」消えたかを描写する。この「一夜」の変化が、一九四〇年代にはおそらくありえなかった形で、政教分離を標榜するバングラデシュという国を出現させたと言って差し支えないだろう。しかし、ここにはそれ以上のことがかかわっていた。とりわけ、バングラデシュの偉大な政治家、シェク・ムジブル・ロホマン（ボンゴボンドゥ）の指導のもとで、非常によく考慮された非宗教的な政治が発達したことである。

「土地問題」――フォズルル・ホクの政教分離に歯止めをかけていたムスリムのあの主たる不満――が突如として過去のものになると、東パキスタンではより統合的なベンガルを目指す政治運動が生まれる余地が生じ、そこではベンガル語国語化運動（バシャ・アンドロン）が、インドが分離して東パキスタンが誕生してから五年も経たない一九五二年二月に、政治運動に先駆けて生まれた。このことは、土地をめぐる不衡平が改善されたのちは、ベンガルの分割に反対するそのような運動が必然的に生じたと主張するものではない。むしろ、そうした可能性が開けたのである。そしてこれはそれ以上のものではなかった。

政教分離で民主主義のバングラデシュという考えには、建設的な政治開拓が必要であり、それらは長年のあいだに、多くの困難を伴いつつ追求されてきたものだった。最終的に、広範囲にまたがる肯定的な見解が必要となり、それがボンゴボンドゥ、つまりシェク・ムジブル・ロホマンからもたらされた。重要なことに、ムジブル・ロホマンは何世紀にもわたってコミュナルの関係を築いてきたベンガルの特殊な歴史と、近年、激しさを増してきた宗派主義の暴力を利用することができた。ベンガルの文化史を考えたとき――その場所がダッカであれ、カルカッタであれ、シャンティニケトンであれ――私たちは「ベンガル人」について〔民族集団として〕正当に語れるのかという難題に対処するうえで、こうした要素はいずれも明らかに重要なものだった。

ベンガル人としてのアイデンティティは、私にとってはつねに重要だが、それ以外の職業や政治、国籍、およびその他すべての人びとと共有する人間性を含む、諸々の帰属先への私の忠誠心を凌駕して忘れさせるほどではない。ベンガル人のアイデンティティとして形成されてきたものの多くは、文化のさまざまな歴史情報源を混合したものが占めている。一九三〇年代初めにラビンドラナート・タゴールがオックスフォードの聴衆にヒバート講義で、自分は「ヒンドゥー、モハメッダン〔ムスリム」、イギリスという二つの文化の合流点」からきたと、明らかに誇らしげに語ったとき、これは宗派主義によるどんな閉じ込めも明確に否定し、かつ狭く隔離されるよりも、幅広く立脚することの尊厳を暗にたたえるものでもあった。

政治、文化面での世俗主義を肯定したからといって、バングラデシュのムスリムが自身の宗教面でのムスリムとしてのアイデンティティを奪われることにはならないし、このことは人の宗教上の帰属意識が政治的な自己認識とは区別できるという主張と完全に一致している。同じことはバングラデシュにいようが、インドにいようが、ベンガル人のヒンドゥーにも言える。

8

こうした議論について考えるうえで、私たちはベンガルの歴史のなかに何を求めるべきなのだろうか。仏教は〔釈迦の時代から〕一〇〇〇年後には、インドの大半の地域では実践されなくなったが、ベンガルでは一一世紀末までパーラ朝の仏教徒の王たちがインド国内で最後の仏教の王権の砦となっていた。しばらくののち、一三世紀初め以降からムスリムの征服者が到来したことによって、ヒンドゥー〔および仏教〕の支配は取って代わられた。アフガニスタンからやってきた、これらの初期のムスリムの支配者たち（パシュトゥーン人）は対立しては破壊する無慈悲な歴史を繰り広げたが、それでもベンガルではムスリムによる支配はかなり短期間に定着した。それどころか、初期のムスリムの王たちの何人かは、異国の出身であるにもかかわらずベンガル語を学び、この地域の多文化的な歴史に感銘を受けたあまり、サンスクリットの叙事詩『ラーマーヤナ』と『マハーバーラタ』をベンガル語にきちんと翻訳させたほどだった。これは一四世紀のことで、この時代の古い翻訳がいまでもこれら古代の叙事詩のなかでよく読まれている版となっている。ムスリムの王の一人がいかに毎晩、古いサンスクリットの物語を繰り返し聴きたがったかを語る感動的な話もある。王たちはもちろん、イスラームの信仰をいかなる形でも放棄することはなかったが、みずからの信仰に加えて、宗教とは無縁の帰属関係を築きあげて、人の宗教上のアイデンティティがその他諸々の関係を一掃するとは限らないことを――七〇〇年前に――明快に示していたのだ。

この地域に新たに入ってきたムスリムのエネルギーは、一六世紀末（一五九〇年ごろ）にヒンドゥーの名だたる詩人であるムクンドラムによって著作『チョンディモンゴル』のなかで書かれ、たたえられた。ムクンドラムはさらに、ムスリムの経済活動は、通常の利益を生みだす以外に、恐ろしいトラをこの地域から追いやったとも述べた。

西方からザファール・ミアンはきた。
　二万二〇〇〇の民を引き連れて。
手にはスライマーニヤのビーズを着け、
　精神的指導者《ピール》と預言者の名を唱えながら。
森を伐採して、
　彼らは市場を築いた。
何百もの異国人が
　食べ、森へ入った。
斧の音を聞いて、
　トラは不安になり、吠えながら逃げた。(9)

有名なダッカのモスリンなどの繊維製造業を含む、高度な特殊技能を必要とする新たな産業が急速に成長した。ベンガル東部では、西部に比べて定住農業は遅くに始まったが、東部の地域はすぐに生産性においてベンガル西部と競うようになり、しばしば追い抜くようにもなった。経済活動ではムスリムとヒンドゥーの統合はしっかりと根づいていたが、当時すでに土地所有においては格差が生じており、イギリスの統治が始まると、とくにコーンウォリスの「永代定額」を通じてその差は急速に拡大した。

9

ベンガル人とバングラデシュを結びつけるものは、経済や政治の歴史を共有していることだけではない。それも大きな役割を担ってはいるが、両者を結びつけるのはベンガル語という共通語と、この言語の豊かさや功績にたいする誇りでもある。ベンガル語は、バングラデシュとインドのあいだの政治的境界線の両側で、ベンガル人のアイデンティティに驚くほど強い影響をおよぼしてきた。前述したように、東パキスタンだった地域で起こった分離主義の政治運動は独立戦争へと発展し、最終的に新しい政教分離の国家であるバングラデシュが誕生したが、この運動の先駆けとなったのはベンガル語を守るための「言語運動〔バシャ・アンドロン〕」だった。一九五二年二月二一日に大学キャンパスで開かれた最初の大会は、〔当時の〕パキスタン当局が強制的に解散させようとしたため、何人もの死者を出すことになったが、この日はバングラデシュでは「言語運動記念日」として広く祝われており、世界各地でも、一九九九年に国連によって「国際母語デー」が制定されている。

この運動で声高に活動した一人——文学的貢献の質という点でも、統合主義的な見解を擁護した点でも——は、タゴール後のベンガルで最も人気のある詩人、カジ・ノズルル・イスラムだった。コミュナルな分離にたいしてノズルルが取った手法は、タゴールのものとさほど違いはなかった（ノズルルは若いころタゴールの詩の優れた朗唱者として評判になっていた）が、彼はもっと断固とした口調で書き、ヒューマニスト的ベンガル人としての見解に、経済・社会上の平等を目指す左翼的な強いこだわりを組み合わせていた。彼はムザファル・アハマッドの友人であり、強く影響を受けてもいた。アハマッドは本章の初めに、私のおじのジョティルモエ・シェングプトがイギリス統治下の刑務所で感化された相手として述べた人物である。アハマッドはノズルル・イスラムの素晴らしい伝記も書いており、とくに彼が宗教とは無関係のヒューマニズムと社会的衡平を信念としていたことを描いた。

共産党と関連した文芸雑誌は『ランゴル』（犂《すき》）という名称で一九二五年に創刊された。創刊号にはカール・マルクスの伝記の書評と、マクシム・ゴーリキーの『母』を翻訳したものが掲載されていたほか、ノズルルの詩も何編かあり、今後も定期的に発表されると約束されていた。発行人欄のような形で書かれた『ランゴル』の選んだモットーは、一五世紀のベンガルの詩人チョンディダシュによるものだった。

シュノホ　マヌシュ　バイ
ショバル　ウポル　マヌシュ　ショット
タハル　ウポル　ナイ
（聞いてくれ、兄弟である人間よ、
人こそわれらが探し求める最高の真実
それ以上の真実はない。）

ノズルルがベンガルの思想におよぼした影響は奥深いものだった。ビッドロヒ・コビ（「反逆の詩人」）としての評判ゆえに、彼には特別な信奉者が集まり、多くの政治的な場面ではタゴールの大ファンですら、タゴールのダージリンの繊細な味よりも、ノズルルの強いアッサムの紅茶を求めるのだった。私の世代のベンガル人では、カンダリ・フシヤルという、意訳すれば「気をつけろ、われらの船長よ」という意味の詩を暗唱できない人はほとんどいなかった。船長はある諫言《かんげん》によってこう諭された。「その溺れている人はヒンドゥーなのか、ムスリムなのかと、誰かが尋ねる。船長よ、その人は人間だと言ってやってくれ。私の母の子なのだと」

私の祖父のキティモホン・シェンは、先述したように、ベンガルの文化のなかでヒンドゥーとムスリムのあいだで見られた幅広いやりとりについて、調査や講義、執筆において深くかかわってきたので、私はキティモホンが書いたものを読むことに加えて、この問題に関しては定期的に家で個人指導を受けていた。祖父はまた文化的分離主義者の狭量さを語る逸話も大量に集めていた。ある逸話を私が大いに気に入っていたのは、それが宗教間の統合を穏やかに支持していたからだが、祭司にたいするベンガル人共通の疑念を反映していたからでもあった。それはキティモホンの兄のオボニモホン・シェンがある晩、モフィズ・ウッディンというムスリムの祭司である友人と家でおしゃべりをし、一緒に水タバコをふかしていたときのことだった。チョクロボルティというヒンドゥーの祭司が通りかかるのを見て、モフィズ・ウッディンが一緒にどうかと穏やかに誘いかけた。チョクロボルティは断り、純粋なバラモンの祭司である彼と、ムスリムのモウラヴィ〔イスラーム教法学者〕のあいだには違いがあるのだと指摘した。チョクロボルティは、自分たちは「非常に違って」いるのであり、一緒に水タバコをふかすのは適切ではないと主張したのである。友人のモウラヴィは答えた。「友よ、私たちのあいだには本来は何の違いもない。あなたは無知なヒンドゥーの弱みに付け込んで暮らしていて、私は無知なムスリムの弱みに付け込んで暮らしている。私たちはまったく同じ商売に携わっているわけだ」

10

シャンティニケトン時代に、ベンガルで多文化的な統合が印象的に描写されてきたある事例に、ことさら感銘を受けたことがある。いまではおおむね忘れ去られているが、実際には驚くべき歴史をもつ、「ション」と呼ばれるベンガル暦である。アクバル帝は特定の宗派に捉われない暦タリク・イラヒを全インドに制定しようとしたが、失敗に終わった。ベンガル暦はこのとき試みられたもののうち、インド亜大陸で現存する唯一の暦なのだ。一六世紀末に、ムスリム太陰暦すなわちヒジュラ歴で最初の千年紀が終わりに近づいたとき、アクバルはインドのために多文化的な暦を制定しようとしていた。ヒンドゥーやジャイナ教徒、あるいはパールシー〔インドのゾロアスター教徒〕が使っていたような太陽歴だが、ムスリムのヒジュラ暦のいくつかの重要な特徴も織り込んだものだ。紀元は西暦一五五六年（アクバルが即位した年）と定められており、これはサカ暦〔インド国定暦〕では一四七八年、ヒジュラ暦では九六三年に相当した。

アクバルの尊大な望みにもかかわらず、またアクバル自身の宮廷では使われていたにもかかわらず、タリク・イラヒ暦はデリーやアーグラでは決して人気を博さなかった。しかし、この暦はアクバルが少し前に買収して、帝国に加えたばかりのベンガルでは歓迎された。この地では、アクバルのタリク・イラヒ暦の影響を強く受け、改良された古いベンガル暦が今日も揺るぎなく残っており、ヒンドゥーの多くの儀式にとっても欠かせない重要なものになっている。この文章を書いている現在は、ベンガルのション暦の一四二七年である。これは預言者ムハンマドがメッカからメディナへ移住したことを記念することを明らかにするもので、太陰暦と太陽暦をつなぎ合わせて年数が数えられている。

九六三年まではムスリムの太陰暦が、それ以降はヒンドゥーの太陽暦が使われているのである。信心深いヒンドゥー教徒がヒンドゥーの儀式でこの年代に言及するとき、それがイスラームの預言者と関係があることにはまったく気づいていないのかもしれない。

ベンガルのション暦の歴史が、一九五〇年代なかばに優れた科学者のメグナド・シャハによっておもに明らかになったとき、私はこの巧妙な組み合わせに感動し、愉快になった。しかし、四〇年後にサミュエル・ハンチントンの「文明の衝突」という論文が、その題名で一九九六年に刊行された著書〔『文明の衝突』邦訳は集英社〕を通じて世界各地で多くの注目を浴びたとき、さらによく考えるべき余地が生まれた。ハンチントンの分離主義的な路線に沿って文明の分割に熱意を燃やす人は、ベンガルのション暦が「ヒンドゥー文明」の一部なのか「ムスリム文明」なのか解明しなければならない。ハンチントンは両者のあいだに非常に明確な不一致があると見ていた。だが、答えはもちろん、ション暦はそのどちらのものでもあり、ハンチントン流の闇雲《やみくも》に単純な分類に当てはめることはできない。

ベンガルの歴史はこのように、宗教上の分離や文化ごとの分裂の物語ではなく、統合の物語なのだ。政教分離で統一したバングラデシュというものを、実現可能で向上的な構想にしているのは、そして思いどおりに世界と向き合わせているのは、その哲学、その理解なのである。

第9章　抵抗と分断

1

「ロンジットは元気かね？」と、シドゥおじ（私の父のいとこ）がボルドマン刑務所からバニおば宛の手紙で聞いてきた。彼はアマルティアという名前の複雑さについて不満を述べ、幼い子にそんな「歯が折れる」ような名前をつけるとは、タゴールも「年をとって頭がすっかりいかれた」証拠を見せたとこぼしていた。「私はあの子をロンジットと呼ぶことにする」とシドゥおじは宣言して、こう尋ねたのだ。「彼は元気かね？」愛情のこもった手紙は、私が一歳になる前の一九三四年八月二二日に書かれた。シドゥ、つまりジョティルモエ・シェングプト（これが彼の正式な名前だった）は、私が生まれる前の一九三二年の夏から刑務所に入っていた。彼はイギリス領インド帝国を破壊するための工作に加担したという一般的な罪（工作したのは間違いない）と、武力反乱を目指す革命グループに政府資金を流すのに手を貸したという特定の罪で有罪判決を下され、懲役七年の刑に処せられていた。シドゥはダッカ刑務所、アリプル中央刑務所、ボルドマン刑務所、メディニプル中央刑務所など、こちらの刑務所からあちらへと移動させられていた。子供のころ、私はこのおじに面会するために、さまざまな収監場所へかなり定期的に連れていかれた。

判決が下ると、シドゥは足かせを含む厳しい禁錮に処されることを選んだ。彼は教育を受けた中流階級出身の政治犯だったので、階級意識の強いイギリス統治下の刑務所制度ではもっと快適で、かつさほど屈辱的でない形で監禁されることも許可されていたのだが。彼は定期的に母親に「すこぶる元気」だと手紙を書いていたが、さまざまな刑務所で栄養不良に陥ったことはまず間違いなく、結核を重症化させる要因となったはずで、収容者仲間のムザファル・アハマッドが書いたように、体重が気がかりなほど落ちていた。結核が命にかかわるほど深刻であり、また収監されていたどの刑務所でも問題を起こさなかったため、シドゥは最終的に一九三七年一二月に、七年間の刑を終える少し前に釈放された。だがそのころには、彼はもう死に直面していた。しかし、私にとっては幸運にも、釈放後に彼と多くの言葉を交わすことができた。インドの統一について、あるいはヒンドゥー＝ムスリムの区別が政治的にいかに些細なことかを語る彼に耳を傾けたことは懐かしい思い出となっている。私の母はシドゥをたいへん尊敬しており、「ロンジット」にはぜひ洞察力と勇気のあるおじと話をさせ、彼から学ばせたいと願っていた。

2

成長するにつれて、私は母の唯一の兄であるコンコル伯父を含め、さまざまな「おじ」たちのじつに多くがどこかしらの留置場に入っている事実に驚いた。彼らが収監されていたのはいずれも、何かを実行した罪に問われていたのではなく、野放しにすればイギリス領インド政府に危害を加えるだろうと植民地支配者たちが判断したためだった。そのため、彼らは「予防拘禁」という植民地時代に広く用いられた慣行によって収監されていた。何人かは、暴力事件の首謀者と関係があったが、大半はコンコル伯父のように、断固として非暴力を貫いていた。だが、独立を支持する非暴力的な文書や演説は、なかでもマハートマー・ガーンディーと関連するものは、植民地政府によって予防的に拘束されてしかるべきものとされていた。

しかし、シドゥはそのような被留置者ではなく、収監された親族のなかでただ一人、実際に法廷で有罪判決を下された人物だった。彼の具体的な罪は、ダッカで列車強盗をした活動家と接触し、援助をしたことだった。施錠した客室に軍用の政府資金を積んでいた列車で、反逆者たちがその荷を降ろし、革命家に手渡したのである。襲撃は列車がダッカ駅を出てすぐに実行された。シドゥが襲撃そのものにどれだけ直接に関与していたかは明らかではないが、彼は確かにその資金を反植民地政府活動家に運ぶ手助けはした（この資金の輸送に使われた車の運転手が司法取引で、共犯者に不利な証言をし、シドゥを名指ししたようだ）。

私の父、アシュトシュ・シェンは、こうした活動に関与したことは一度もなく、関与するつもりもなかった。彼は反逆者たちの勇気や献身、自己犠牲を、とくにそれが誰も殺さず、負傷させることもない場合は称賛していたし、活動家たちが私生活で窮状に陥っている場合は大いに援助の手を差し伸べていた。それでも、暴力的な反逆は父の目指すことではなく、「テロリズム」と（植民地政府が好んだ用語で）呼ばれたものはまったく受け入れなかった。こうした行為は通常、イギリスの役人や将校を爆殺する方法で実行された。私の父はそのような活動は残虐で野蛮であるだけでなく、インドを植民地支配から解放するための運動ではまったく無益だと考えていた。これらの活動家の勇気と献身は称賛しても、彼らの倫理観や論理的思考までは称賛しなかったのである。

押収した資金は、襲撃の翌朝、反逆者たちに手渡され、私の父は関与したいとこの一人――シドゥではないと私は思う――に、その晩、その資金をどこに隠したのか尋ねた。警察がダッカを隈なく探していたためだ。資金は彼の――つまり私の父の――家の、一階のベランダに置いてある装飾付きの古い戸棚に隠したと、その活動家の親戚に告げられたとき（「奴らはあなたの家には絶対にこないのがわかっていたのでね」）、父は驚き、こころよくは思わなかった。ずっとのちに、私はトム・ストッパードの『プロフェッショナル・ファウル』という素晴らしい劇で、捜索されている品を信頼された人物の持ち物のなかに隠して当局の取り調べを逃れる、似たような手口が世界各地で用いられていたことを学んだ。アシュトシュは激昂しながら道徳的にも政治的にも問題があると活動家たちを諭したが、それ以上のことはしなかった。

シドゥは刑務所にいるあいだに、マルクスとフロイトの政治・社会思想の影響を強く受けて政治的に変貌を遂げていた。どちらも彼を魅了したが、テロリズムは大きな間違いであり、代わりに必要なのは組織された大衆運動の醸成であることを彼に徐々に納得させたのはマルクスだった。各地の刑務所で幅広く読書をしたことから、彼はイギリスの役人や将校を殺傷するテロリストの愚行には完全に反対するようになり、今後は労働組合運動を通じて労働者や農民の組織化を図ろうと計画を立てつづけた（刑務所から釈放後に残された短い余生に彼はその活動に乗りだした）。前述したように、彼は刑務所でインド共産党の創始者の一人であるムザファル・アハマッドと知り合いになった。ムザファルは自身が釈放されたのちに、シドゥの釈放に向けて働きかけ、彼はこれまでのテロリストとのいかなる関係も断ち、労働運動だけに専念するつもりであることを説明した。

3

私はおじたちを定期的に訪ね、雑談をするのが大いに楽しみだったので、彼らが互いに違っていて、コンコル伯父は議会社会党（インド国民会議派の一部）、ロンカルおじは共産党という具合に、それぞれ異なる政党に所属していた事実に魅了されていた。私は誰かしら大人の親族に連れられておじたちと面会に行っていたのだが、あるときコンコル伯父が、つい最近、窓から木が見える部屋に移されて何とも嬉しいと話してくれ、すっかり感動したのを覚えている。彼は木など長いあいだ目にしていなかったのだ。「とても心が落ち着く光景なんだ」と、伯父は言った。「とりわけ、刑務所の高い壁の外には通常の世界があって、春になると新芽が出てくることを思いださせてくれることがね」

伯父は、うちの敷地で飼っているアヒルたちの絵を私が葉書に描いて送ったのも、とても嬉しかったと話してくれた。あるとき彼に共産主義者と社会主義者の違いについて質問してみたこともあった。厳重に監視されている刑務所内の「面会時間」には、政治的な議論はできないが、釈放されたらすぐにその問題について話そうと伯父は言った。彼は共産主義者には非常に批判的で、とくにソ連にたいして「隷属的であること」を非難していた（「あれは政治的には破綻したようなものだ」と、彼は私に言った）。

私の祖母で、コンコル伯父の母親であるディディマは、毎週の面会時間の終わりに彼に別れを告げる時間になると、いつもやや感情的になった。祖父のキティモホンがそれには動じず、平静を装っていたことも、何ら役には立たなかった。祖父は一定間隔で残りあと二〇分だ（あるいは一五分、一〇分、五分）と私たちに告げて――「話し合いたい大事なことがあれば、いま話さないとだめだ」と――注意を促し、ただでさえ短い面会時間を（ディディマにとって）さらに短くして、あらゆる会話を中断させていた。私は息子が収監されていることへの悲しみを祖父がずっと抱いていたのを、夜明け前の、頭上にまだ星が輝いている早朝に一緒に長い散歩をしたときに初めて知った。

祖母は、刑務所にいる息子に面会に行ったほか、植民地政府にいた何人かの知り合いの（もしくは親戚の）役人にも働きかけを試み、息子は無実であり、予防拘禁で収容されつづけるべきではないと訴えた。よく知られたインド高等文官（ＩＣＳ）で、遠い親戚だったビノエ・ロンジョン・シェンを祖母が訪ねたとき、私も同行したことがあった。Ｂ・Ｒ・シェンはメディニプルの地方治安判事だったが、ディディマが訪ねて行ったころは、彼は植民地政府の食糧政策の調整を手伝っていた（ベンガル飢饉が起こったとき、彼は不運にも上級役人としてその任務に当たらねばならなかった）。ディディマとの面会はひげを剃ってからだと言われたので、私たちは外の待合室で待った。二時間ほど待ち、その間に執務室のなかでは軽い雑談が交わされ、ときおり笑い声も上がっているのが聞こえていた。私はディディマに、彼にはそんなに豊かなあごひげがあるのだろうかと聞いたのを覚えている。

その後ようやく彼はディディマのために時間を――二分ほど――割き、息子は暴力的な活動には何らかかわっていないと彼女が説明するのを許可した。「私には息子さんは助けられません」と、Ｂ・Ｒ・シェンは祖母に言った。「政府にたいする政治姿勢を改めれば別ですが。彼の容疑は暴力ではなく、著作物が帝国に関する不満を引き起こしていることです。それをやめれば、すぐに釈放されます」。私は、ひどく気落ちしたディディマと家に帰ったが、のちに祖母はこの面会に関する私のもっと前向きな見解を好んで口にしていた。「あの人はずいぶんきれいにひげを剃っていたね」と、私はディディマに言ったのだった。

一九四七年以降、植民地政府に仕えることに（反抗的なインド人を収監することを含め）専念してきた元インド高等文官たちが、新たに独立した国の代表として国際社会で傑出した地位を与えられると、Ｂ・Ｒ・シェンはローマを拠点とする食糧農業機関（ＦＡＯ）の事務局長になった。どんなことでも効率よくこなす彼は、その職務も――かつてイギリスの主人たちに仕えたように――立派に務めた。彼は世界の食糧問題について若干の独創的な取り組みを新たに行なったようだが、書類鞄を自分でかかえる姿などは決して見せない、植民地政府の上級役人の伝統を彼がＦＡＯでも続けていたことを知れば、イギリス領インドの文化の守り手たちは安堵したことだろう。このことは、ローマで彼と知り合いになった私のイタリアの友人たちを面白がらせた。私は友人たちに、イギリス領インドの不変の「秩序正しい文化」について説明しなければならなかった。

4

私の子供時代に、インド独立のための運動はどんどん勢力を増し、断固としたものになっていった。活動や扇動にはいろいろな種類があり、私は成長するにつれて、それらがなぜ、どう違うのかを理解してみたいと思っていた。

そこへ突如として第二次世界大戦がイギリス領インドの支配者たちの主たる懸案事項となった。一九三九年にインド総督（インド内では副王）のリンリスゴー卿が、インドはこの戦争に参戦しており、もちろんイギリス側にいるのだと告げる一方的な宣言を出した。その発表があったとき、私は六歳になったころでマンダレーからダッカに戻る途中だった。私の父はダッカ大学で教える仕事を再開していた。インド内でいかなる種類の協議もなく出されたリンリスゴーの宣言は、激しく批判された。親族の大人たちはほぼ一人残らずナチス・ドイツには非常に反感を抱いていたようだったが、まずはインド人との協議を経なければ、インドは参戦すべきではないと考えていることに、私はおぼろげながら気づいていた。

ナチズムに対峙するイギリスの立場が支持されなかったというよりは、インドの諮詢《しじゅん》を受ける権利を否定されたことが、はるかに多くのいらだちと怒りを掻き立てていた。諮詢の権利以上に、ほかにもっと大きな問題もあった。インド国民会議派は、インドの独立問題が解決したらイギリスに協力するつもりだった。インドでは戦争は深刻な事態として受け止められており、私たち一家が戻ってきたばかりのビルマからその足音が近づきつつあったが、インド人の多くは中国で日本軍が残虐行為を働いたことをすでに知っており、その問題がずっと多くの非難を招いていた。

インドで高まる不満に対処するために、一九四二年三月にイギリス政府から交渉団が送られてきて、インドの政治指導者たちとのあいだで戦争遂行においてもっと全面的に協力することが話し合われた。交渉団は労働党の有力者、サー・スタッフォード・クリップスに率いられたもので、クリップスは——私の両親やおじたちの言葉から推測すれば——「たいへん好人物」だった。彼はインドの指導者たちと話をして、戦後にインドの独立を真剣に検討する固い約束と引き換えに、戦争に協力してもらえるように説得することになっていた。だが、イギリスの支配者がインドの独立に向けて即時に譲歩することはなかった。

ガーンディーは即時の変化はないこの状況はかなり受け入れがたいとしたが、クリップスはチャーチル政権から、インドの指導者たちにとってより好ましい取り決めをすることは認められていなかった。交渉は戦後に始めると、クリップスは約束した。ガーンディーは乗り気にはならなかった。クリップスがなぜそれほど頑なのかと尋ねると、ガーンディーは「倒産しかけた銀行の〔振出日が将来の日付になっている〕先日付《さきひづけ》小切手」では、自分に実際何ができるのか、なかなか考えつかないのだと言ったらしい。チャーチルがクリップスをインドへ派遣したのは、インドの政治指導者たちの協力を取りつけるためというよりは〔与えられた権限からすればクリップスにこれはとうてい実現できなかっただろう〕、むしろ労働党のこの「たいへん好人物」をひそかに傷つけるためだとも憶測されたのだ。

四月のクリップス交渉団の交渉が失敗に終わったのち、一九四二年八月八日にガーンディーは「イクリップスは、チャーチルが失墜した場合、代わりに首相になる人物として当時、語られていたためンドを立ち去れ」運動を始めた。これは国民会議派の指導者たちの協力を得たものの、その宣言が出された翌日にはほぼすべての指導者――ガーンディー、ネルーなど――が逮捕された。一九四二年の夏には三万人以上が植民地政府の留置場に政治犯として収監されていた。抵抗するナショナリストたちからは「功労者名簿」と呼ばれることになったそのリストには、私の拡大家族のメンバーも何人か含まれていた。コンコル伯父やその他のおじも何人か再び収監された。「インドを立ち去れ」運動が推進した「八月反乱」は、ベンガルではとりわけ大規模なものとなり、それに加わった人びとの英雄的行為を聞いて感動したのを覚えている。しかし、年末には――国民会議派の指導者は全員が刑務所に入っていたため――ほとんど指導者のいなくなった反乱は終わっていた。終わっていなかったのは、急速に変化する事態によって各地で湧き起こっていた論争で、私の家庭や学校でも同様だった。

一九四一年六月にドイツがソ連に侵攻すると、インド共産党も枢軸国にたいする戦争に勝つことを、インド独立の大義よりも優先するようになった。共産主義者はこの態度の急変をめぐってナショナリストからの猛攻撃にさらされ、一九四六年の地方選挙では散々な結果となった。この問題をめぐる議論は私の拡大家族の大人たちを分裂させた。活動的な共産党員だったロンカルおじは、共産党の立場の変更を説明するもっともらしい理由を挙げるべく最善を尽くしたが、拡大家族のほかの人びとは同党の寝返りにはまったく共感していなかった。それでも、親族のなかにはナチス・ドイツを打ち負かすことが、国民会議派が没頭している「ナショナリスト」的な問題よりも重要だと考える支持者は大勢いた。

そのため、国民会議派への批判もあった。自身も議会社会党にいたコンコル伯父ですら、私にこう語った。「私たちはインドとイギリスの外に世界があることを、忘れてはならないんだ」。だが、彼は共産主義者が「ソ連路線の追従に抵抗」できないことをはるかに批判していた。共産主義者は「インドを立ち去れ」運動には加わらず、多くの場合、それに反対していた。一部の人びとが「彼らのソ連の主人」と呼んだものに同党が同調する速度は、親族内の議論のなかで鋭い批判を浴びており、私はそうした議論に熱心に耳を傾けていた。

5

この時期に展開した興味深い特異な出来事は、スバス・チャンドラ・ボースをめぐるものだった（通常は指導者を意味する「ネタジ」の名で呼ばれていた）。ボースは国民会議派の重要人物で、インドの独立のために闘うよう人びとを鼓舞した。一九三八年には、国民会議派の議長に選出されていた。彼の急進的な政治見解と、妥協することなく政教分離を貫く姿勢は、私の拡大家族のあいだでは人気を集めていた。だが、インドの独立を勝ち取る手段として、武力行使をするかどうかについての彼の曖昧な態度に関しては、疑念の声もあった。親族のなかのガーンディーの信奉者（コンコル伯父など）は、その理由からボースには懸念を抱いていた。一九三九年に彼は国民会議派の指導部の役職を追われた。この追い出し処分は事実上、ガーンディーによるもので、何かしら秘密裏と思われる手段によって行なわれた。

ボースは排斥後まもなくして、植民地政府によってカルカッタで拘束され、のちに自宅軟禁となったが、一九四一年にそこから（甥のシシル・ボシュが大胆にも手を貸して）脱出した。彼はアフガニスタンに逃げ、最終的にはその年の四月にドイツにたどり着いた。彼はドイツの助けを借りてインド人部隊を挙兵し、独立のために戦おうとしていた。ボースには、一九三四年にドイツを訪れて以来の、エミーリエ・シェンクルという〔オーストリア人の〕恋人が現地にいた。ボースは彼女のもとになんとか戻ろうともしていた。二人のあいだには一九四二年に娘が生まれた。ドイツは、「自由インド《フリー・インディア》」ラジオ局の設立を手助けしてはくれたものの、ボースにはインドの独立を支持するドイツの関与は最小限でしかないと思われた。彼は再び活動の場を移し、最終的に一九四三年の初めにほとんどの行程を潜水艦に乗って、危険な船旅を続けた挙句に、どうにか日本にたどり着いた。

その後、事態は急速に動き始めた。ボース――つまりネタジ――は、日本軍の攻撃を受けてイギリス軍が撤退したあと、東南アジアで捕虜となっていたインド兵から、相当な規模の部隊を募った。インド国民軍（ＩＮＡ）もしくはアーザード・ヒンド・フォージと呼ばれたこの軍隊は、東南アジアにいた亡命インド人からも多くの新兵を得て、兵力を増した。ＩＮＡは日本軍と協力して戦い、インドの東端にあるインパールに到達した。そのころには戦況は変わりつつあった。ＩＮＡは日本軍と同様に、度重なる打撃を受け、退却を余儀なくされた。一九四五年、八月六日に広島に、九日には長崎に原子爆弾が投下されたのち、すべては終わった。その一週間ほどあとの八月一八日、連合軍が到着する前にボースは日本人の手を借りて日本を脱出することになったが、飛行機事故に遭って死亡した。死去するわずか三日前の一九四五年八月一五日（偶然にも、インドが独立するちょうど二年前）に彼は国民に向けた演説のなかで、自分のあらゆる活動の背後にあった目的を繰り返しこう語った。「インドを隷属させたままにできる権力は地球上のどこにもない。インドは自由になるのだ。それも近いうちに[1]」

ネタジの運動と活動のニュースがインドにいる私たちのもとまで伝わってくるにつれ、私の学校でも家族のなかでも彼のやっていることの効果と妥当性をめぐって多くの議論が交わされた。深く感動して興奮していた人びともいた。日本やドイツと協力することが、世界大戦の状況下で正しいことなのか疑問視する人もいた。そんな難題をどう考えればよいのか、ただ当惑している人もいた。ボースは実際には、ナチス・ドイツの崇拝者ではなかったし、軍国主義の日本を称賛していたわけですらなく、実際には一九三八年にハリプラで開催されたインド国民会議での議長演説のなかで、領土拡張主義を掲げて新たに台頭する日本を「好戦的で、攻撃的、かつ帝国主義的」であると述べていた。だが明らかに、イギリスのインド支配を終わらせるという圧倒的な目的のためには、ボースは日本と手を組む心づもりができていた。インドとの関係では、日本が過去に帝国主義を振りかざしたことはなかったからだ。

植民地政府はＩＮＡによる放送を禁止しており、その放送を聴くことは重大な犯罪と見なされるようになったが、私たちの多くはもちろん、ラジオをチューニングして禁止された放送を聴いていた。私たちはシャンティニケトンの、通常はショティシュ・クティルの学生寮の一室に集まり、すべての窓を閉めてから、ラジオをつけた。小さな音量だったが、はっきりと聞こえた。ＩＮＡの広報担当が語ることが完全に信じられないときでも、興奮させられるものがあった。ボースが踏んできた段階の政治的英知を強く疑う人ですら、彼やその信奉者がインドのためにやろうとしていることは、しかも非常に困難な世界のなかで身の危険を顧みない行動は、称賛せざるをえなかった。

イギリス領インドの支配者が捕虜にしたＩＮＡの士官を軍事裁判にかけると、インド国内に不満が広がった。これらの士官は、当時のインドでは愛国者と見なされていたためだ。私はＩＮＡの士官の釈放を支持するバッジを――学校内の大半の生徒と同様に――着けていたのを覚えている。しかし、この時点で、イギリス領インド帝国は崩壊し始めており、裁判を待っていた士官たちは最終的にイギリス人によって釈放された。

6

この当時の出来事で、イギリス領インドの将来を決めるうえで何よりも重要だったのは、老練な政治家であるムハンマド・アリー・ジンナー率いるムスリム連盟が結成されたことだろう。ムスリム連盟は、インド亜大陸におけるムスリムの利害関係を代表するものであると主張して、一九二〇年代に政治組織として誕生した。この組織は徐々に重要な政治勢力となり、国を分割して、ヒンドゥーにはインドを、ムスリムにはパキスタンを与えない限り、インドのムスリムの公平な待遇要求を満たすことはないという見解を推し進めた。この見解はもちろん、政教分離を強く主張していた私の拡大家族のなかでは、こころよく思われていなかった。しかし、より重要なことに、私の親族——とくにキティモホン・シェン（第8章で述べたように）——はヒンドゥーとムスリムの区別は、信仰という観点からは重要であっても、政治的な重要性はないと完全に確信していたのだ（それが政治的意義をもつとすれば、宗教上のアイデンティティが人為的に政治にもち込まれた場合においてのみである）。

だが、ジンナーはとてつもなく影響力をもち始めた。当初、事態はゆっくりと進んでいた。一九三七年の地方選挙でムスリム連盟は、ムスリムが多数派であるベンガルとパンジャーブの両州ですら、決して過半数を獲得することはなかった。ところが、一九三〇年代末から四〇年代にかけて、連盟の影響力は急激に増し、ジンナーがお膳立てをした一九四〇年のラホール決議によって、インドを宗教上の線で分割するための計画のようなものが加えられた。

インドの多くのムスリムにとって、この対立的な考え方はまったく受け入れられないものだった。インドの主要な政治アナリスト、ラフィーク・ザカリアが著書『インドを分割した男』〔*The Man Who Divided India*、未邦訳〕（二〇〇一年）で述べたように、ジンナーは自分の狭量な目的を達成するためだけに「悪質な二民族説」を提唱したのだ。[2] ヒンドゥーとムスリムは二つの別個の民族を形成しているという持論を彼は盛大に広め、「インドを分割し、ムスリムには別の祖国を与えなければならない」という彼の要求を正当化するためにその説を利用した。それが悪質な説だという評価は、当時インドの多くのムスリムが賛同したものだったが、二民族説を積極的に受け入れたがる人びとも、一九四〇年代には数を増していた。分割のわずか一年前に実施された一九四六年一月のベンガルの地方選挙では、ムスリム連盟が初めて全議席のうち、完全に過半数ではなかったものの説得力のある多数を勝ちとった。

一九四〇年にラホール決議が採択されたとき、私はまだ七歳になっていなかった。しかし、その転換点は私の学校時代に行なわれた議論でもきわめて重要なものとなった。それまでは充分に同化していると考えられていたベンガルで、ヒンドゥー‐ムスリム間の暴動が日常茶飯事となるにつれ、ラホール決議の扇動的な本質が私の周囲で渦巻く会話のなかでも色濃く現われるようになった。ジンナーは一九四六年に、国の分割を成し遂げるためにムスリムによる「直接行動」を要求して、自身の政治綱領を後押しした。カルカッタをはじめ、ベンガルの各地で、これまでに生じたどんな事態よりも大規模に、宗教集団《コミュナル》間の殺害事件がムスリムとヒンドゥーの双方で爆発的に増えた。政教分離の統治という政治的選択は、急速に狭まっていった。

だが、暴力沙汰と暴動を引き起こしたことでジンナーとムスリム連盟だけを責めるには、二つの重大な限界がある。一つには、国民会議派の指導者の圧倒的多数は、ネルーからアブル・カラーム・アザードまで、政教分離の政治を貫いていたが、分割以前のインドですらヒンドゥーの多数決主義を声高に、または暗に支持する多くの声があった。二民族説ですら、当初はジンナーによって宣言されたのではなく、一九三七年にヒンドゥー・マハーサバー党の議長演説でヴィナーヤク・ダーモーダル・サーヴァルカルが主張したものだ。サーヴァルカルはヒンドゥー中心の政治の積極的な提唱者だった。「ヒンドゥトヴァ」という言葉をつくりだしたのはサーヴァルカルだった。「ヒンドゥーであることの資質」と翻訳されるこのサンスクリットの言葉は、いまや大いに流布している。彼の思想は今日のインドでも、ヒンドゥー多数決主義の考え方に非常に影響力をもちつづけているが、政教分離で多宗教のインドではなく、「ヒンドゥー国家《ラシュトラ》」（およびヒンドゥーの政治的支配）を主張したのは、彼だけではない。ヒンドゥトヴァを主張する側で重要な人物は、マーダヴ・サダーシヴ・ゴルヴァルカルだった。ゴルヴァルカルはこの運動に欠かせない組織的な指導力だけでなく、かなり独特なヒンドゥー分離の理論を提供した。

二つ目は、国民会議派がムスリム支持者の忠誠をつなぎとめるために、ほとんど努力しなかったことだ。ラフィーク・ザカリアが指摘したように、「国民会議派の側ではジンナーのゲームを暴露するために何ら協調した合理的手法を取ることがなかった。それはヒンドゥーとムスリムを対立させることで、複合的な国の特徴を蝕む恐れのあるゲームだった」[3]。何世紀にもわたってムスリムとヒンドゥーが協力し合ってきた事実を、国民会議派の指導部があまりにもわずかにしか公表していないことに、キティモホンがいかにいらだっていたかを私は覚えている。指導部の関心は互いを消極的に許容する以上にはおよばないようだった。「私たちがともに築きあげたインドでは、互いに平和に暮らす以上のことが必要とされるんだ」と、キティモホンは私に繰り返し語った。

7

その後の研究のうち、とくにアイシャ・ジャラルによる研究から、ジンナー自身は実際には完全な分割にさほど熱心ではなかったことが明らかになっている。彼はヒンドゥーが多数派のインドとムスリムが多数派のパキスタンに、条件付きで、外交政策と国防は共有しつつ国を分けたかったのだ。実際に出現した結果とはかけ離れたものだ。分割問題に関するジンナーの曖昧な態度と彼が追求した政策の内政問題について、ジャラルは説得力のある解説をしてこう問うた。「パキスタンはどのようにして大半のムスリムの利害にこれほど適応しない結果になったのか？」[4]その疑問は時の経過とともに、パキスタンにおける軍の支配がますます明らかになるにつれて重要性を増した。ジンナーはさほど信心深い人ではなく（ウィスキーを飲む西洋化した紳士のような人柄だった）、実際、パキスタンが誕生する少し前に、その初代総督に就任した際に行なった演説では、宗教の自由とすべての国民の平等な権利を主張していた。だが、政治上の皮肉ゆえに、彼はイスラーム原理主義を求める声が急速に拡大した国体を生むのに手を貸したのである。新任のインド副王兼総督のマウントバッテン卿はネルーの同意を受けて、ジンナーに彼が実際望んだ以上のものを譲渡しようとしているようだった。

宗教的な過激思想も、宗教の名においてパキスタン軍が支配的になったのも、もちろん徐々に顕著になったことだ。しかし一九四〇年代の世界では、ムスリムとヒンドゥーの対立する政策が手に負えない状況となって大混乱と流血の事態を引き起こし、ヒンドゥー‐ムスリム間の暴動が、ベンガルをはじめ、国内各地で日常の出来事となった。最終的に、実際に分割が行なわれると、一〇〇万人近い人びとがコミュナル暴動で、あるいは組織的な殺害事件で殺され、何千人もの女性が強姦され、一五〇〇万人が家を立ち退かされた。人間がいかに「偏狭さの奴隷に［……］宗教的情熱の奴隷に、動物的本能と野蛮さの奴隷に」なりうるかを暴動は示したと、優れた作家のサアダート・ハサン・マントーが書いたとき、彼は私たちの挫折感をよく捉えていた。

8

インド分割に向けて扇動が勢いを増したとき、私の父はまだダッカ大学で教えていた。しかし、暴動と混乱で大学があるダッカの地区、ロムナでは授業をするのは難しくなっていた。分割の二年前、ただし授業や研究は何カ月も中断されたあと、ダッカの大学教師の多くが当地を離れることにした。

私の父とともに、そのグループには物理学者のサティェーンドラ・ボース〔ベンガル語ではショッテンドロ・ナト・ボシュ〕（ボース－アインシュタイン統計で知られる）、経済学者のオミヨ・クマル・ダシュグプト、文芸作家のブッドデブ・ボシュなど多くの教師が含まれていた。ダッカのワリにあった懐かしいわが家の戸締りをし、両親はカルカッタへ移住した。私はすでにシャンティニケトンにいて、そこは——カルカッタと同様に——分割されたインドの西ベンガル州の一部となった。ダッカは東パキスタンの首都となった。

ダッカを離れたのちも、私の父は自分の大学の政治動向に強く関心を抱きつづけた。父は、ヒンドゥーの地主たちに支配されたベンガルの国民会議の政治にうんざりしており、もっと人道的な代案を模索していた。大学の親しい友人の一人、フォズルル・ロホマンはムスリム連盟に加わっていたが、父と連絡を取りつづけていた。連盟のメンバーになってはいたものの、ロホマンは一九四五年から四六年にかけて、何かしら純粋な政教分離を成し遂げようと試みていた。アシュトシュはロホマンの地方選挙への出馬を好意的に見ており、所属する政党よりも、候補者の人としての本質と「資質」により多くの重点を置くべきだと主張していた。父とオミヨ・ダシュグプトは、関連する選択肢をめぐって幅広く手紙でやりとりをしていた。ダッカ大学選挙区の地方選挙でロホマンは、私の父やオミヨ・ダシュグプトを含む、多くのヒンドゥーの教授たちの支持を取りつけ、ムスリム連盟を代表して当選を果たした。

ロホマンは確かにまっとうな人物だったが、一九四六年から四七年の政治情勢のなかで、ムスリム連盟のメンバーに何らかの独立した政治路線を進む自由があるなどと考えたアシュトシュや、ロホマンに投票した同僚たちは、かなり世間知らずであったに違いない。アシュトシュは生涯にわたって楽観主義者でありつづけ、干渉されることなく自立して考え、動作主《エージェント》となる人間の能力を大いに信じていた。そして父のことをつねづね、政党や組織が果たす役割を過小評価していたと評していた私のおじたちは、おそらく正しかったのだろう(5)。

9

分割がますます避けられない事態に思われてくると、家族も完全にシャンティニケトンに引っ越してきて、私はそこの学校に通って勉強を続けた。しかし、父は収入を得なければならなかったので、両親はカルカッタに家を借りてそこに落ち着いた。

当初、アシュトシュは事業を始め、日用使いできる安価な磁器のカップや皿をつくろうと考えていた。彼はそのための資金を借りて新しい工場を建て、その事業に心血を注いだが、商売の才能があまりなかったのは間違いない。事業は成功したとは言えず、一年やそこらで父は給料をもらえる仕事を探し始めた。自分の事業では、父はカルカッタの労働者たちが工場長によって受けていた、手荒な、ときとして冷酷な扱いにかなり驚愕したと私に語っていた(こうした事態はのちにカルカッタに根づいた労働組合の闘いによって対処され——実際には対処されたどころではなかったが——そのことが一九七〇年代以降の共産党の闘争のための強固な足場となった)。アシュトシュは自分の工場では何一つ事態を変えられなかったが、彼「自身の」工場で生じているのを見たものを甘受することもできなかった。父は工場を倫理的にもう少しまともな状況にしたいと強く願っていた。

最終的に、アシュトシュは給料をもらえる職を得た、もしくは、より正確に言えば、デリーの中央政府からの仕事が得られるという約束を取りつけた。その条件として、政府のために少なくとも五年は働くことを確約する代わりに、農業関連のプロジェクト管理についてアメリカで訓練を受けることになった(化学における彼自身の専門は土壌化学だった)。そこで、ほかにも五人の同僚とともに、彼は半年ほどアメリカで訓練を受けるために出発し、有名なテネシー峡谷開発公社などの機関を訪ねた。だが、私の父たちがアメリカで訓練を受けているあいだに、政府はこのプログラムに関する考えを変えてしまった。訓練生たちは帰国すると、五年間の仕事は取り消しになり、同プログラムではもう誰も雇用しないのだと――実際には存在しなくなるのだと――告げられた。インドの経済計画の不確かさが如実に現われ始めていた。

一方、アシュトシュはアメリカから、大型だが値段は安いシボレー車と、家庭用8ミリカメラと映写機（これは使用中にわずかな電気ショックをよく与える代物だった）、それに新たに市販されだしたボールペンをもち帰っていた。これらはいずれも私たち残りの家族にとってはとくに、かなり楽しめるものだったが、父はまだ職探しをしていた。幸い、彼はまもなくデリーの地方行政当局から土地開発監督官という仰々しい肩書きの、興味深い任務に就くことになった。戸外での仕事は彼に非常に適してもいて、この新任の監督官はデリー近郊をトラクターや掘削・整地用の機材の軍団とともに、環境保全に留意しつつ、よい住宅地と効率のよい耕作地を実現させる目的を掲げながら、意気揚々と訪ねて回るようになった。

デリーを訪ねるときは、父とともに郊外を回るのが楽しみだったが、私はとくにデリーの行政当局から貸与された、ニューデリー北部のダリヤーガンジの反対側にあるアリポール・ロードの素敵な家で過ごすのを楽しんだ。私は休暇を、その歴史的な「尾根」の片側で過ごすのが大好きだった。そこは一八五七年のインド大反乱の最後の戦場となったところで、反対側にはデリー大学があった。私は丘を越えてかなり頻繁にキャンパス内に入り込んでいた。一〇年以上のちに、私が実際に教えることになった大学である。少年時代に訪れたときは、私の野心はせいぜいキャンパスを歩き回り、一日券を使って図書館を探索し、そこのコーヒーハウスでアイスコーヒーを飲む程度だった。夏休みには通常、外の気温が華氏一一五度（摂氏四六度）にもなるので、尾根を上り下りしながらの私の遠出は厳しい体験となった。

10

イギリス人は最終的にインドから慌ただしく去っていった。国の分割はおそらく、それ以前も以後もいかなる国でも経験したことがないほど短期間に決断されたものだっただろう。サー・クリル・ラドクリフは一九四七年六月末に任務に就き、八月なかばには終えるという、二カ月に満たない猶予だけ与えられて、有名なラドクリフ線を引いて、この国を二つに分けた。彼はもちろん、おもにイギリス領インドのさまざまな地域にいるムスリムと非ムスリムの比率を基準としていたのだが、多くの例外を見いだすことになった。その一部は理解できるものだったが（地理的に実現可能かどうかなど）、それ以外のものは理解しがたい、独断的なものだった。ラドクリフは夜遅くまで線を引く作業をしていたため、居眠りをしたのかもしれないという噂に、私は同情していた。彼はやってきたときと同じくらいそそくさと帰国し、自分が分割したばかりの土地には愛着を見せなかった。

だが、この話には後日談がある。何年ものちの一九七三年に、ロンドン・スクール・オヴ・エコノミクスで教えていたとき、私はウォリック大学に招かれて、サー・クリルにちなんで付けられた「ラドクリフ講義」と呼ばれる、ややわざとらしい経済問題の連続講義をすることになった。私は経済的不平等の問題について話をした。[6] ラドクリフ卿（そのころにはそう呼ばれていた）はもちろん、インドの歴史においては重要な人物であり、キャンパスのかなり近くに住んでいたので、私は彼に会いに行くことは可能か大学に問い合わせてみた。初めは、旅行中のインド人と話をすることはとくに好まないと言ってきたが、私が旅行中ではなくロンドン在住なのだと伝えられると、長居さえしなければ、お茶くらいは喜んで一緒にしようと彼は講義の主催者たちに連絡してきた。私は（彼に会いたかったため）その回答でも充分に嬉しかったので、お茶に呼ばれることにした。だが、ウォリック大学の副総長の部屋をあとにしようと準備をしているとき、サー・クリルはたったいま気が変わり、その午後はまったくお茶をする気にはならないのだと伝えてきた。

それによって、私は主催者であるウォリック大学の第一副総長のジョン・ブラックストック・バターワースと少しばかり長く話をすることになった。「陽気《ジョリー》なジャック」とよく呼ばれる魅力的な学者で、彼とはじつに気持ちのよい会話を楽しんだ。バターワース副総長は、ラドクリフ卿とのお茶がふいになったことに触れ、「昔のインド通」の突拍子もなさを大いに楽しませてもらったと告白した。「つねづね疑問に思っていたんですよ」と、彼は私に言った。「あの人物が実際どうやって帝国を動かすことができたのかとね」

第10章　イギリスとインド

1

イギリス領インド帝国は実質的には一七五七年六月二三日に、プラッシーの戦いで成立した。この戦いは夜明けに始まり、日没には終わる短いものだった。その日はモンスーンの季節のよくある一日で、プラッシーの町のマンゴーの果樹園にはときおり雨が降っていた。プラッシーは、イギリス人が本拠地としていたカルカッタと、ベンガル王国の首都ムルシダバッドのあいだにある。イギリス軍がベンガル太守《ナワブ》シラジ・ウッドウラの軍と対峙し、圧勝したのは、この地のマンゴーの果樹園だった。

それから二〇〇年近くのちに、学校に通う日々も終わりに近づいていたころ、私たちのあいだで話題になったことの一つは、イギリス軍がそれほど容易に勝てた理由だった。ヨーロッパでもよく知られた豊かな地域の王国であったベンガルの太守に、イギリス軍はなぜそれほど楽勝できたのか。イギリス軍のほうが、兵員数では圧倒的に劣っていたが、火力でははるかに勝り、軍隊の規律も厳しかった。そのような一般的な軍事上の理由も間違いなく重要ではあったが、シラジ軍が分裂気味であったことが果たした役割をめぐる問題もあった。

この戦い後に続いたイギリスによるインド亜大陸支配の時代には、インドのヒンドゥー＝ムスリム間の共存不能とされた敵対関係から多くの成果が得られていた（イギリスはこれらの宗教集団を分けておくために駐留していたのだと言われる）。そして、両者間の不和がシラジを滅ぼすうえで一役買ったという理論が展開された。だが、これはまったく正しくない。ベンガルのヒンドゥーとムスリムのあいだには、目立った敵対関係は存在しなかった。ムスリムが征服した当初〔一三世紀のパシュトゥーン人による征服〕は不均衡が見られたものの、ヒンドゥーとムスリムの公平な待遇がベンガルにおけるムスリム支配の特徴であり、ムルシダバッドのシラジ政権もそこから逸脱してはいなかった。彼はヒンドゥーであるミル・モドンを宮廷の最高位の一つに就けていたし、モドンは最後の最後まで、シラジに忠実な唯一の将軍でありつづけ、プラッシーでイギリス軍と戦って戦死した。シラジの首座の大臣であったモホン・ラルもやはりヒンドゥーだった。シラジの軍には三師団あり、彼に反目する三人の陰謀家によって率いられていた。ミル・ジャファル（シラジのおじ〔実際には大叔父〕）とヤル・ロティフ・カンという二人のムスリムと、ヒンドゥーのラエ・ドゥルロブである。

ロバート・クライヴ〔イギリス軍を率いた少将〕がまだ和平を模索するふりをしながらプラッシーへと行軍していたとき（この欺きはもちろん、彼の戦術の一部だった）、彼はシラジに書簡を送り、シラジ軍内部の不和を、若い太守が信頼する人びとの前で仲裁してはどうかと提案した。すなわち、クライヴによれば、「ジョゴト・シェト、ラジャ・モホン・ラル、ミル・ジャファル、ラエ・ドゥルロブ、ミル・モドン、および貴殿のその他の有能な人びと(1)」である。これはクライヴがベンガルのムスリム王の側近と見ていた人びとの、ムスリム一名、ヒンドゥー四名からなるリストである。

ムルシダバッドでクライヴが醸成させることに成功した分断と陰謀は、宗教上のものとはまるで異なる線にもとづくものだった。それらは主として、権力と利益を追求することで引き起こされたものだった。ベンガルでムガル帝国の権力が衰退するにつれて、地元の金持ちの地主階級とベンガルにいるヨーロッパ商人の双方の活動において、裏表のある取引が日常的に行なわれるようになった。これにはイギリスとインドの貿易商や金融業者だけでなく、フランス人も含まれていた。それどころか、フランス人はシラジと協力関係を結んだままであり、プラッシーまで定期的に支援を約束していた。だが、シラジがそれを最も必要としたときには、何ら助けを出さなかった。反逆の中心にいた人物は、シラジのおじのミル・ジャファルで、太守位に就きたいと強く願い、クライヴによって大いに後押しもされていた。ミル・ジャファルの役割は戦闘においてきわめて重要なものだった。戦いの真っ只中に、太守側で彼が指揮していた師団が突如として戦線を離れたのだ。ただ戦うのをやめてしまっただけだが、それはクライヴとの合意によるものだったようだ。

勝利の夜、クライヴは主たる陰謀家のミル・ジャファルから祝い状を受け取った。「意図が達成されたお祝いを申しあげる」。クライヴはそこでシラジの処刑に取りかかったが、シラジは最後まで勇敢で毅然としていた。ミル・ジャファルはイギリスの主人の言いなりになる名目上の太守の座に就いた。インド帝国はこうして、宗教上の分断ではなく、綿密に計算された陰謀によって導かれた出来事から始まったのであり、それは裏切り行為に見返りを与えたものだった。プラッシーがクリケットの試合だったとすれば、主将のクライヴはその後何年にもわたって出場禁止を食らっただろう。

イギリスの支配は二〇〇年近く続いたのち、ジャワハルラール・ネルーが一九四七年八月一四日の真夜中に行なったインドの「運命との密会」についての有名な演説とともに幕を下ろした。ユニオン・ジャックがインド亜大陸中で降ろされるなかで、かつての植民地支配に関する不満には事欠かず、夜更かしをしてネルーの演説を聴くまでもなく、人びとはイギリスの支配が終わることとの嬉しい重大性を理解することができた。イギリス陸軍のお気に入りの調べが「撤収の合図《ビーティング・リトリート》」(一日の任務の終わりを知らせる太鼓の意味で、毎年の衛兵の軍事儀式の名称〕であるのが、多くのインド人にとって痛快だったことはよく知られている。しかし、一九四四年にこの忘れがたい曲を私が初めて聞いたときには、イギリスがインドから撤収する兆しはほとんどなかった。その三年後に独立がやや唐突に訪れ、著名な歴史学者のニーアル・ファーガソンが『大英帝国の歴史』――イギリスの帝国主義の慎重ながら熱意ある歴史書――で述べた「例外なく、史上最大の帝国」[2]が終わったとき、インドでは若干の驚きの声と多くの歓声が上がった。

2

二〇〇〇年は長い歳月だ。イギリスはインドで何を成し遂げ、何をし損ねたのだろうか？　話し好き揃いのシャンティニケトンの暮らしのなかでは、こうした疑問は私たちの議論のなかで年中もちあがっていた。今日でも、こうした疑問は重要でありつづける。グローバル統治の成功に関する議論で、イギリス帝国がしばしば取りあげられることを考えれば、なおさらだ。この問題はまた（やはりニーアル・ファーガソンによって）今日の世界の卓越した大国としての役割をアメリカに認めさせようと試みるなかでも、次のように言及されてきた。「アメリカは受け継いできた帝国の重荷を振り払う努力をすべき――それとも担うべき――なのか？」これは確かに興味深い疑問で、イギリス帝国の興亡を――および何によってそれを成し遂げたかを――理解せずには、その答えは出ないとファーガソンが論じたのは正しい。

こうした諸々のことをシャンティニケトンで議論しながら、私たちは方法論的な難題に悩まされていた。イギリスに支配されなかったら、一九四〇年代にインドがどうなっていたかなど、どうすれば私たちは考えられただろうか？　一七五七年のインド（イギリスの支配が始まったとき）を一九四七年のインド（イギリスが撤退しようとしていたとき）と比較する誘惑もしばしば見られたが、そこからはまず何も見えてこないだろう。イギリスがインドを支配しなくても、当然ながら、プラッシーの戦い当時と同じ状況がインドで続いたはずはないからだ。イギリスに征服されなかったとして、この国でそのままの状況が続いたはずはないだろう。しかし、イギリスの支配によってどんな違いが生じたかという疑問に、どう答えればよいのだろうか？

そのような「歴史改変」〔歴史上の「もし」を考える試み〕が妥当かどうかを明らかにするために、別の事例を検討してみよう。帝国主義によって征服されそうになりながら、実際にはそのような事態にならなかった事例だ。一八五三年に日本の江戸湾〔東京湾〕へ、四隻の軍艦で来航したアメリカ海軍のマシュー・ペリー准将について考えてみよう。ここで、ペリーがただアメリカの国力を見せつけただけでなく（実際にはそうだったが）、アメリカによる日本征服の前衛部隊で、クライヴがインドでやったように、日出る国に新たなアメリカ帝国を代わりに築こうとしていたという可能性を考えるのだ。想定上のアメリカの日本支配の成果を、一八五三年にその植民地化が生じる以前の日本と、アメリカによる支配が、いつであれ終わった時点の日本を比較するという単純な手法で評価し、その違いをすべて帝国による効果だとすれば、一八六八年以降から明治維新が果たしたいずれの貢献も見逃すことになるし、当時生じていたその他のグローバル化による変化も見落としてしまうだろう。日本は立ち止まってはいなかったのだ。そしてインドもまた立ち止まってはいなかっただろう。

明治政府の日本で実際に何が起こったかは知ることができるが、イギリスに征服されなければ、インド亜大陸の歴史がどんな歩みを遂げたかを、確信をもって推測するのはきわめて難しい。インドは日本のように、ますますグローバル化する世界のなかで近代化に向けて進んだのか、それともアフガニスタンのように変化に抵抗しつづけたのか、あるいはタイのようにゆっくりながら進んだのか。これらはとうてい答えられないほど難しい質問だ。それでも、実際に別の歴史的シナリオがなくても、答えの出せる質問は限定的だがいくつかある。インドにおけるイギリスの支配が果たした役割を合理的に理解するうえで、役立つ可能性のあるものだ。すなわちこう問うことができる。イギリスに征服された時点でインドが直面した難題は何であり、イギリスに支配された時代にそれらの重要な地域で何が起きていたのか。かなり混沌としていて、制度的に遅れたインドでは、大々的な改革を起こす必要は間違いなくあったのだ。

3

一八世紀なかばのインドに改革の必要性があったことを認めるために、インドの超国粋主義者の多くが心配するように、インドの過去における偉大な功績を無視する必要があるわけではない。哲学、数学、文学、芸術、建築、音楽、医学、言語学、天文学に功績を残した驚異的な歴史である。インドはまた植民地時代よりはるか昔から、盛んな交易と商業によって繁栄した経済を築くうえでもかなりの成功を遂げていた。インドの経済的な富はアダム・スミスなどのイギリスの評者にも（第2章で述べたように）充分に認められていた。ところが、それだけの功績があるにもかかわらず、一八世紀なかばのインドは、ヨーロッパで達成されたより多くの面で大幅に立ち遅れていたという事実がある。この後進性が正確にはどんな性質で、どんな意義があるのかが、シャンティニケトン・スクールの夕べではよく活発な討論のテーマとなっていた。

この問題について考えるにあたって、カール・マルクスが一八五三年に『ニューヨーク・デイリー・トリビューン』紙で発表したインドに関する洞察力に富むエッセイが、私たちの一部の者の関心を引きつけていた。マルクスは、インドには抜本的な再検討と自己検証の必要性があったという理由から、インドにおけるイギリスの支配には建設的な役割があったと指摘した。そして、イギリスは実際、一九世紀を通じてとくに、インドにとって西洋との主要な接点の役目を果たしていた。この影響の重要性は無視しがたい。インドでゆっくりと生まれつつあった土着のグローバル化した文化は、イギリスの著作物だけでなく、その他の——つまり英語以外の——ヨーロッパの言語で書かれた書物や論文にも深く恩義を受けたもので、それらはイギリス人を通じてインドで知られるようになった。たとえば、クリストファー・ベイリが指摘した次の重要な例（彼の包括的な著作『近代世界の誕生——グローバルな連関と比較 1780-1914』のなかで）を考えてみよう。一七七二年生まれのカルカッタの哲学者、ラム・モホン・ラエは、「二〇年間にムガル国末期の知識人の地位から、インド初のリベラルという立場へ驚くべき躍進を遂げた［……。彼は］ヨーロッパでガリバルディやサン＝シモンが同時期に展開していたテーマを独自に切り開いたのだ」[3]。ラエの独創性を理解するには、彼の多岐にわたる検証が、サンスクリット、アラビア語、ペルシャ語の伝統的文献に関する知識だけでなく、東インド会社の後ろ盾のもとにカルカッタで広まっていた英語の著作物にインドの知識人が慣れ親しむようになった事実にも強く影響を受けていたことを認識する必要がある。

ラム・モホン・ラエはそのような大勢の急進的な知識人の一人に過ぎない。彼のあとにも、ベンガルだけでもほかにイッショル・チョンドロ・ビッダシャゴルやマイケル・モドゥシュドン・ドット、何代かのタゴール家の人びとと彼らの信奉者らが、自分たちの受け継いだインドを、一八世紀、一九世紀のヨーロッパで生じていることの情報と照らし合わせて再検討していた。彼らの主たる——通常は唯一の——情報源は、イギリスの支配のおかげでインドで流通している書物（大半は英語の）だった。その知的影響は、ヨーロッパの幅広い文化を網羅したもので、イギリスの軍事力、政治力、経済力が大幅に衰退するなかでも、今日も色濃く残っている。インドには何らかの抜本的な改革が必要だというマルクスの分析は基本的に正しかったと、私は納得させられた。ルネサンスや産業革命が（残念ながら植民地主義とともに）世界各地で知的、経済的なグローバル化を進めたが、インドの古い体制はその一部とならなかった結果、崩れつつあったからだ。

しかし、マルクスの主張にはまず間違いなく重大な欠陥もあった。イギリスの征服が、インドにとって近代の世界に開いていた唯一の窓だと彼が暗に推測したことはとりわけ間違っている。当時、インドが必要としていたのは、もっと建設的なグローバル化で、それは帝国主義と同じものではない。この区別は重要だ。インドは長い歴史を通じて、外の世界と思想やアイデアを物資とともに交換することをつねづね享受してきた。交易商人や移住者、学者は、インドとはるか東方――中国、インドネシア、マレーシア、カンボジア、ベトナム、タイなど――のあいだで、二〇〇〇年以上前から、何百年ものあいだ行き来をしていた。この移動のおよぼした広範な影響は、なかでも言語、文学、建築面で今日でも多数見いだせる。逃亡者および外国からの移住者を迎え入れる、古代からのインドの国境を閉ざさない姿勢によっても、世界各地からの多大な影響を受けてきた。

インドへのユダヤ人移民は一世紀にエルサレムが陥落した直後に始まり、何百年間と続いた。非常に成功したサスーン家のように、バクダードなど中東からのユダヤ人が大量に移住してきたのは、一八世紀という近代のことだった。キリスト教徒は少なくとも四世紀から、ひょっとするともっと早くからやってき始めた。これに関しては興味深い伝説があり、その一つはイエスの使徒である聖トマスが一世紀にインドへきたあと最初に会ったのが、マラバル海岸で笛を吹いていたユダヤ人少女だったというものだ。シャンティニケトンでの議論のなかでは、インドの伝統の多文化的なルーツがそこに描かれているため、私たちはその刺激的な――そしてどう考えても疑わしい――小話が大いに気に入っていた。

パールシー〔ゾロアスター教徒〕は、故郷のイランで迫害が始まってすぐに、八世紀初めからインドにやってくるようになった。八世紀後半には、アルメニア人がケーララからベンガルまで、インド各地に足跡を残し始めた。ムスリムのアラブの交易商はそのころからインドの西海岸でかなりの存在感を示すようになった。これは何世紀ものちに、インド亜大陸の北西部にある乾燥地帯を抜けてムスリムの征服者が到来するはるか以前のことだ。イランから迫害されたバハイ教徒がきたのは、一九世紀になってからのことである。

ガンジス川河口の、東インド会社が一八世紀にインドの征服に乗りだした場所の近くで、二〇〇〇年近くさかのぼって長年続いてきた交易関係についてはすでに述べたとおりだ。プラッシーの戦いのころには、すでにそこにはヨーロッパのさまざまな国から実業家や貿易商人、その他の専門職の人びとが定住していた。したがって、帝国の支配下に置かれることは、外国との関係をつくる、あるいはそこから物事を学ぶ唯一の方法ではないのである。一八六八年に明治維新によって新しい改革派の政府が日本で樹立されたとき（これはその一〇年前にペリー准将が力を誇示したことが内政におよぼした影響と無縁ではなかった）、日本は帝国主義に屈することなく西洋からすぐさま学びだした。日本はアメリカやヨーロッパに留学生を派遣して学ばせ、明らかに西洋での体験に感化された制度的な改革を実行した。日本人は帝国主義によって強制的にグローバル化されるのを待ちはしなかったのである。

4

独立当時、インドにおけるイギリス支配をめぐる議論でこうした諸々のことを検討しながら、私たちはシャンティニケトン・スクールが非常に力を入れていた世界史の資料を活用しようと試み、昼夜を問わず学校の開架式図書館をあちこちうろつき回った。私たちの結論としては、イギリスはおそらくインドが大いに必要としていた活力を与えたが、覚醒させるのはほかの方法でもよかっただろう、というものだった。

しかし、私たちにはイギリスの支配に代わるものとして、ほかに支持できる確固たる根拠がなかった。イギリスの行政官たちからもたらされた改革はそれに比べて、見事なまでに具体的だった。イギリスは確かにインドにとって傑出した西洋の窓口となったのであり、それは間違いなくイギリス帝国と密接に結びついたものだった。このことを認識するのは、インドがもしイギリスの配下に下らなければ取りえただろう別の道を何ら無視するものではない。それは重要ながら、まるで別個の疑問だ。しかし、実際に生じたこと——実際に起こった変化の過程——には明らかに特別に関心を向ける必要がある。

その問うべき一連の疑問に何が見いだせるのか？　イギリス帝国の理論家が得てして多分に強調した功績の一つは、統一したインドを形成するうえでイギリスが果たした役割だった。この分析では、イギリスの支配がさまざまな政権を一つの国にまとめるまでは、インドはばらばらの王国の寄せ集めであって、それ以前のインドは、一つの国ではまったくなく、完全に分割された陸塊だったと主張された。その主張によれば、イギリス帝国がインドを一つの国にまとめあげたのだった。ウィンストン・チャーチルは、イギリスがくるまでは、インドという国はなかったとすら言ってのけた。「インドは地理的用語なのだ。そこは赤道と同じくらい、統一した国ではない」

これが真実だとすれば、イギリス領インド帝国は統一を達成するという役割を通じて、明らかにインドの近代化に間接的に貢献したことになる。明治時代の日本で実践されたような改革は、まったく統一性のない国内では達成するのは困難だっただろう。だが、植民地政府が統一したインドを誕生させるうえで大きな役割を果たしたというこの壮大な主張は正しいのだろうか？　確かに、一七五七年にクライヴの東インド会社がベンガル太守を打ち負かしたとき、インド全土を支配する一つの権力は存在しなかった。それでも、イギリスがインドに統一した一つの政権を樹立させたというほぼ正しい話から（実際にそうだった）、イギリスだけがまったくばらばらの国家群から統一したインドを誕生させることができたという壮大な主張にいたるまでは、途方もない飛躍がある。

インドの歴史をそのように見る方法は、何千年にもわたってインドの特徴でありつづけた広大な陸《ドメスティック・エンパイア》の帝国という現実とはまったく相容れない。紀元前三世紀からの（マウリヤ朝のチャンドラグプタをはじめとする）野心的で活動的な皇帝たちは、占領した地域の大半がみずからの支配下で統一されて一つの国になるまで、政権が樹立されたとは見なさなかった。これに関しては、マウリヤ朝のアショーカ、グプタ朝の皇帝、ハルジー朝のアラー・ウッディーン・ハルジー、ムガル人などが果たした主要な役割があった。インドの歴史は広大な陸の帝国と、ばらばらの王国群が交互に入れ替わってきたことを示している。したがって、クライヴの時代である一八世紀なかばのインドの分裂した支配体制が、歴史を通じてこの亜大陸が通常ありつづけた状態であり、そこへイギリスがやってきて国を統一してくれたのだと思い込む間違いを犯すべきではない。

歴史の教科書では、イギリス人はインドにおいてムガル人に代わる後継者だったとよく見なされているが、実際にはムガル帝国が一目置くべき勢力であった時代にイギリスがムガルと対峙したわけではないことに留意するのは重要だ。イギリスの支配はムガルの権力が衰退したときに始まったのだ。公式には、イギリスが敗北させたベンガル太守ですらまだムガルの臣下だった。太守はムガル皇帝の命令にあまり注意を払っていなかったが、まだ忠誠は誓っていた。インドにたいするムガル皇帝の地位は、強大な帝国そのものは失われていても、まだ広く認識されていたのである。

いわゆる「セポイの反乱」が一八五七年にイギリス領インドの基盤を揺るがしていたとき、共同の反乱に加わったさまざまな反英勢力は、ムガル皇帝をインドの正統な支配者として受け入れる共通認識によって統制を保つことができた。実際には皇帝は、反乱軍を率いることに乗り気でなかったが、だからといって反乱軍は彼をインド皇帝と宣言するのをはばかりはしなかった。八二歳のムガルの君主は、ザファルの名で知られたバハードゥル・シャー二世で、戦争をしたりインドを統治したりすることよりも、読書や詩作にはるかに関心があった。反乱が力づくで鎮圧され、デリー市がおおむね破壊されるなかで、イギリス軍によって殺された一四〇〇人の非武装のデリーの民間人を救うために彼にできることはほとんどなかった。詩人の皇帝はビルマに追放され、そこで数年後に死去した。

私は一九三〇年代にビルマで育ったので、両親に連れられてラングーンの有名なシュエダゴン・パゴダの近くにある、ザファルの墓を見に行ったことがあった。墓は何の変哲もない石の板にトタンで覆いをしただけのものしか許可されていなかった。インドとビルマを支配したイギリス人は、最後のムガル皇帝の亡骸が感情に訴える力を明らかに恐れたに違いないと父と話をしたのを、私は覚えている。墓にはただ、「バハードゥル・シャーはデリーの元王だった」と記されているのみで、「帝国」を記念する言及は何もなかった！　ずっとのちの一九九〇年代になって、ザファルは最後のムガル皇帝の墓として、見苦しくないものに近い形でたたえられるようになった。

5

イギリス領インドにならなかった場合に、ムガル皇帝の後継者となった可能性が最も高かったのは、ボンベイの近くで台頭してきたヒンドゥーのマラーター勢力だっただろう。マラーターは定期的にムガルの首都デリーを占拠しては略奪し、インド各地にまで権力を行使した。一七四二年にはすでに、一六〇〇キロ以上の距離を軽々走破するマラーター騎兵の急襲を遅らせるために、東インド会社がカルカッタの端に巨大な「マラーター堀《ディッチ》」を構築していた。しかしマラーター勢力はまだ、全インド帝国の計画のようなものを立てるにはほど遠かった。

一方、イギリスはインド亜大陸の大部分で主要勢力になるまで満足せず、この点に関しては、統一したインドという新しい構想を海外からもち込んだというよりは、以前の陸の帝国の後継者として行動していた。イギリスの支配は、プラッシーの戦い後、ほぼ間を置くことなく、カルカッタにあった帝国の拠点から、国の残りの地域にまで広がった。東インド会社の権勢はインド全土におよび、カルカッタは新興の帝国の首都となった。カルカッタはその地位を一八世紀なかばから一九一一年まで占め（この年にデリーに遷都）、この都市からインドのほかの地域の征服が計画され、指揮された。ベンガルにおける経済活動から東インド会社が得た利益は、イギリスが帝国を拡大した時期にインド各地で繰り広げられた戦争の費用を大幅に賄った。

「ベンガルの財政面の出血」と広く呼ばれたものは、プラッシーの戦いの直後に始まった。太守たちを支配下に置いた東インド会社は、領地からの収入だけでなく、ベンガルの豊かな経済で無関税貿易ができた独自の特権からも大いに潤った。東インド会社が地元の商人から定期的に取り立てていたいわゆる「ギフト」を加えなくても、充分な儲けがあったのである。イギリス帝国の栄光に鼓舞されることを望む人は、「東インド諸島で人びとを抑圧し暴威を振るう重商主義の会社」(4)による国家権力の乱用に関する議論を含め、アダム・スミスの『国富論』は読まないほうがいいだろう。歴史学者のウィリアム・ダリンプルは次のように述べた。

経済指標はおのずから語る。一六〇〇年に東インド会社が設立されたとき、イギリスは世界のG

DP〔国内総生産〕の一・八パーセントを生みだし、かたやインドは二二・五パーセントを生産していた。イギリス領インドの最盛期には、これらの数字はおおむね逆転していた。インドは世界の主要な製造業の国から、飢饉と貧困のシンボルに転落したのだ。[5]

財政を出血させて得た不正利益の大半は、ベンガル在住の東インド会社のイギリス人職員の懐に入ったが、イギリス本国の政治・経済の幹部たちも幅広くそれに関与していた。ロンドンの下院議員の四分の一近くは、プラッシーの戦いのあと東インド会社の株を保有していた。イギリス領インド帝国からの商業利益は、こうしてイギリスの上層部にまで届いていたのだ。略奪者－支配者の統合体だったものは、法と秩序、および合理的な統治がいくらか必要であることが認識されると、最終的に典型的な植民地主義となるものへ変わっていった。しかし、初期の時代の東インド会社による国家権力の乱用は、ベンガルの経済を多大なストレスにさらした。地図製作者のジョン・ソーントンによる一七〇三年作成の有名な地図に「ベンガルの豊かな王国」と記された地方は、一七六九年から七〇年には大飢饉に見舞われた。当時の推計からは、ベンガルの人口の三分の一ほどが餓死したことが示唆された。これはほぼ間違いなく多めに見積もられた数値で、私たちはシャンティニケトンでかなりの時間を使って、実際の数字はどの程度の高さだったかを割りだそうと試みた。しかし、それが大惨事だったことは疑いがなく、じつに長期にわたって飢饉とは無縁だった地域で、大勢が飢え、死亡していた。

この惨事は少なくとも二つの点で重大な影響をおよぼした。一つは、インドでイギリスが初期に行なった支配の不衡平が、イギリス本国でかなりの政治的批判の的となったことだった。東インド会社は「その領土を統治するにはまるで不向きだ[6]」と、アダム・スミスが『国富論』で厳しく断じたころには、同様の批判の声をあげるイギリス人は大勢いた。最も強い非難の声は、エドマンド・バークが一七八九年に議会でウォレン・ヘイスティングスを弾劾したことでよく知られるものだ。ヘイスティングスにたいするバークの非難は、雄弁かつ力強いものだったが、ヘイスティングスの個人的な背信行為だとする彼の見解はまるでお門違いだった。ヘイスティングスは、クライヴをはじめとする東インド会社の以前の責任者たちとは異なり、イギリスによるインドの広範囲にわたる略奪を食い止めようとしたのであり、しかもそれにかなり成功していたからだ。バークは――かなり奇妙なことだが――クライヴを大いに称賛していた。とはいえ、東インド会社によるインド支配の卑劣さにたいするバークの総合的な判断は間違っていなかった。二つ目は、ベンガルの経済的な衰退が結局のところ東インド会社の事業も台無しにしたために、イギリスの投資家たち自身が痛手を負い、ロンドンにいる権力者にインドでの事業をもっと正規の国営事業に変えるべき理由を与えたことだった。バークがヘイスティングスを非難したころには、インドにおけるイギリス支配が始まった、いわゆる「プラッシー後の略奪」の時代は、一種の植民地支配へと変わりつつあり、それがやがて帝国の規範となって、インド亜大陸ではその後の一世紀半にわたってそれがどんどん見慣れた光景となったのである。

6

一八世紀末から一九四七年の独立までの、イギリス領インドにおけるこの古典的帝国主義の長い時代はどの程度、成功していたのだろうか？　イギリスは民主主義、法の支配、鉄道、株式会社、クリケットなどを含め、多大な功績があったと主張するが、理論と実践のあいだの格差は、クリケットを例外として、両国間の植民地時代の歴史を通じて大きく開いたままとなった(7)。独立前の年月の評価をまとめてみると、言葉の上の達成に比べて、現実の業績がいかに少ないものだったかは容易に見てとれる。

実際には、ラドヤード・キプリングが帝国主義について書いた有名な詩のなかで、イギリスの帝国行政官の自画自賛的な雰囲気を見事に捉えていた。

白人の重荷を背負え、
平時の野蛮な戦争を、
飢餓の口を満して、
病に命じろ、終われと。(8)

残念ながら、飢饉を終わらせることも、不健康を改善することも、イギリスの支配下のインドで成し遂げられた優れた業績の一環ではなかった。植民地支配が終わったとき、インドの出生時平均余命がとてつもなく短く、せいぜい三二歳であった事実から、何事も私たちの目をそらせることはできない。

基礎教育を無視する植民地支配の節制ぶりは、隷属国が必要とするものを、主要な行政官がどう見ていたかを反映する。支配者と被支配者の関係は、まるで不釣り合いだったのだ。イギリス政府は一九世紀になると、イギリス本国では識字能力を国民全般に普及させるべくますます決意を固めていた。一方、植民地時代のインドの識字率はきわめて低かった。イギリス領インド帝国の終焉時に、インドの成人の識字率は一五パーセント未満だった。インドで比較的高い識字率であった地域はトラヴァンコールとコーチンの「藩王国」（公式にはイギリス帝国の支配下ではなかった）で、独立以降、ケーララ州の大半を構成するようになったところだった。これらの藩王国は外交政策と防衛面ではイギリスの行政に依存していたが、厳密にはインド帝国外にありつづけ、内政面ではかなりの自由があったため、より多くの学校教育と公的医療を優先する形でその自由を行使していた。

二〇〇年にわたった植民地支配は経済が大幅に停滞した時代でもあり、その間、一人当たりの実質GNP〔国民総生産〕にはほぼまったく成長が見られなかった。こうした厳然たる現実は、独立後に自由になったマスメディアによって大きく取りあげられたが、メディアの豊かな文化も一部には——これは認めざるをえないが——イギリスの市民社会から受け継いだものだった。インドのメディアは、イギリス統治下では往々にして口を封じられていた。一九四三年のベンガル飢饉のときのように、大半は帝国支配にたいする批判を禁じるためだった。だが、イギリスで慎重に培われてきた報道・出版の自由の伝統は、インドが独立を達成したときには、倣うべきよい手本となった。

実際、インドはイギリスから多くの素晴らしいものを受け継いでいるが、それらは独立後までは真価を発揮しなかった——できなかった——のである。インドの諸言語で書かれた文学は英文学から着想を得て、ジャンルを拝借していたし、インドにおける英語での執筆活動の伝統も盛んになった。イギリス統治下では、出版して広められる書物には制限があった（ラビンドラナート・ダゴールの本ですら一部は発禁処分となった）。今日、インド政府にはそのような必要はないが、残念ながら、権威主義的な国内政治のまるで異なる理由によって、出版の制限はときには植民地時代と変わらず煩わしいものとなる。

この点に関しては、複数政党制による民主主義と報道・出版の自由の機能ほど重要なものはおそらくないだろう。しかし、こうしたことは植民地時代にイギリスの行政府のもとで享受できた恩恵ではなかった。それらが実現できたのは、イギリスが撤退したのちのことなのだ。つまり、それらは植民地時代が終わったのちに初めて、イギリスが体験してきたことをインドが自由に利用できるようになって、そこから学んだ成果なのである。植民地支配には総じて、ある程度の圧政が必要とされる。不釣り合いに巨大な国家権力は通常、報道・出版の自由や投票による民主主義とは無縁なものだ。そのいずれも被支配民を牽制する必要性とは相容れないものだからだ。

7

同様の懐疑論は、インドなどの属領で飢饉を撲滅したと主張するイギリスの主張においても当てはまる。イギリスによるインド統治は、一七六九年から七〇年にかけての大規模な飢饉とともに始まり、飢饉はイギリスが支配した時代を通して定期的に生じていた。植民地支配はまた、第7章で述べた一九四三年の恐ろしい飢饉とともに終わっている。一方、一九四七年に独立して以降、インドでは飢饉は一度も起きていない。

独立したインドで飢饉を終わらせるのに役立った制度――民主主義と比較的自由なメディア――は、イギリスから直接もたらされたものだ。これらの制度と飢饉の防止との関係は簡単に理解できる。飢饉を防止するのは難しいことではない。少しばかりの無料の食糧を配給し、公共事業でささやかな賃金の雇用を生みだせば（それによって公共事業の恩恵を受けた人が食べ物を買えるようになるので）、飢饉の脅威にさらされた人びとも極端な飢えから逃れられるからだ。したがって、どんな政府でも、規模にかかわらず飢饉の脅威は食い止められるはずであり、報道・出版の自由と向き合ったまともな民主主義社会においては、そうした対策は政府の利益に大いにかなったことなのだ。報道・出版の自由は、飢饉が発生しつつある事実を周知させるし、民主的な投票は飢饉のさなか――もしくはあと――の選挙で容易に勝てなくすることで、すみやかに問題に対処すべきいっそうの動機を政府に与えることになる。

たとえ世界最先端の民主主義によって支配されていても、その臣民に民主的な権利が与えられない限り、インドに飢饉を避ける自由はなかったのだ。首都ロンドンでの報道の自由はよく知られていても、植民地の事情は違ったのだ。自由を重視するこうした制度は支配者のためのものであって、植民地の臣民のものではなかったのである。

ラビンドラナート・タゴールは一九四一年に（彼の最後の誕生日となった日に行なった「文明の危機」という講義で）イギリスによる植民地支配を次のように力強く非難した。インドはイギリスとのかかわりから、たとえば、「シェイクスピアの劇やバイロンの詩から、そしてとりわけ［……］一九世紀のイギリスの政治の寛大なリベラリズムを中心とした議論」から非常に多くのものを得た。だが、「彼ら自身の文明ではまさに最良のものである人間関係の尊厳の擁護が、イギリスによるこの国の行政では存在の余地がなかった」という事実から悲劇は生じたと、彼はこの最後の講義で述べた[9]。イギリスの役割と、イギリスの帝国主義の役割の違いを、これ以上に明確にすることはできなかっただろう。ユニオン・ジャックがインド全土で下ろされつつあったとき、私たちが深く実感していたのはその違いだった。

第Ⅲ部

著者（1953 年頃）

第11章　カルカッタの都会生活

1

ラドヤード・キプリングはそこを「恐ろしい夜の都市」と呼んだ。カルカッタ（もしくは「コルカタ」）。ベンガル語の発音と一致させようという試みから、いまでは英語でこう綴られる）はその貧しさと悲惨さ、薄汚さで悪名が高い。のちに聖人のようなマザー・テレサは心を動かされ、苦しみ困窮した人びとと一緒に働くためにこの都市にやってきた。カルカッタはいまでも都会の悲惨さを体現した場所として、世界各地で見なされつづけている。ここは前述したように、私の子供時代の地平線上にあった「大都市《ビッグ・シティ》」で、ダッカからシャンティニケトンに引っ越しする途中で通った都市であり、そこで多様な生活様式が共存していることに私は強い衝撃を受けたものだった。九歳の子供時代に夜遅くまで起きて日本軍が波止場を爆撃する様子を眺めたのはカルカッタだったし、翌年にはその通りで人が飢えで死んでゆくのをこの街で見た。植民地政府によって「予防拘禁」されていた親族に会いに出かけたのも大半がカルカッタであり、私はそこで帝国主義の圧政の不衡平について考え始めた。

大学で物理と数学を専攻するために、シャンティニケトン・スクールで当時「中級科学」と呼ばれていたものを学んでいたころ、カルカッタへ行きたいと思ったのは、主としてプレジデンシー・カレッジで学びたかったからだった。プレジデンシー・カレッジの優れた教育とされていたものや、学問の府としての傑出した雰囲気について、私は同級生たちとよく話題にしていた（ディポンコル・チャタルジ、ムリナル・ドット・チョウドゥリ、譚立《タン・リー》、オミト・ミットロ、シブ・クリシュノ・コルなどの仲間と）。しかし、私はビッグ・シティそのものに、ショットジット・ラエが「巨大で、活気にあふれ、困惑させられる」場所として愛情を込めて描いた素晴らしい映画のなかで、『モハノゴル』（文字どおりには「偉大な都市」）と呼んだ都市にも魅了されていた。

ラドヤード・キプリングによるカルカッタへの酷評には、多くの注目すべき要素があった。その一つは、イギリス商人のジョブ・チャーノックがガンジス川（もしくはフグリ川）岸のそれほどひどい場所を、近代都市を築く場所として選んだことへの驚きだった。

コレラにサイクロンに、
　カラスが行き来する場所に、
都市がある——チャーノックが選んだ——湾の近くの
　匿《かくま》われたところ
「……」
汚れた下水道によって悪臭を
　放つ下水と、
じめじめした沼地で
不健康なシュンドルボン［マングローブ群生地帯］によって。

そして都市と副王は、ご覧のとおり、
　相容れない[1]。

何とも好ましくない場所に都市を築くことにしたチャーノックの判断にたいするキプリングの当惑は、私たちの時代まで多くの人びとによって共感されてきた。カルカッタ市の歴史を周到に調査して見事に書いた本の著者であるジェフリー・ムアハウスはそれを「愚かしい判断[2]」と表現した。愚かしいかどうかは別として、チャーノックの判断は重大なものだった。三〇〇年と少し前の一六九〇年八月に、チャーノックはシュタヌティ（不確かな英語の文献ではよく「チャヤッタナティ（Chuttanutti）」と綴られる）と呼ばれる村まで船で行き着いて、実質的にそこに東インド会社の現地本社を設立した。シュタヌティは一群をなした三つの小さな町の一つで、現代のカルカッタはそこを中心に発展した。残りの二つはゴビンドプルとコリカタだった。

その後一〇〇年間に、この都市は交易会社の本拠地からイギリス領インドの首都に変貌を遂げた。プラッシーの戦い以前は、ベンガル州政府の首府はダッカで、その後、ムルシダバッドに移り、ベンガル太守はそこを本拠地としていた。クライヴがシラジ・ウッドウラを敗北させ、処刑したのち、カルカッタは自然に東インド会社のインドにおける領地を統治するための場所となった。イギリス人はそこにすでに拠点を築いていたためだ。

2

カルカッタはまもなく「イギリス帝国第二の都市」となった。ここは間違いなく二〇世紀なかばまで、その座を争うほかのどの都市よりも大きかった。そのことは、思うに充分な理由だったが、私がカルカッタに惹かれたのは帝国の歴史とは直接何の関係もなかった。教育に、なかでも科学に関心のある者にとっては、カルカッタは何処《いずこ》にも勝る場所だった。プレジデンシー・カレッジに加えて、聖ザビエル・カレッジ、スコティッシュ・チャーチ・カレッジ、シティ・カレッジ、アシュトシュ・カレッジなど、学部教育のためのよい大学がたくさんあったし、研究機関や高等教育の施設がほかにいくつも存在した。一八五七年に創設されたカルカッタ大学はすでに有名になっていた。ベンガル王立アジア協会（のちにアジア協会に改名）、インド統計大学、インド科学教化機関、サハ原子物理学研究所、ベンガル・テクニカル・カレッジ（ここは私が一九五六年から五八年まで勤めて、教員生活を始めた新しいジャドブプル大学の母体となった学校だった）、ベンガル工科カレッジ〔現ＩＩＥＳＴ〕、メディカル・カレッジなど、ほかにも多数の大学があった。これらすべてが、都会での知的生活の胸躍る感覚を生みだしていた。

ここはまたいわゆる「ベンガル・ルネサンス」によって、おもにインド〔諸〕文化がヨーロッパからの文化と触れ合うことで、古代からの定住地に近代文化のさまざまな側面が取り込まれた場所でもあった。カルカッタのプレジデンシー・カレッジで教え、私を含む大勢の学生に刺激を与えてくれた偉大な歴史学者シュショボン・ショルカルが力説したように、イギリスが地元の伝統に弁証法的な影響をおよぼしたことによって知的覚醒の基礎が生まれていた。ベンガルの人びとの暮らしや考え方にイギリスが与えた深い衝撃は、「ルネサンス」という用語をかなり説得力のあるものにする。ベンガルの昔ながらの知的資源はこの急進的なプロセスに引き込まれ、教養のあるベンガル人やカルカッタの住民の多くは、自分たちのベンガル語、サンスクリット、ペルシャ語の専門知識を活用するようになった。

一八世紀末、とりわけウォレン・ヘイスティングスがカルカッタのイギリス行政府を引き継いだのちには、変化はすでに生じていた。東インド会社を率いたその他すべての人びとと同様、ヘイスティングスも植民地における一部の残虐行為の責任を負っていたかもしれないが、彼は文化とインドの伝統の偉大なパトロンでもあった。一七八四年にカルカッタにベンガル王立アジア協会が創設されたことは、イギリス人のあいだで古代インドへの関心を大幅に広げ、学術研究を盛んにしただけでなく、ヨーロッパとインドの学者間の交流も飛躍的に増やすことになった。一九世紀の初めから新しい大学が創設され、図書館ができ、秩序立った法律事務が注目と援助を集め、増えつづける都市の大衆のために劇場が建てられ、総じて変革の必要性や進歩の可能性にたいする活気に満ちた雰囲気があふれていた。

ラム・モホン・ラエ、イッショル・チョンドロ・ビッダシャゴル、ボンキム・チョンドロ・チョットパッダエ、マイケル・モドゥシュドン・ドットからラビンドラナート・タゴール、カジ・ノズルル・イスラムへ、さらにはもっと近年の世代のベンガル人著述家（ブッドデブ・ボシュ、ビシュヌ・デ、ジョシムッディン、シャムシュル・ラフマンなど）にいたるまでの影響を通じて、ベンガルは文化的な変容を果たした素晴らしい場所だったのである。これらの作家の多くは古い考えや表現様式に挑んで新しいものを開発し、古い先入観や新しい批判と闘い、都市と田舎の文化を形成するうえで一役買った。そこでは、文学や文化の創造と同じくらい議論や論争が決定的な特徴となっていた。二〇世紀なかばには、カルカッタはこの知的興奮ゆえに、比肩するもののない評判を得ることになった。

一九五一年七月に、錆びた古い鋼鉄製トランクに詰めた身の回り品をもって私がカルカッタに引っ越したとき、この街は二日間にわたってモンスーンの豪雨が降ったあとで水浸しになっていた。水溜まりを避け、水のない場所を抜けるまともな道を探しながら、この先に困難でもやりがいのある人生があるのが見てとれた。

3

イギリスは現代のカルカッタを築いたかもしれないが、イギリス人の多くは、それどころかおそらくその大半は、この街があまり好きではなかった。自分たちがそこで――つまりカルカッタからインド各地で――やってきたことについてイギリス人は誇りに思っていたが、この都市そのものの発展の仕方についてはさほど満足してはいなかった。それでも、カルカッタは「宮殿の都市」という評判を獲得していた。これらはおおむねイギリス人自身によって、インド人も参画しながら新しい宮殿が建てられたことによる。カルカッタが築かれた三つの村の周囲では、インドが過去から受け継ぐべきものがほとんどなかったからだ。この都市はその点では、ダッカやムルシダバッドとはかけ離れていた。この呼び名は一八世紀終わりに登場したが、文学上でそれを最も有名にしたのはジェームズ・アトキンソンが一八二四年に発表した「宮殿の都市」と題された詩だった。

私はさまよえる異邦人となってガト〔川に降りる階段〕に立ち、
あたりを見回し、尖塔と宮殿が立ち並ぶ壮観を堪能した。
そこへもたらされた魔法のごとく、それらを眺めるために。
すべてが日の光を浴びて輝いている。(3)

かつて大いにもてはやされたその詩は、今日、一般に想像されるカルカッタのイメージを捉えてはいないし、おそらくは一度も捉えたことはなかったのかもしれない。私は宮殿にはあまり関心がなかった。もっとも、モエダン〔カルカッタの商業地区をガンジス川と隔てている昔からある広大な広場）の真ん中にあるヴィクトリア記念堂と呼ばれる大きな大理石の建物は好きだったが。この都市の現実は私にしてみれば、アトキンソンの賛辞よりも、キプリングの不安によってうまく捉えられていた。キプリングの詩「二都物語」（一九二二年）では、カルカッタはシムラー（ヒマラヤ山脈麓のヒマーチャル・プラデーシュ州の州都）に比べて、ひどく見劣りする。

菌類がその温床から無秩序に発芽し、
　そうして広がり、
運に導かれ、運に促されて、
　建設されたのは沈泥《シルト》の上。
宮殿、牛小屋、掘っ立て小屋――貧困に高慢が――
　隣り合わせだ。
そして、混み合い、疫病の蔓延する町の上では、
　死が見下ろしていた。

ヴェッド・メヘタはキプリングの見解は、「帝国主義者の見解でなければ、実用的なラホール（現在はパキスタンのパンジャーブ地方の大都市）の見方で、おそらくいくらかアラーハーバード（インド北部ウッタル・プラデーシュ州の都市）の精神性も含まれているだろう」と、指摘した(4)。キプリングがカルカッタを非難した際にはこうした諸々の憶測が注ぎ込まれていたにもかかわらず、彼の見解はいまもよく記憶されている。それはおもに「年月の経過がこの都市の悲惨さをただ温存し、増幅させたからだ」と、メヘタは主張する。

キプリングはこの街を本当に正しく見ていたのだろうか？　そうだとすれば、カルカッタはなぜそこに住み着いてしまった人びとだけでなく、ほかにも考えるチャンスがあり、選ぶ機会もありながら、断固として住みつづける選択をした人びとからも、それほど愛されているのだろうか？　カルカッタの文化的、知的豊かさは間違いなくその理由の一部だ。このことはもちろん、カルカッタの貧困と混沌ぶりを帳消しにするものではないが、カルカッタに喜んで住む人びとは、この街が与える多くの建設的なものを求めてやってくる。

ベンガルのルネサンスは、イギリスの支配を通じてもたらされたヨーロッパの思想に現地の伝統が反応した直接の結果ではあったが、イギリス人はそこで起きていることにほとんど気づいてもいなかった。このことは一部には、宗主国側の純粋な関心の欠如ゆえだが、生じたことの大半は、イギリスの支配者や商人たちが通常は理解しないか、学ぼうとしなかった言語――ベンガル語――で起こったためでもある。

オミト・チョウドゥリ（現在はオックスフォードの教授）は、この現象の奇妙さにこう言及する。

イギリス人にとって、インドの近代性も近代インドも目には見えなかった。となればある意味で、カルカッタはイギリス人にしてみれば、目には見えなかったのだ。ルネサンスのさなかに書いていたキプリングは、インドを舞台にした彼の魔法のような物語に、しゃべる狼やトラ、チーター、それに動物と対話するのに何ら困らないインド人孤児を登場させる。キプリングを読む者は誰一人として、バギラ〔『ジャングルブック』に登場する黒豹〕、シェル・カン〔同、虎のシア・カーン〕や、モグリ〔同、主人公の少年モーグリー〕が、小説家のボンキム・チョンドロ・チョットパッダエや詩人のマイケル・モドゥシュドン・ドットの隣人であり同世代人であることに気づかないだろう。キプリングの世界では――またおおむねイギリスの世界でも――ルネサンスと、ベンガルとインドの近代性は、インドの途切れることのない架空の時間では、一度も生じなかったも同然なのだった(5)。

4

カルカッタが東インド会社の本拠地として選ばれたことの愚かしさに関するキプリングの非難は、充分に根拠のあるものだったのだろうか？　「なぜそこに？」という疑問は、カルカッタに移り住むずっと前から私の関心を引いており、シャンティニケトンの開架式の図書館――祖父に告げたように「私のお気に入りの場所」――で私が独自にやっていた研究テーマの一つだった。カルカッタ一帯の長い歴史にたいする関心を追究するにあたっては、キティモホンが大いに手を貸してくれた。問題は二つに分けることができた。一つ目は、全般的になぜそこなのか――なぜガンジス川流域のベンガルの最南端に近い、おおむねフグリ川の一帯なのか？　そして二つ目は、具体的になぜその場所なのか？すなわち、なぜフグリ川の東岸にあって、シュタヌティ、ゴビンドプル、コリカタの三つの小さな町がある一帯だったのか？　二つ目の疑問に答えるのはかなり簡単だ。イギリスは、ポルトガルやオランダの製造業者や交易商人の商館よりも、海に近い最南端の物資を輸出するのに便利なところに商館を構えていたからだ。川下の立地のもう一つの利点は、北部から何かしらの敵襲を受けた場合に、たとえば、ベンガルで生じている事態に対処しようとムガル人が決心した場合に、まずはオランダ人とポルトガル人が矢面に立つことになることだ。そのうえ、川の東岸を選んだことで、ジョブ・チャーノックは西側からやってくる地上部隊――ムルシダバッドやデリー、もしくはボンベイの近くで台頭しつつあったマラーター勢力――を迎え撃つのに有利な場所にいた(6)。

だが、より大きな疑問は、カルカッタ一帯を選んだ全般的な理由だった。一六〇〇年にロンドンの交易商人のグループによって設立した東インド会社が、その後まもなくインドに来航したとき、その目的は交易だった。インド帝国の征服と設立は、まったく当時のイギリスが意図したことではなかった。もっとも、イギリス帝国が「一時的な放心状態」で誕生したというのは、かつてそう主張されて広く知られたが、あまりにも言い過ぎである。ベンガルに送られる以前に一四年間ほど、チャーノックはインドのほかの地域にいて、大半はパトナーでイギリスの硝石交易を発展させていた。東インド会社の事業における彼の役割が拡大するにつれて、彼はインドの地元産業のさまざまな産品を扱う、はるかに実入りのよい交易にも手を広げ、事業を拡大しなければならなくなった。ベンガルの産品として有名な綿花、モスリン、絹製品などが含まれたが、ほかにもインド北部で生産され、ガンジス川、ジョムナ川とその支流を使って下流へ運ばれ、海外へと送られていた物質である。

チャーノックはデリーのムガル人から東インド会社の活動の承認を得ようと躍起になっていた(のちに獲得した)が、彼はそのころにはベンガルを管轄するムガルの役人の支配力が弱いことにも気づいていた。しかし、自分の足場を確保するうえで、ムガルの保護に頼ることについては疑問の余地はなかった。チャーノックは会社にとって下流の交易がいかに重要であるかは知っていたし、ベンガルそのものが当時インドで最も豊かな地方でいかに重要であるかも知っていた。一七〇三年に描かれたソーントンの有名なフグリ川の流域地図には、ガンジス川下流沿いに町や交易拠点が多数描かれ、この地方には強調した大きな文字で「ベンガルの豊かな王国」と書かれていた。

そして、もちろん、イギリス人だけがこの地域の経済的な重要性を理解していた外国人だったわけではない。ポルトガル人は一世紀近く前の一五一八年にはやってきて、同じフグリ川流域に三つの別々の定住地を築いていた。オランダ人は一六三二年にきて、近くのチュンチュラに商館を建てた。

一〇〇年前に刊行された著書『ベンガルのポルトガル人の歴史』〔*History of the Portuguese in Bengal*, 未邦訳〕で、J・J・A・カンポスが説明したように、「インド-ヨーロッパの歴史において、フグリよりも興味深いインドの町は明らかにない。というのも、数マイル四方で、ヨーロッパの七カ国が覇権争いをしているのだ。ポルトガル、オランダ、イギリス、デンマーク、フランス、フランドル、プロイセンの各国の人びとだ[7]」

カルカッタ一帯を選んだチャーノックの選択に、奇妙な点はまず見られなかった。

5

カルカッタ地域の歴史とその経済的な役割は、ヨーロッパ人がそこで活動するようになった時代よりもはるか昔までさかのぼる。一三世紀以降から書きつづけられたベンガル語の『モンゴル・カッボ』（詩による語り）は、細部にわたってこの地域について詳述する。私は子供のころ、なかでも最も有名なビプロダシュの『モノシャモンゴル』を読んだことがあった。ビプロダシュは一五世紀に今日のカルカッタの近くに住んでいたようだ。水運業と海洋交易を営み、反乱を起こす主人公のチャンドが川を下って海に向かう途中で描写する町として、コリカタと近くのカリガト（古いカリの寺の場所）の双方に言及している。

おそらくもっと重要なことに、この地域には少なくとも紀元前二世紀から都市集落があった。カルカッタのすぐ近くに古代の遺構があるし、私が同市へ引っ越したころには、チョンドロケトゥゴルという遺構の一つ（同市からわずか三十数キロの距離）で考古学的発掘調査が行なわれていた。ここからは要塞や公共の建物を含む、古代の町の広大な遺構が徐々に見つかっていた。この地域では、本格的に掘れば、二〇〇〇年以上昔のシュンガ朝時代（前一八五年から前七三年に繁栄）と、その後に続いたクシャーナ朝にまでさかのぼる都市の遺構で使われていた日用品――装飾品、小像、それにもちろん台所用品など――がほぼかならず出土するようだった。

私は発掘調査について読みつづけたが、そこまで見に行くだけの時間と機会はなかった。ベンガルの道路事情はいまでもたいがい芳しくなく、チョンドロケトゥゴルまでの――直線距離で――三十数キロでも、驚くほどの悪路で何時間もかかっただろう。二〇〇五年になって私はようやく、友人のゴパル・ガーンディー（マハートマー・ガーンディーと、もう一人の主要な政治家C・ラージャゴーパーラーチャーリーの孫）が西ベンガル州知事になったあと、その現場に行くことができた。私たちは彼の車で一緒に行ったが、まだガタガタの道だったので二時間はかかった。ゴパルがこの地域の歴史の独自研究について語るのを、私は興味深く聴いた。州知事がそのような活動に乗りだすことは珍しい。

ベンガルのこの地域の過去を伝える古代の遺構は、カルカッタ周辺に点在しているが、カルカッタ市内に残るもの――古代の都市複合体の現在の場所――は近年になって初めて明らかになった。しかも、その発端は考古学的な関心によるものではなく、むしろ現代の都市計画の需要によるものだった。一九七二年から九五年にかけてインド鉄道によって市内に地下鉄が建設されたとき（これはインドで最初の地下鉄だった）、掘削工事から二〇〇〇年以上前の土器やその他の装身具などの材料が出土した。その後、二〇〇一年にカルカッタ市がロバート・クライヴの住んでいた家を復元することにした際に、発掘調査から同じシュンガ－クシャーナ期の都市文明の遺構が見つかり、古代の土器、上等な織物、建設用のレンガ、石灰とレンガでつくられた床、炉床、それに硬貨と印章などが出土した。これらは少なくとも前二世紀には活発な商業活動が存在した証拠だった。この発見は、カルカッタ周辺についてすでに知られていたことを考えれば、かならずしも意外なものではなかったが、チャーノックが事業の拠点を、非常に長期にわたって水運と商業の重要な中心地であった地域に定めたことは、疑問の余地がなかった。

私は以前、「カルカッタの真実の歴史」について書けるかどうか検討したことがあった。まだいつか、書くかもしれない。シャンティニケトンの図書館で読んだ諸々のことから、私はすでに自分が移り住むつもりの都市カルカッタが、よく言われていたように、たかだか三〇〇年前からのものではないことはかなり確信していた。その始まりは、東インド会社がカルカッタに世界貿易をもち込んだことによるのではなく、この地域が同社に世界貿易をもたらしたためであることも、同様に明らかだった。東インド会社は、都市の暮らしが根づき、長年にわたる経済活動の歴史がある地域に本拠地を構えることにしたのである。

6

一九五一年の初めには、プレジデンシー・カレッジに入って、カルカッタで暮らすことへの期待が高まっていた。当座の問題は、どこに住むべきかだった。プレジデンシー・カレッジには二つの学生寮があったが、寮制度はムスリム－ヒンドゥー間のコミュナルな区分けを維持するイギリスの政策を継承したもので、昔からの「分割統治」を永続化させるものに思われた。私は「ヒンドゥー寮」と呼ばれるところへの入寮案内をもらったが、その考えに乗り気にはならなかった。実際、独立後の政教分離のインドでも、プレジデンシー・カレッジそのものの完全に無宗派の本質にとっても、コミュナルな区別はまるでふさわしくないと私は考えた。この大学は一九世紀初めには「ヒンドゥー大学」と呼ばれていたが、ここがヒンドゥー専用の大学であった試しはなく、宗教を理由に学生が差別されたことは一度もなかった。それどころか、一八五五年——私が入学する一〇〇年近く前——には、同大学はその偏狭な名称も放棄していた。シャンティニケトン時代にあまりにも多くの宗教集団間の流血事件を見たため、私はヒンドゥー寮という、明確にコミュナルな識別をされた場所に身を置くことがもつ象徴的な側面にすら抵抗を覚えた。

そこで、大学から徒歩二〇分ほどの場所にあるメチュア・バジャルのYMCA寮に部屋——相部屋（のちに小さな個室）——を見つけた。一九五一年七月初めに私はそこに入居した。YMCAはもちろん、キリスト教徒だけを受け入れる施設ではなく、そこにはあらゆる宗教の学生がいた。その寮の住人は全員が学生で、カルカッタのいくつもの大学でさまざまな教科の勉強をしていた。私はこの多様性を大いに楽しみ、寮の住人仲間ともよく話をして楽しんだ。私たちはしばしば夜遅くまで起きていて、古いYMCAの広々としたベランダで話し込んだ。

カルカッタは無駄話——ベンガル人がアッダと呼ぶもの——をするには最高の都市だ。つまり、とくに議題はなく、思いついた話題が何であれ自由に議論することだ。私はまもなく、ほかのほぼどんな余暇よりも、自分がアッダ好きであることを発見した。私はYMCAに入居した日に、舎監と楽しいアッダを交わした。献身的なキリスト教徒であるムカルジ氏は、きたる選挙では共産党に投票しようと漠然と考えているのだと、私に語った。「党の政策には賛成なんですか？」と、私は聞いてみた。「いや。彼らは自分たちが嫌いな連中にはあまり優しくないし、すべての宗教に反対しているから、本当は反対なんだ。でも、共産党なら西ベンガル州のためによいことをおそらく数多くできるだろうが、与党の国民議会党は何一つやりたくないようだからね」。最初の夕食を食べるために席に着き、ムカルジ氏と雑談をするうちに、私は彼の論点《ポイント》と反論《カウンターポイント》を挙げる手法は好感がもてると考えた。それはどこかカルカッタにたいする私のイメージと、この都市にたいする期待にぴったりだったのだ。当初、ムカルジ氏はただのおしゃべり好きではないかと疑念を抱いていたのだが、厳格な宗教的しつけを受けて育った人と推測されるにもかかわらず、彼が政治・社会問題や宗教の政治面の要求について、一風変わった方法で考えようとしていることが明らかになると、まもなく本物の称賛へと変わった。

メチュア・バジャルからプレジデンシー・カレッジがあるカレッジ・ストリートまで、歩いて通うのに最も便利な通学路は、やや貧しい界隈を抜けるとともに、ハリソン・ロード（現在はマハートマー・ガーンディー・ロードと呼ばれる）の品ぞろえの豊かな店や事務所が並ぶ地区なども通った。プレジデンシー・カレッジの近くまできて、ハリソン・ロードから角を曲がってカレッジ・ストリートに入ると、そこは突然、あらゆる種類の本屋が軒を並べる界隈になった。堅固な造りの店内でガラス戸付きの書棚に保護された本から、歩道に置かれたその場しのぎの台の上に危なっかしく積まれた本の山まで、一〇〇万冊もの本が注意を引こうとしていた。地球上でうってつけの場所にやってきたのだという高揚感を私は覚えた。

7

カルカッタの暮らしに自分がいかに素早く馴染んだかは、われながら驚くものがあった。ダッカで子供時代を過ごしていたので、私はもちろん、長年のカルカッタの住民――当時はカルカッタン、もしくはベンガル語では正式には「コルカタ・バシ」（コルカタの住民）――にはいくらか競争意識があった。インドはその四年前に分割され、ベンガル人は二つの別々の国に移住させられていた。ヒンドゥー－ムスリム間の対立は、前述したように、その多くが政治的に仕組まれたもので、ときおり政治的な宗派主義者たちが問題を起こそうと最善を尽くしていたものの、そのころには（国境の両側で）ベンガル人の団結心が再認識される方向に変化していた。

カルカッタは素晴らしく多文化的な都市だったし、いまもそうである。もちろん、人口の大半はベンガル人からなるが、ビーハル人、タミル人、マラヤーリ人、オリヤー人、マールワーリー人、アングロ・インド人（ユーラシア人〔白人との混血の人〕）、中国人、ネパール人、チベット人、アルメニア人なども大きな社会をつくっている。広く使われている言語も、ベンガル語、ヒンディー語、英語、ボージュプリー語、マイティリー語、ウルドゥー語、中国語など数多くある。カルカッタが誇るものがあるとすれば、その他の大都市とは異なり、ここでは大きな反移民運動と闘う必要のないことだ。それに反して、ボンベイ（もしくは改名されたように、ムンバイ）の政治では、たとえばマハラーシュトラ人〔マラーティー人〕を優先する活動家は、ときには強硬に反タミルを唱える。カルカッタでは、そのような反移民政策が試みられることはめったにない。

かつては深い憤りの対象となった、カルカッタにおけるイギリスの植民地時代の遺産が、多文化を育む歴史の寛容な記憶のなかにいかに吸収されているかが見られるのも、とりわけ印象的だ。イギリスの支配にたいするナショナリストの運動は、一九世紀後半からカルカッタでは強い支持を得ていた。有名なシュレンドロナト・バナルジに率いられた強烈にナショナリスト的なインド協会は、一八八三年にカルカッタで結成された。ボンベイでインド国民会議の第一回大会が開かれる二年前のことだ。スバス・チャンドラ・ボースも、完全にカルカッタの一族出身だ。インドの独立のための闘いで暴力を使う反乱に積極的だった人は、インドのほかのどの地域よりもベンガルに大勢いた。

それでも今日、イギリス統治時代の名残は、カルカッタで最も大切にされるランドマークとなっている。一八一三年に東インド会社時代のヨーロッパ人の社交場として建設された美しい公会堂《タウンホール》は、カルカッタ市によって入念に改修され、昔の建物に忠実に建て直された。同様に、一九〇五年から二一年にかけて建てられたヴィクトリア記念堂は見事に保存されており、イギリスが采配を振っていた時代の資料や絵が多数残されている。この博物館には市内のどの博物館よりも日々多くの来場者がいる。それどころか、インドのその他の地方のどんな博物館にも増して入館者が多いのだと、私は教えられた。

8

カルカッタは、私が初めて一人暮らしをし、学生生活を経験した街だった。そこで私が味わった自由の感覚は、家族からの解放という要素も反映していたのかもしれないが、大学の隣のコーヒーハウスや、ＹＭＣＡ寮の談話室、それにもちろん友人たちの家でアッダをする機会も私には楽しかった。夕方、交通量が減ったあとはとくに、カルカッタが散歩するのにもってこいの街であることにも、私はすぐに気づいた。そして、シャンティニケトンでの早起き生活から、大都市での「夜更かし」生活に移行していたため、友人たちと彼らの家で話し込んでも、夜中過ぎにＹＭＣＡまで歩いて帰ることができた。私がのちに留学したケンブリッジのトリニティ・カレッジでは、夜の一〇時が学寮の門限だったが、このＹＭＣＡには厳しい門限がなく、舎監に遅くなる旨を伝える必要はあったが、厳密に何時までに帰るかは決められていなかった。夜になって静かになった街をそのように長々と歩くことが私にはとても楽しかった。インド分割がもたらした結果の一つは、私たちの友人や親戚の多くが、新たに東パキスタンになったところからインドへ移住し、その大部分がカルカッタへきたことだった。こうして互いに身近に暮らし始めたことで、昔からの関係ははるかに親密で、行き来しやすいものとなった。カルカッタに引っ越すまでは、メジュ゠ダ、ミラ゠ディ、ココン゠ダ、ロトノマラ、バブア、ラビ゠ダ、ピアリ、ドゥラなど、いとこたちとの交流がいかにとびきり楽しいものかは想像もしていなかった。私はときには世代を超えて、両親のいとこたちとも話し込んだ。チニ叔父、チョト叔父、コンコル伯父などで、いずれもさまざまな社会的地位に就いていた。プレジデンシー・カレッジやYMCAの直接の友人たちはほぼ例外なく若かったので、違う世代との付き合いは会話の幅を広げてくれた。

カルカッタを歩き回ることは、それ自体がいつも楽しかった。ときおり犯罪が多発することで知られる地域を通ることはあったが、一度も——ただの一度たりとも——ひったくりに出くわしたことはなかったし、呼び止められたことすらなかった。当時の私は知らなかったが、のちに都市の統計を調査して判明したように、カルカッタはインドで重大犯罪の発生率が最も低いだけでなく、世界のすべての都市のなかでも、殺人発生率の割合がきわめて低い街の一つだった。これは世界で最も貧しい都市の一つとしては奇妙な特徴であり、貧困が犯罪の主要要因だという説に深刻な疑問を生じさせる。

カルカッタのこの稀有な特徴は総じて隠されている——また総じて正当に評価されていない——としても、書物や劇場などのほかの文化様式においては、この街の珍しい特徴はもっと難なく認められている。カルカッタは長年にわたって世界最大のブックフェア（ベンガル語ではボイ・メラ）が毎年開かれており、二週間以上の会期に日々何十万人もが集まってくる（世界最大のブックフェアだというボイ・メラの主張は、もちろんメラへの来場者数にもとづくもので、金銭的な取引の総額ではない。その栄誉はフランクフルトかロンドンのブックフェアに与えられるに違いない）。ボイ・メラには膨大な数の来場者が新刊本を見にくるが、通常、それらの本を購入する余裕がないため、一部を立ち読みすらする。ボイ・メラは壮大な規模の文化行事であり、早春に市内に新たな生命の息吹をもたらしている。

一九五一年に私がカルカッタに引っ越した時期には、その年のボイ・メラは終わっていたが、代わりに劇場が間違いなく多くの興奮をもたらし、人びとを夢中にさせていた。常設の劇場がある場所としてのカルカッタの評判は、当時すでに確立されていた。インドではここだけが、どの晩でもいくつかの演目が何カ所もの劇場で選べる唯一の都市だった。カルカッタの住民は当然ながらそのことを誇りに思っており、新たな住民となった私もまた然りだった。チケットは高くなく、手の届く範囲だったので、私はよく出かけた。毎晩、ベンガル語の劇を選んで観られるのは楽しく、しかもその多くは社会的、政治的なテーマを色濃く打ちだしたものだった。

カルカッタにできた最初の劇場は、一七七九年創立のいわゆるカルカッタ劇場で、イギリス人の主導によるものだったが、ベンガルでは「ジャットラ」として知られる伝統劇は何百年にもわたって大勢のファンを魅了してきた。一七九五年にはロシアの劇作家、ゲラーシム・リェビデフがカルカッタにきて、ベンガルの芸術家たちと共同でベンガル語の劇を二作上演した。彼の劇場であるヒンドゥー劇場は大好評を博したので、ここが火事になった折には、妬んだイギリス人が火をつけたのだという噂が市内で急速に広まった（これには実際、若干の真実が含まれていた）。だが、一九世紀になると、ほかにも多くの常設の劇場が誕生していた。

カルカッタにあるベンガルの劇場の際立った特徴の一つは、インドのほかの都市で許可される何十年も前から、女性が女性役を演じられたことだった。当時、ベンガルをインドのほかの地域と区別していた、この珍しい近代主義の傾向が見られたにもかかわらず、カルカッタにもまだそれに不服な地主階級は存在して、「良家」の女性が舞台に上がるのは見苦しいと信じ込んでいた。学者の家系出身の私の母は、一九二〇年代からタゴールのいくつかの舞踏劇で主役を演じていたので、私は幼少期からこれをめぐる論争については知っていた（この文化的異端については、本書ですでに〔第1、3章で〕述べてきた）。私の母の出演は一部の層では――幸いにも限定的だったが――スキャンダルと見なされたが、その他の人びとからは賛美され称賛されてきた。

カルカッタの保守層は、舞台の上で「堅気の」女性を見ることを嫌っただけでなく、ベンガル語の「ジャットラ」に反対することすらあった。私はこれに関する討論に喜んで加わった。ベンガルの有名な教育専門家で、カルカッタのシティ大学の校長を務めたヘロンボ・モイットロが、通りでミネルヴァ劇場はどこかと若者から尋ねられて道徳的なジレンマに駆られたことを知ったときは、とりわけ興味をそそられた。若者の嘆かわしい趣味（ミネルヴァは常時、女優が出演していた劇場の一つだった）にうんざりしていたモイットロは、そんな場所は知らないと軽蔑を込めて答えた。その後、自分がたったいま嘘をついたことに気づいた彼は、息を切らして走って戻り、まごついている若者に追いつき、肩をつかんでこう言った。「知ってはいるが、君に教えるつもりはない」

9

マハートマー・ガーンディーは、いろいろな意味で伝統的な道徳家だったが、劇場に関してはリベラルな――支援的な――姿勢を取っていた。実際、カルカッタに立ち寄ったときは、言葉の壁があったものの〔ガーンディーの母語はグジャラート語〕、ベンガル語の劇を観に出かけた。ガーンディーがカルカッタに初めて訪れたのは、一八九六年七月四日にダーバンから船で到着したときのことだったが、彼はその日のうちに再び出航した。その年の一〇月三一日に再訪した際には、彼は到着した最初の晩に、長旅で疲れていただろうが、劇を観に出かけることにした。言葉の問題にもくじけず、彼は一一月七日にまたもや別のベンガル語の劇を観に行った。

私は当時、それらの出来事の正確な日付は知らなかったが、ガーンディーがカルカッタに立ち寄った折にベンガル語の劇を観たことは知っており、彼がどの演目を観たのか興味をもっていた。当時の彼の手記を、孫のゴパル・ガーンディーが研究するまで、その好奇心が満たされることはなかった(8)。

カルカッタの文化史に関するゴパルの調査のおかげで、その晩、彼の祖父にはロイヤル・ベンガル劇場、エメラルド劇場、スター劇場、ミネルヴァ劇場で上演されていた四つのベンガル語の劇から選べたことが判明している（ただし、ガーンディーが実際にどれを選んだかは残念ながらわからない）。それでも、ベンガルの先駆的な劇場は、私たちがもっともな理由から「国父」と見なしたい人から贔屓にされたことを誇りにできたのである。

10

私がカルカッタで暮らすようになったころには、左翼の声が文化的な分野でとりわけ強くなっていた。これはインド人民演劇協会（IPTA）が指導的役割を担った展開で、いくつもの重大な出来事に呼応したものだった。一九四三年のベンガル飢饉は『ノボンノ』（「新穀」――伝統的な収穫祭の名称）と題されたベンガル語劇の大成功にじかに結びついた。この劇は植民地政府だけでなく、市場操作をする人びとの薄情さを強烈に批判するものでもあった。この作品はビジョン・ボッタチャルジョが脚本を書き、ションブ・ミットロが演出したもので大入りとなった。どちらもIPTAで非常に積極的に活動した人びとだ。この作品をきっかけにほかにもいくつか劇作品が生まれたほか、クワジャ・アフマド・アッバス監督の一九四六年の優れたヒンディー語の映画『ダルティー・ケ・ラール』（「大地の子供たち」）にも影響を与えた。新しい劇場運動は、文芸的で明確な表現を必要とする力強い社会的大義を受け入れたもので、このことは芝居好きのカルカッタの住民を鼓舞する効果があり、そこには間違いなく私も含まれていた。

映画産業はまだインド全土で慣習にとらわれていたが、それも変わり始めていた。妥協しない左翼の社会批判の映画『ウドエル・ポテ』は一九四四年に製作され、一九五〇年代初めによく再上映されていた。私の時代にかなりブームとなっていたのは、イタリアのネオレアリズモ映画で、ヴィットリオ・デ・シーカ監督の『自転車泥棒』（一九四八年）や『ミラノの奇蹟』（一九五一年）などが含まれていた。イタリアのネオレアリズモの伝統は、ルキノ・ヴィスコンティとロベルト・ロセリーニ両監督とともに始まったもので、私たち学生のあいだでは非常に人気があり、大いに議論された。カルカッタの若者にこれらの映画がおよぼした衝撃は、どれだけ強調してもし過ぎることはない。影響を受けた一人に、ショットジット・ラエがいた。私より一〇年先輩でやはりプレジデンシー・カレッジの学生だった彼は、『自転車泥棒』に深く感銘を受けていた。ラエはこの映画をカルカッタよりも早く、ロンドンで観て、こう書いた。「いつか『大地のうた』をつくることがあれば――この構想はかなり以前から脳裡にあった――同じ方法でつくり、野外で撮影して、無名の俳優を使うだろうと、すぐさま考えた(9)」。そしてまもなく、彼はまさにそのとおりのことをした。

11

キプリングが起訴状のような詩に並びたてた諸々のことにもかかわらず、私は急速にこの街に惚れ込んでいった。ショットジット・ラエもそうだったのだろうと私は思う。映画のための素材選びについて語るなかで、ラエは自分の映画が何を語るべきかを問う。

自分の映画に何を取り入れるべきなのか？　何に手を付けずにおくべきなのか？　都市をあとにして、果てしなく広がる野原で牛が草を食《は》み、牛追いが横笛を吹く村へ行くのか？　そこなら純粋で新鮮な映画をつくることができ、船頭の歌の流れるようなリズムを取り入れられるだろう。それとも、時代をもっとさかのぼるつもりなのか？　はるか叙事詩の時代にまで、神々や悪魔が大戦争を繰り広げ、兄弟同士で殺し合い、クリシュナ神が悲嘆に暮れる王子〔アルジュナ〕を『ギーター』の言葉で元気づけた時代にまで戻るのか？　そこではちょうど日本人が能や歌舞伎を用いるように、カターカリ〔ケーララ州の舞踏劇〕の自然を模倣する優れた伝統を使って、画期的な試みもできるだろう。

それとも、この巨大で、人のあふれる、困惑するような都市の真ん中で、いま現在、いる場所にとどまりつづけ、視覚と音と環境のめまいのするような対比を演出しようと試みるのか？[10]

この「めまいのするような対比」は私を深く魅了した。カルカッタに引っ越したとき、私はこうした変化や対比がいかにすぐさま自分の暮らしの一部になったのかに気づいた。自分がその虜になったのがわかり、それがどう生じたのかすら知っていたのである。

第12章　カレッジ・ストリート

1

　プレジデンシー・カレッジは多年にわたり、国内で最高の科学者を何人も教育してきた。その長い記録は、私の時代には類を見ない学業上の輝きをこの大学に与えていたし、いまもそれは変わらない。この大学で学び、独自の重要な研究を生みだすことになった傑出した人びとは、輝かしい集団をなしていた。私がよく知るその一人、サティエーンドラ・ナート・ボースは、物理学で数々の主要な大発見をしてよく記憶されている。「ボース－アインシュタイン統計」の開発や、宇宙の粒子の半数を実質的に分類したことなどは、その一部だ。のちに私がケンブリッジで会った偉大な物理学者ポール・ディラックが、ボースの研究が果たした決定的な重要性を認めて、これらの粒子を「ボソン」と呼ぶべきだと主張した。確か一九五八年に、ピエロ・スラッファが私をディラックに紹介してくれたとき、彼とボソン粒子について短い会話を交わす機会を得た。ディラックのいるセントジョンズ・カレッジの運動場を、私たちがたまたま歩いていたときのことだった。ディラックはボースよりもはるかに有名だったので、私は若いボースが正当な評価を得られるように彼が配慮していることに感銘を受けた。

サティエーン〔サティエーンドラ〕・ボースは、理論物理学に大きな影響を与えた傑出した数理物理学者だった。彼は家族ぐるみの友人で、ダッカ大学時代の私の父の同僚でもあり、一九四五年にともにダッカをあとにしていた。「ボース-アインシュタイン統計」として知られるようになったものは、ボースがダッカで講義をしていた時期に最初に考案したものだった。当初、彼は自分が間違いをしでかしたのだと考えたが、その後、大発見をしたことに気づいた。サティエーン・ボースの家を訪ねて雑談を交わすたびに、私は彼の知性に魅了されていた。彼には――くつろいだ様子で――話をする時間がたっぷりあるように見えたことも、私にとってはとても嬉しいことだった。それどころか、いくらでも話をしようとするので、研究のための時間をいつ割くのだろうと気になったほどだった。

彼とはまるで違うタイプの科学者だが、やはりプレジデンシー・カレッジで（私が入学する以前に）教えていた一人に、プラサンタ・チャンドラ・マハラノビス〔ベンガル語ではプロシャント・チョンドロ・モホランビシュ〕がいた。物理学で行なった優れた研究に満足することなく、彼は新たに誕生しつつあった統計学の創始者の一人となった。マハラノビスは家族ぐるみの友人であっただけでなく、シャンティニケトンの重要人物の一人でもあった。彼はラビンドラナート・タゴールの学問上の秘書を何年間か務めていた（研究活動の最盛期にあった主要な科学者の就職先としては、かなり特異な選択だ）ので、私は歩きだしたころから彼を知っていた（私の母のアルバムには、子供の私がマハラノビスに肩車をされ、おそらく自分が非常に高い場所にいたために、得意そうな顔をしている写真が何枚もある）。私が大学への進学について話すようになったころには、マハラノビスは新しい研究機関であるインド統計研究所を運営するために多忙になっていた。彼はここを世界でも有数の統計学の研究と教育の中心地に発展させた。しかし、統計学の範囲を、なかでも標本理論の範囲を拡大する彼の考えが生まれたのは、プレジデンシー・カレッジ時代においてだった。

統計学における基礎的な推論から数値群を使って驚くべきことがなしうるという事実は、私の大親友の一人ムリナル・ドット・チョウドゥリが考えだしたことで、彼は基礎統計学の進歩を追いつづけた。彼はマハラノビスが標本抽出《サンプリング》で実践した研究に、理論レベルでも、インド国内で穀物や食品や人などに関して無作為に集めたデータに具体的に応用するうえでも、関心をもっていた。ムリナルはまだシャンティニケトンに通っているころから、統計的推論の根底にある解析構造の研究を独自に始めていた。周囲にこれほど車があるのに、大半の時間は道路がまったく空いている事実に何かしら説明が必要なのかどうかという、心をそそる議論を彼としたことを私は覚えている。私は別の種類のランダム分布についてはいくらか理解していたが、（乱数性という考えを含む）解析的推論による期待値をもとに、（比較的空いている道路のような）現実世界に関する経験的情報を本当に得られるのかという点については疑問を抱いていた。ムリナルと私は、解析的推論のように見えるものは、私たちが観察しているものの見せかけの描写に過ぎないのではないかと議論しながら時間を過ごした。私と同様に、ムリナルは一九五一年七月にシャンティニケトン・スクールからプレジデンシー・カレッジに入学したが、当然ながら、彼はそこで統計学を学ぶことにした。

2

一九五一年七月にプレジデンシー・カレッジで経済学を、数学と一緒に学ぶべく入学したのは、モンスーンで土砂降りの日だった。当初、私は物理学と数学を学ぶ予定だったが、すでにプレジデンシー・カレッジで経済学を学び始めていた友人のスコモイ・チャクラヴァルティー〔ベンガル語ではシュコモエ・チョクロボルティ〕の影響もあって、専攻する分野を変えたのだ。スコモイは、私がシャンティニケトンの最高学年にいた年に何度も訪ねてきていた。もともとはある優秀な生徒（ベルトゥ、正式名はシュブロト）のところに遊びにきており、私はこの生徒――および彼の兄弟のチャルトゥと――シャンティニケトンで多くの時間を一緒に過ごしていた。私はそこでスコモイに会い、彼と夢中になって話をした。彼はそれからもかなり頻繁に遊びにやってきて、シャンティニケトンの各地を見て回った。なかでも、シャンティニケトンに住んでいたムクル・デの絵を熱心に見たがっていた。これほど物知りで、どんなテーマでもやすやすと巧みに推論できる人に、私はそれまで出会ったことがなかった。インドの社会の不平等について私が抱いていた懸念を、スコモイが感じていることも明らかだった。

「僕と一緒に経済学をやらないか？」と、スコモイは私に言った。経済学は、私の、および彼の政治的な関心事に密接に関連しており、自然科学と同じくらい解析的――かつ数学的――推論（私の興味を彼は知っていた）に関する幅広い領域もあると彼は指摘した。そのうえ、経済学は人間的でおもしろいのだという。それに、忘れてはならないのは（と、彼は付け足した）、午後を（理系の学生とは異なり）実験に費やさずに済むので、大学の向かいにあるコーヒーハウスに行くことができるのだと。スコモイの主張に、私は彼と一緒のクラスになれば、彼と頻繁にしゃべる機会もあるという魅力を追加することができた。私は徐々に、物理学ではなく、経済学を（数学とともに）学ぶ方向へと説得されていった。

当時のインドの大方の大学とは異なり、プレジデンシー・カレッジでは、数学を学ぶことが経済学に真剣に取り組むうえでは必須のことと考えられており、この科目の勉強をより興味深いものにしていた。経済学はまた、サンスクリットと並んで数学に興味があったシャンティニケトン時代の私の関心事とも容易に馴染んだ。そのうえ、自分の社会的な関心と政治への関与を考えれば、経済学のほうが私にはずっと役立つという認識が高まってきた。私はすでに新しいインドのために尽くすという考えを、胸に抱いていた。貧しく不衡平なインドではなく、自分の周囲にある不正義がまかり通る国とはまるで異なるもののために。インドを建て直す作業では、経済学の知識は不可欠となるだろう。

こうした問題について、私はオミヨ・ダシュグプト教授と素晴らしい議論をした。彼もまた家族ぐるみの親しい友人で、優れた経済学者だった。オミヨおじと私が呼んでいたこの教授はダッカ大学の経済学者だったが、一九四五年に（サティエーン・ボースや私の父などと一緒に）同大を離れていた。オミヨおじは私が物理学ではなく、経済学を学ぶことを検討中だと聞いて、大いに喜んでくれた。彼からジョン・ヒックスの著書『価値と資本』〔邦訳は岩波文庫〕と『経済の社会的構造』〔邦訳は同文館出版〕をもらったので、私はこの二冊を多大な関心をもって読んだ。前者は経済学理論の明断な解析モデルで、価格理論の基本的な問題を扱っている。後者は、社会のなかの経済関係が実際にはいかに相互依存から成り立っているかを見る、非常に幅広い試みだった。ヒックスの著作を読むのは楽しく、彼の分析の明快さとわかりやすさは拍子抜けするほどで、私は彼を二〇世紀の主要な経済思想家の一人と見なすようになった。ずっとのちに、オックスフォードのオール・ソウルズ・カレッジでヒックスをよく知るようになってから（私たちはそこで同僚になった）、私は学校時代に彼の著書を読んだのだと話した。ヒックスは満面の笑みをたたえてこう述べた。「それでわかったよ、アマルティア、経済学に関する君の妄想がどれだけ根深いものか！」

3

プレジデンシー・カレッジは私がそこに入学する一世紀前から公立大学となっていたが、教育機関として設立されたのは二〇〇年近く前にカルカッタの市民社会の取り組みによってだった。ヒンドゥー大学（ここは一八五五年までその名称で呼ばれていたが、前述したように、ヒンドゥーだけの大学ではなかった）はカルカッタのあらゆる社会から学生を迎えており、わずか数十年間でさまざまな出身者がよい具合に入り交じるようになった。創立委員会はラジャ・ラム・モホン・ラエが委員長を務めた。彼は偉大な学者（サンスクリット、ペルシャ語、アラビア語、ラテン語のほかヨーロッパの数言語に精通していた）で、根気強く社会改革にも乗りだした人だった。大学創設の構想は、カルカッタ市の主要な知識人たちの共同の取り組みだった。大学の理事も校長もみなインド人だったが、その創設は当時、カルカッタに住んでいたスコットランドの優れた時計職人で、地元の知識人のラダカント・デブと緊密に協力し合ったデイヴィッド・ヘアの尽力によるところが大きかった。この運動は市内の活動家の一人、ブッディナト・ムカルジの働きにも大いに助けられた。ムカルジが、カルカッタの最高裁判所の裁判長、サー・エドワード・ハイド・イーストの援助を取りつけたのである。イーストは一八一六年五月に自宅で「ヨーロッパとヒンドゥーの紳士たち」の会合を開いて大学の計画を立て、翌一八一七年一月一〇日には二〇人の学者を迎えて開校の運びとなった。一八二八年には学生数は四〇〇人にも上った。

この社会的取り組みは、カルカッタの急進的知識人の運動で、やや自意識過剰に「ヤング・ベンガル」と呼ばれていた（ほぼ同時代の「ヤング・イングランド」の事例が何かしらヒントになったに違いない）。この運動は、本格的な急進派で、かなり断固とした反保守派でもあり、インドでもヨーロッパでも伝統的な考え方に懐疑的な思想家グループから支持されていた。運動は無宗派の立場に立っていたので、ヒンドゥー大学が一八五五年六月にプレジデンシー・カレッジに変わったとき、大学が非常に明確にここではヒンドゥーと同様にヒンドゥー以外の人びとにも教育の機会を提供することを再確認したのは、ごく当然の流れだった。その二年後にカルカッタ大学が創立されたとき、プレジデンシーはこの大学を構成する学寮の一つとなった。それから一世紀近くのちの一九五三年に、私が経済学と数学の学士号を取得したのは、カルカッタ大学からだった(1)。

4

ヤング・ベンガル運動の出現にプレジデンシー・カレッジが果たした役割を認識することは重要だ。ヤング・ベンガルで最も傑出したメンバーは、ヘンリー・ディロジオというインド人とポルトガル人の混血のユーラシア人だった。彼は公式にはキリスト教徒だったが、実際には無信仰で、無神論者を自称していた。一八〇九年四月生まれのディロジオは、一七歳になったばかりの一八二六年五月にカレッジの講師に任命された。彼の早熟ぶりは並外れたもので、カルカッタの伝説的な歴史と文学の教師として、強い影響力を知的面でおよぼす人物となった。ディロジオの功績はすべて——彼は驚くほど多岐にわたることを成し遂げた——ごく短い生涯のあいだになされた。彼は一八三一年に、二二歳でコレラのために急逝しているのだ。優れた教師であり、反旗を翻す改革者であっただけでなく、ディロジオはちょっとした詩人でもあった。何よりも重要なことに、彼は恐れ知らずの自由な思想を積極的に擁護し、自分の学生だけでなく、カレッジの同僚の多くやカルカッタのエリート層も大いに鼓舞する存在となった。ディロジオは若かったが、プレジデンシー・カレッジで自由思想の伝統を育むうえで深い影響力をもっていた。ほぼ一世紀半後に、その卓越した知性と社会的指導力を私たちがたえつづけていたときも、彼は大学での討論のなかで大きな存在であった。

ディロジオは、周囲のインドの保守的社会を抜本的に改革したかったのだ。彼は(そのわずか数十年前に起きた)フランス革命の背後にあった思想を擁護し、自分の周囲の、とりわけカルカッタのイギリス人社会における世論の重みに断固として抵抗していた。しかし、彼はインドのナショナリストでもあり、自国を思想面では大胆不敵に、実際面ではリベラルにして、道理にもとづかないあらゆる制約から自由にすることに心血を注いでいた。意図的に難解な言葉で書かれ、「インドに、私の祖国」と題された詩のなかで、ディロジオはインドの歴史上の功績と、ひどく衰退した現在とを比較した。

わが国よ！　古《いにしえ》の輝かしき日に
汝の額は麗しき光が輪をなして、
神のごとく崇められけりに、
その栄光は何処へ、その崇敬はいまや何処へ？
鷲の初列風切羽も鎖につながれついに、
卑しき塵に汝はひれ伏して。
吟遊詩人も汝に編む花冠はなく
ただ苦境の悲しき物語のみ残る(2)！

ディロジオの学生たちは、彼のたくましい想像力と同じくらい、その批判的な見解にも掻き立てられた。いわゆる「ディロジアン」たちは、大学の批判精神や合理的探究を培うのに一役買い、ディヴィッド・ヒューム、ジェレミー・ベンサム、トマス・ペインなどの合理主義の思想家の著作を読んで影響を受けていた。ディロジオ自身は明らかに、欧米のどの宗教的思想家よりもヴォルテールを最も好んでいた。彼はまた、学生はキリスト教の文献よりもホメーロスを勉強すべきだと勧めたことで波風も立てた。ヒンドゥーの正統派だけでなくキリスト教徒の支配階級も敵に回し、非宗教的で合理主義の思想を公然と主張したディロジオは、ついに職を追われた。

この時代にカルカッタで生まれた知識人の新しい運動は、かならずしも宗教と敵対するものではなかった。学者である改革者のラジャ・ラム・モホン・ラエが率いて、急速に規模を増していた新しい結社ブランモ・ショマジは、断固とした改革を進める影響力のある宗教的運動となり、古代のヒンドゥーの文献を比較的自由に解釈していた。これらの解釈の一部は、ユニテリアン派の文書に驚くほど似ていた。ディロジオはプレジデンシー・カレッジに自由思想の確固たる伝統を築くうえで中心的な役割を果たしたのである。のちに何世代にもわたる学生たちが、その伝統から多くの恩恵をこうむることになった。

5

経済学への私の新たな関心は、大学で素晴らしい教えを受けたことによって存分に報われることになった。私はとりわけ、経済理論家であるボボトシュ・ドットと、タポシュ・モジュムダルから影響を受けたが、優れた先生はほかにもいて、たとえばディレシュ・ボッタチャルジョは、インド経済などについて応用経済学のよい講義をしてくれた。政治について指導してくれたのは、ウペンドロナト・ゴシャルとロメシュ・ゴシュで、彼らもやはり学生の心を捉え、優れた指導力を発揮していた。経済学、政治学、数学、さらには歴史学においても、これほど優秀な教師と話ができることが私には嬉しかった。なかでも、マルクス主義的な分析傾向のある、洞察力に富む歴史家のシュショボン・ショルカルからは多くの刺激を受けた。

ボボトシュ・ドットは、これまで私が聞いたうちでおそらく最も明快な講義をする人だっただろう。価値と分配の理論の恐ろしく複雑な問題が、驚くほど明確にわかりやすく分析されていた。私は彼の授業が大好きだったが、独自の研究成果を上げることに乗り気ではないらしいのは意外だった。彼はたいへん慎ましい人で、優れた知的仲介者となって、複雑な経済理論を私たちに容易に手の届くものにすることで、充分に満足していたのではないかと思う。私たちがボボトシュ＝バブ（と私たちは呼んでいた）の講義を聴き、学びながら、そのことに感謝しない日はなかったが、彼ほどの創造的才能があれば、私ならば何かしら独自の研究をしたくなるだろうと思ったことを覚えている。

タポシュ・モジュムダルの指導方法は、ボボトシュ・ドットのものとは異なっていた。タポシュ＝ダ（と私たちは呼んでいた）は、学業を終えたばかりの非常に若い先生だった。彼自身の頭脳の明晰さからも、思うにボボトシュ＝バブの影響もあって、タポシュ＝ダもまたきわめて明確で明快な講師だった（彼はつねづねボボトシュ＝バブにはグル〔精神的指導者〕のように接していた）。彼は学生たちに知的自信を付けさせようと心を砕いていたが、そのほかに彼自身のじつに興味深い研究も行なっていた。のちに、タポシュ＝ダは社会的選択理論のほか、教育経済学でもかなり優れた貢献をした。彼は社会的選択理論がいかに教育上の計画と発展に貢献しうるかを示すたいへん想像力に富んだ方法を編みだした。

私は教えられた思想や知識を文字どおりに受け入れるだけでなく、それらに挑みたく、ときには書物や定評のある論文から学んだことを疑問視したかったので、支配的な伝統をさほど重視しない、タポシュ＝ダの大胆な手法に大いに惹かれた。ある日、タポシュ＝ダが講義したばかりの論文の内容について一時間ばかり彼と議論して、なぜ間違っていると思うか説明したあとで、彼は私にこう言った。「自分が読んだ解析的理論が間違っていると思ったら、論理の筋道をたどっていなかったためかもしれない（それは確認しないといけない）が、一般に認められた主張が、通説に反して単に間違っているからかもしれないし、その可能性を却下してはいけない」。この言葉は、議論好きな私の決意を促すうえで、大きな擁護材料となった。ボボトシュ＝バブからは講義の仕方を学んだとすれば、タポシュ＝ダからは疑問の出し方を学んだに違いないとそのとき思ったことを覚えている。

タポシュ＝ダとは、最初の講義後すぐによく話をするようになった。教わったばかりのことを、彼と議論しつづけたからだ。私はカルカッタ南部のドーヴァー・レーンにある彼の自宅を、カレッジ・ストリートからバスに長時間乗ってよく訪ねた。彼はそこに、私たちがおばさん《マシマ》と呼んでいた母親と住んでいた。マシマは素晴らしい人で、一緒に話をするのはじつに楽しかった。タポシュ＝ダの父、ノニ・ゴパル・モジュムダルは非常に才能のある考古学者でインダス文明の遺構の主要な探検家だったが、若くして亡くなっていた。私は考古学に大いに関心があったので、経済学からしばし離れて、インドや世界の過去に関する考古学的探検について二人と話をするのは楽しかった。マシマとタポシュ＝ダはどちらも、不意にやってきて（当時、カルカッタでは電話はほとんどなかった）熱い紅茶を何杯も飲み、香辛料の効いたマシマのおつまみを食べながら長々と話し込む若い学部生に、非常に寛大だった。

6

プレジデンシー・カレッジの先生たちには格別な思い出があるが、学生仲間についても、それは同様だ。私はもちろん、スコモイをはじめとする素晴らしい同級生に恵まれたのだが、ほかにもたとえば、シュニティ・ボシュやトゥシャル・ゴシュ、ショミル・ラエ（彼は少し年上で、大学をしばらく離れたのちに私たちのクラスに加わったので、ショミル＝ダと呼ばれていた）、それにジャティ・シェングプトなどがいた。ジャティはのちに、「確率計画法」という新しい分野で、彼にふさわしい名を立てた。ほかにも経済学以外の学科で学んでいた優秀な学生たち、歴史学のパルト・グプト、バルン・デ、ビナイ・チョウドゥリなどがいた。実際、当時のプレジデンシーにはじつに多様な分野の驚くほどの優秀な学者が勢ぞろいしており、そのなかには数学と統計学の真のスターであるニキレシユ・ボッタチャルジョもいた。英文学のジョティルモエ・ドットもいたし、哲学のミナッキ・ボシュもいて、二人はのちに夫婦になった。学生たちはよく社交の場で集まった。非常に活動的な詩のサークルもあって定期的に会合を開いており、私もジョティルモエ、ミナッキ、ムリナルなどとともにかなり積極的に参加した。詩のサークルの集まりは、詩を書いたり、互いの作品を批評したりするものではなく、詩を鑑賞するためのものだった。ときには、忘れられた詩人について議論することもあった。たとえば、私は自分の好きな詩人の一人であるアンドルー・マーヴェルの作品を、よくほかの人びとに押しつけていた。

　プレジデンシーは一八九七年から女子学生を受け入れており、共学にもこだわっており、それに関してはシャンティニケトンもその萌芽期から同様だった（それどころか、イギリスに留学してケンブリッジのトリニティ・カレッジに入るまで、私は男子校《カレッジ》で勉強したことが一度もなかった）。プレジデンシー・カレッジの私のクラスには、じつに有能な女子学生の一団がいて、何人かはとても魅力的で容姿端麗でもあることに、私は気づかずにはいられなかった。しかし、当時の大学の――それに社会の――慣習を考えれば、一対一で会う機会はめったになく、そのような場を設けるのは難しかった。私たちが会うのは、カレッジ・ストリートのコーヒーハウスをはじめ、もっぱら飲食店であり、ときには映画館やモエダン広場のこともあった。

　学生寮では、異性の訪問者を部屋に入れることは禁じられていた。この規則は私のＹＭＣＡにも適用されていたので、少し体調を崩した折にとても親しくしていた女友達が自室を訪ねてきたときは、嬉しいながらも驚いた。実際、仰天した。「どうやってなかへ入れたんだい？」と私が尋ねると、彼女はこう言った。「あなたが病気で、かなり具合が悪い可能性があって、すぐさま看護が必要だと舎監に伝えたから」。舎監は彼女にこう答えた。「それなら彼が何を必要としているか見てこなくてはだめだ。面倒を見てやって、私が何かすべきであればそう言ってください」。彼女は帰り際に舎監に、私の病状について「報告」をした。この一件の顛末は、すぐに大学中に広まった。

7

プレジデンシー・カレッジで遭遇した知的難題はじつに刺激的だったが、それがおもに授業や正規の勉強を中心としていたような印象を与えたとすれば、大学での生活を正確に描いていないことになるだろう。そもそも、授業時間とほぼ同じくらい、私の時間はコーヒーハウスでの会話に費やされていたからだ。

このコーヒーハウスはもともと労働者の協同組合の店だったが、インド・コーヒー委員会に買収され、その後また協同組合に戻っていた。そこはアッダには最適の場所であるだけでなく、本格的な学習もできるところだった。私はそこで何百回となく政治や社会について議論を交わしたことを覚えている。往々にして、私たちが勉強しているテーマとは何ら関係のない話題だった。私がほかの人びとから、大半は仲間の学生から、どれだけ多くを学んだかを充分に語ることはできない。それぞれが文献から知ったことや、出席した講義（あちこちの大学の歴史学から経済学、人類学、生物学にいたるまで諸分野の講義）など、別の方法で知ったことを教えてくれたのである。しかし、知識の断片を直接伝えられること以上に、密接にかかわるなかで、互いの理解や確信について論じ合う議論の見事な効果があった。一九四〇年代にプレジデンシーの学生だった有能な歴史学者のトポン・ラエチョウドゥリが次のように書いたのは、さほど誇張ではなかった。「私たちの何人かは、その学習の座［コーヒーハウス］で仲間の学生からすべての教育を受けており、わざわざ通りを渡って別の機関で授業に出るまでもなかった」(3)

コーヒーハウスの顧客はプレジデンシー・カレッジからだけでなく、カルカッタ大学のほかのカレッジからもきていた。その大半はやはりカレッジ・ストリート沿いにあり、メディカル・カレッジ、スコティッシュ・チャーチ・カレッジ、サンスクリット・カレッジ、セントラル・カルカッタ・カレッジ（以前はイスラミア・カレッジと呼ばれ、いまは再び改称されモウラナ・アジャド・カレッジと呼ばれる）などが含まれる。コーヒーハウスの常連で傑出した学生の一人は、比較的遠い聖ザビエル・カレッジからきていて、のちにユニヴァーシティ・カレッジ・オヴ・サイエンスに移って、そこからやってきた。彼は人類学の新星――アンドレ・ベテイユ――で、私より少し年下だった。のちに一九五六年にカルカッタに戻ってからようやく私はアンドレと懇意になったが、彼の知的創造力にはすでに感銘を覚えていた。

カレッジ・ストリートのコーヒーハウスの角付近に点在する多数の書店に、私はまもなく入り浸るようになった。これらの書店は勉学だけでなく、喜びの源泉ともなった。私のお気に入りは、一八八六年創業のダシュ・グプトの書店で、私はここを図書館のように使っていた。店主はじつに寛大で、私とスコモイが彼の店に長居して、入荷したばかりの本を読むのを大目に見てくれていた。私たちには多くの本を買うお金がなかったので、これは夢のような機会だった。店主はときには、それらの本を一晩だけ、元どおりの状態で返すという条件で、私たちにもち帰らせてくれさえした（彼はよく表紙を新聞紙で覆っていた）。私と一緒に書店へ行った友人が店主に、「アマルティアには本を買う金がないのに、構わないんですか？」と聞くと、彼はこう答えた。「私がなぜ本を売っていると思うかね？宝石を売ってもっと金儲けをせずに？」

8

子供のころに見た一九四三年のベンガル飢饉では、二〇〇万から三〇〇万人が死亡しており、一九五一年にプレジデンシー・カレッジに入学したときには、その記憶はまだ生々しかった。私はとりわけ、この飢饉が完全に階級に左右された性質のものであったことに衝撃を受けていた。カルカッタは、その途方もなく豊かな知的、文化的な暮らしにもかかわらず、耐えがたいほどの経済的な困窮がすぐそこにあることを、つねに思い起こさせていた。当然ながら、プレジデンシーの学生のあいだでは政治活動が非常に活発に行なわれていた。私はどこかの政党に所属するほど熱心ではなかったが、友人たちや仲間の学生の大半と同様、政治的左派が弱者に示す思いやりの質や平等主義の理念には大いに魅了されていた。シャンティニケトンで近隣の村にいる読み書きのできない子供たちに、夜間学校を運営することを思いついたような、ごく基本的な考え方を、いまや組織的に全国展開する必要がなんとしてもあるように思われた。同世代の多くの人と同様に、私は左翼学生の幅広い連合組織で、共産党と近い関係にあるインド学生連盟に加わっていた。共産党の厳格な偏狭さについて多くの懸念は抱いていたのだが、一時期、学生連盟のリーダーとして積極的な役割も担っていた。

当時の標準的な左翼政治には、その社会への思いやり、政治的献身、衡平を貫く姿勢の道徳的・倫理的に高潔な観点にもかかわらず、どこかしら懸念すべきものがあった。なかでも、自由を重視する多元主義を認める民主的手続きに懐疑的であることが気にかかった。民主主義の主要な制度は「ブルジョワ民主主義」の典型的な枠組みと見なされ、その結果、標準的な左翼組織では申し訳程度の評価しか得ていなかったのだ。世界各地で民主主義の実践に金銭の非道な力が伴ってきたことは、正しく見抜かれていたが、それに代わるもの――権威主義的な一党独裁の卑劣な悪用を含めて――が充分に厳しく見直されることはなかった。政治的寛容さを一種の「意志の弱さ」と見なす傾向もあり、それによって政治的指導者が社会的便益《ソーシャル・グッド》を何ら支障なく推し進められなくなる、と考えられていたのだ。

プレジデンシー在学中に、実際には入学する以前から、私は反対意見や異議がもつ建設的な役割への確信を深めるとともに、全般的な寛容と多元主義にたいする強い信念を抱き始めた。カレッジ・ストリート界隈の主流の学生運動を特徴づけていた左翼の行動主義の形態と、自分のそれらの信念を統合させようとして、私はどうにも行き詰まっていた。建設的な市民社会を育て、互いを理解しようとするには、啓蒙時代後の欧米社会で明らかに生まれたリベラルな政治議論を認める必要があるだけでなく、何世紀にもわたって各地の文化で、なかでもインドで擁護されてきた多元性に寛容な伝統的価値にも関心をもたねばならないと私には思われた。政治的寛容をただ西洋のリベラルな傾向として見なすことは、私にはとてつもない間違いに思われた。

こうした問題で落ち着かない気分にさせられたが、おかげで当時あの場で、いくつかの見逃す可能性もあった基本的な政治問題に直面させられたことを、私はありがたく思った。いかなる形態の権威主義にも腹を立てる一方で、私は政治的敬虔さ《パイエティ》〔盲信〕にもますます疑念を募らせていた。私の周囲であまりにも目に付くようになっていたものだ。

敬虔さが予想外の分野で表面化したときは、そこに衝撃的な性質が見られるかもしれない。たとえば、私たちは誰もがJ・B・S・ホールデン〔イギリスの生物学者〕の著作を絶賛していたし、私は彼の左翼的で平等主義の感情が、彼の学術的研究における厳格な科学的原則とうまく補い合っていることに、大いに感動していた。彼の著作を、とりわけ「自然選択と人為選択の数学的理論」に関する一連の論文を読むことで私は多くを学んだ。そのため、彼が次のように述べたことを知ったときは衝撃を受けた。「私は一五年ほど胃炎を患っていたが、それもレーニンを始めとする著述家の作品を読んで、われわれの社会の何が間違っているのかを教えられるまでのことだった。それ以来、私はもう酸化マグネシウムを必要としなくなった」。これは一九四〇年にジャーナリストに向かって語ったことで、カルカッタの仲間の左翼支持者の多くはその言葉に賛同して、発言時の状況を踏まえながら、あるいは何の脈絡もなく、好んで引用していた。おそらく、ホールデンは軽い発言のつもりだったのだろうが、その言葉を政治的、あるいは科学的に真面目な見解として本当に意味していたのだとすれば、私は彼とは思想的にきっぱりと袂を分かつ必要があった。政治的敬虔さよりは、酸化マグネシウムのほうがはるかにマシだと、私は思った。

私は一九五三年、スターリンが死んだ年に、プレジデンシー・カレッジを卒業してケンブリッジに留学した。それは一九五六年のソ連共産党第二〇回大会で、フルシチョフによってスターリン政権の悪行が注目されるずっと以前のことだった。しかし、一九五〇年代初めですら、世界情勢に詳しく、判断力のある読者には、ソ連における「粛清」や「裁判」が身に覚えのない罪を強制的に自白させられ、最も不当な刑罰に処された以外のことであるとは考えにくかった。こうした問題はコーヒーハウスの議論でよく話題になり、私はときおり自分が友人の大半から見捨てられたような気分になっていた。マルクスはすべて悪いと考える右翼（とてつもなく間違った見立てだ）と、ロシアにはどんな圧政も見られず、「人民の民主的な意志」の営みだけで成り立っていると考える「真の左翼」（理解しがたいほど世間知らずの信念だと私には思われた）の狭間で、何人かの仲間が難儀していた。私は他者の同意を取りつけることをさほど重視しない必要性を考え始めていた。同意してもらうのは、いつでも心地よいことではあったが。

世界から不平等と不正義を除外することには深く共感を覚えつつ、また権威主義と政治的敬虔さに疑念をもちつづけながらも、私はまもなく〔党の方針の〕遵守を求めるどんな政党の党員にも決してなりはしないと決心した。私の政治的行動主義は、別の形態を取らねばならないのだった。

9

カルカッタでの勉強と新しい生活が順調に進んでいたころ、ある知的な発見があり、その後の人生の大半を通じて私の研究の方向を変えることになった。ケネス・アローの社会的選択理論の先駆的研究『社会的選択と個人的評価』〔邦訳は勁草書房〕が一九五一年にニューヨークで出版されたのだ。当時、スコモイと私はプレジデンシー・カレッジの学部の一年生だった。スコモイはすぐさま一冊借りて――ダシュ・グプトの書店に入荷したたった一冊だったと思う――早々と目を通し、見解をまとめた。これはその本が刊行されたほぼ直後のことで、そのあとコーヒーハウスでおしゃべりをしながら、スコモイは私の関心をその本に向けさせ、社会的選択理論に関するアローの研究への称賛を語った。スコモイと私はどちらも、一八世紀フランスのコンドルセ侯爵などが始めた社会的選択理論の分野についてはわずかな知識しかなかった。スコモイは私よりよく知っていたので、彼と話をすることで自分の理解を整理できるようになった。

では社会的選択理論とは何なのか？　多くの数学との関連や形式的つながりを示すことはできるが、このやや専門的な学問分野を大まかに理解するためには、次のように考えることができる。社会というのは一団の人びとで構成され、その一人ひとりには何らかの優先事項や好みがある。集団全体を代表して適切な社会的決断を下すためには、人びとの――おそらくは多様な――見解と利害関係をよく考慮しなければならない。社会的選択理論は、社会としての優先事項と選好《せんこう》〔選択肢から好んで選ぶこと〕であるとそこそこに認められるものを、社会を構成する個々の人びとの選好と関連づけるものだ。

これらの関連性はじつに多様な形態を取りうるが、公理的〔自明の〕必要条件という形でそれを表現することができる。たとえば、ある公理は、社会のなかの全員がYよりもXを好むとすれば、社会的にはYよりもXが選好されるべきだと要求するだろう。別の公理は、誰もがAの状況ではXとYをまったく同じように位置づけ、Bの状況でも誰もがやはり同様であるならば、その二つの状況下の別の選択肢（つまりXとY以外のもの）の位置づけがどれだけ異なっていても、XとYに関する社会的選好は双方の状況（AとB）でまったく同じであるに違いないと主張するかもしれない、という具合である。

アローが打ち立てたのは見事な「不可能性定理」だった。要するに、理にかなっていると思われる手続き（右のパラグラフで概説した二つの事例や、似たような状況）の基本条件を何かしら満たさねばならない場合、独裁制以外の社会的選択メカニズムからは、一貫性のある〔矛盾のない〕社会的決定は生みだされないことを示したものだ。これは並外れた数学的定理だ。説得力があり、思いもよらないもので、かつ明解だ。

ある意味で、アローの不可能性定理は、前述したフランスの数学者で社会思想家のコンドルセ侯爵が以前に打ち立てた結果の延長と見なせるかもしれない。コンドルセは一八世紀にすでに、多数決は一貫性のない〔矛盾のある〕ものになりかねないし、投票の状況によっては過半数を占める勝者が不在の場合もありうると示していた。たとえば、三人組のうち1番目がX、Y、Zの順で好み、2番目がY、Z、Xの順で、3番目がZ、X、Yの順で好んだ場合、勝った回数の多さで比較するとYはXに負けるが、XはZには負け、さらにZはYに負ける。したがって、この場合、過半数を占める勝者はいないことになる。

多数決原理は、社会的選択をなすうえでは一般には魅力的な方法だが、実際にはいちじるしく一貫性がないか、結論のでないものとなるだろう。アローはコンドルセの悲観的な結果を大幅に一般化し、彼の「不可能性定理」において、道理にかなっているように見える最低条件を満たす社会的選択の規則はいずれも一貫性がないか、役に立たない結果となることを示した。したがって、説得力があって魅力的で、かつ効力のある社会的選択の規則を設けることは不可能であるようなのだ。まるで魅力のない社会的選択の規則、すなわち独裁的選択だけが生き残り、一貫性をもって効力を発揮するだろうという暗澹たる展望を、アローは提示したのである。それは憂鬱な結果だ。コンドルセの結果よりもさらに憂鬱なものだ。

スコモイは私に、ダシュ・グプトの書店から借りたアローの本を手渡した。彼が数時間ほどその本を貸してくれたので、私は貪るように読んだ。アローの恐るべき「不可能性定理」の証明はかなり複雑なもので、いずれ簡潔にしなければならないものだった（実際そうなった）。私たちはこの定理を理解するために、また正確にはどのように予期せぬ結果が生じるのかを知るために、数学的論理におけるかなり長々とした論証を追わなければならなかった。これは私たちが大学のコースで習っているような数学とはまるで異なる種類のものだった。大学の数学は、物理学の必要性に役立つように考案されており、社会現象で考えうるもの（アローの定理の主題）よりも、高精度の変数が求められていた。

数学と証明から離れることには疑問もあった。その結果はどれだけ意味のあるものなのか？　アローの定理は多くの批評家が主張してきたように、本当に権威主義の弁明に過ぎないのか？　私はある長い午後に、コーヒーハウスの窓際の席に座って、スコモイがそのじつに知的な顔をカルカッタの冬の穏やかな陽射しのなかで輝かせながら、アローの結果のもう一つの解釈について語ったときのことを、とりわけよく覚えている。アローの定理が政治的民主主義と、総意としての社会的判断に何を示唆するかは、すぐさま明らかにはならないと彼は感じていた。そしてアローが数学上で導いた驚くべき結果から、社会的選択や政治的・経済的判断の実世界へどう展開すべきか答えを出すには、まだ解決しなければならないことがいくらでもあるのだと。後年、私がまさしくそれに取り組んでいたとき、私はよくスコモイの当初の悲観主義について考えた。

これらの日々は、社会的選択に関する系統的な数学的推論を私自身が理解し発展させるうえでの形成期となった。こうした――および関連する――思考訓練が私のなかにある関心を芽生えさせ、それは生涯続くものになった。民主主義を成功させようと試みる独立したばかりのインドでは、一貫した民主政治が実現可能であるかどうかはきわめて重要な問題だった。私たちは果たして民主的な一貫性をもちうるのか、それともそれは竜頭蛇尾になるのか？　当時、カルカッタで交わされた多くの学術的議論では、アローの考えは大いに吹聴されていた。一般的な解釈は、民主的一貫性などというものは、ともかくありえないというものだった。私たちはなかでも、アローが課そうとする条件――つまり公理――の妥当性を示すと思われる条件を吟味する必要があった。独裁的ではない社会的選択を可能にする理にかなった別の公理など選べないという見解には、私はまったく納得していなかった。そこには何かしら「否定の否定」（ヘーゲルの言葉を借りれば）の必要性があるのだと、私は自分を説得した。

アローが探求したような社会的選択の問題は、私の長期にわたる知的取り組みのきわめて重要な部分を占めるようになった。振り返ってみると、カルカッタで過ごした学部の一年目に、友人が地元の書店から一晩読むために借りた本とともにこれが始まったのを思いだし、私は嬉しくなっている。

●著者紹介

アマルティア・セン（Amartya Sen）

ハーヴァード大学経済学・哲学教授。1998年にノーベル経済学賞を受賞。1998年から2004年までケンブリッジ大学トリニティ・カレッジの学寮長（マスター）を務めた。

『自由と経済開発』（日本経済新聞社）、『議論好きなインド人』（明石書店）、『アイデンティティと暴力』（勁草書房）、『正義のアイデア』（明石書店）などの著書は高く評価されており、40カ国語以上に翻訳されている。2012年にアメリカのオバマ大統領より国家人文学勲章が授与され、2020年にはドイツのシュタインマイヤー大統領よりドイツ書籍協会平和賞を受賞した。

●訳者紹介

東郷 えりか（とうごう えりか）

上智大学外国語学部フランス語学科卒業。本書以外のアマルティア・センの訳書として『人間の安全保障』（集英社）、『アイデンティティと暴力』（勁草書房）がある。ほかに、ルイス・ダートネル『この世界が消えたあとの科学文明のつくりかた』（河出書房新社）、グレタ・トゥーンベリ編著『気候変動と環境危機――いま私たちにできること』（河出書房新社）、トリストラム・ハント『エンゲルス――マルクスに将軍と呼ばれた男』（筑摩書房）など訳書多数。

原　注

第1章　ダッカとマンダレー

（1）　ジョージ・オーウェルはこの対比について以下で述べている。*Homage to Catalonia*（1938）（London: Penguin Books, 1989, 2013）, p. 87〔『カタロニア讃歌』ジョージ・オーウェル著、橋口稔訳、筑摩書房〕.

（2）　ジョンズ・ホプキンス大学からの「バックパック医療従事者」の献身的な――かつ非常に勇気のある――仕事の興味深い報告は、以下にある。Dale Keiger, 'Medicines Where They Need It Most,' *Johns Hopkins Magazine*, 57（Aplil 2005）, p. 49.

（3）　その不快なプロパガンダ戦争に積極的に加担したものの一つがフェイスブックだった。フェイスブックの通信経路をビルマ軍がロヒンギャに不利になるよう自在に使い、致命的な効果を上げたことに関しては、近年『ニューヨークタイムズ』紙などが充分に調査してきた。フェイスブックは謎に包まれたこの軍主導のキャンペーンについて多くの細かい点を認めている。同社のサイバーセキュリティのトップであるナサニエル・グレイシャーは、「ミャンマー軍が直接関与したプロパガンダを秘密裏に拡散させる意図的で明らかな試み」が見つかったと同意した。以下を参照のこと。'A Genocide Incited on Facebook, with Posts from Mynmar's Military,' *The New York Times*, 15 October 2018.

第2章　ベンガルの川

（1）　Adam Smith, *The Nature and Causes of the Wealth of Nations*, in *The Works of Adam Smith*, Book1, On the Causes of Improvement in the Productive Powers. On Labour, and on the Order According to Which its Produce is Naturally Distributed Among the Different Ranks of the People, Chapter Ⅲ, 'That the Division of Labour is limited by the Extent of the Market'〔『国富論――国民の富の性質と原因に関する研究』上巻、アダム・スミス著、高哲男訳、講談社、2020年〕.

（2）　Smith, *The Nature and Causes of the Wealth of Nations*.

（3）　同前。

（4）　以下を参照。Richard E. Eaton, *Essays on Islam and Indian History*（Oxford: Oxford University Press, 2000）, p. 259.

（5）　Raihan Raza, 'Humayun Kabir's "Men and Rivers",' *Indian Literature*, 51, no. 4(240)（2007）, pp. 162-77; https://www.jstor.org/stable/23346133. 引用箇所は以下にある。*Men and Rivers*（Bombay: Hind Kitabs Ltd, 1945）, p. 183.

第3章　壁のない学校

（1）　ショットジット・ラエはシャンティニケトンにたいする恩義を何度か論じているが、なかでも明確な発言は彼の著書 *Our Films, Their Films*（1976）（Hyderabad: Orient

BlackSwan Private Ltd, 3rd edn, 1993)〔『わが映画インドに始まる——世界シネマへの旅』、サタジット・レイ著、森本素世子訳、第三文明社、1993 年〕に見いだせる。私は以下でその点について論じてみた。Satyajit Ray Memorial Lecture, 'Our Culture, Their Culture', *New Republic*, 1 April 1996.

(2) シルヴェイン・レヴィは主としてパリで教えた有名な歴史学者でインド学者だった。多くの著作を残しているが、*The Theatre of India* は広く称賛された。チャールズ・フリーア・アンドルーズはガーンディーとタゴールの親しい友人で、インドの独立のために活動したイギリスの司祭だった。レナード・エルムハーストは農学者で慈善家でもあり、有名な進歩的学校で希少な音楽の養成機関でもあるダーティントン・ホールの創設者でもあった。私がケンブリッジ以外の場所を初めて訪ねた——ケンブリッジに入学して 2 カ月後の 1953 年 12 月——のがダーティントン・ホールで、そこでエルムハースト夫妻にたいへんお世話になった。

(3) これに関しては以下の優れた伝記を参照のこと。Dinkar Kowshik, *Nandalal Bose, the Doyen of Indian Art* (New Delhi: National Book Trust, 1985, 2nd edn. 2001), p. 115.

(4) ここは昔のケンドゥリ——サンスクリットではケーンドゥビルヴァ——があった候補地の一つに過ぎない。ほかにもオリッサ州のとくに有力な地をはじめ、名乗りでているところがある。ジャヤデーヴァは、オリヤー語でもベンガル語でもなく、サンスクリットでのみ書いている——彼の『ギータ・ゴーヴィンダ』は古典サンスクリットの後期著作物のうちでも傑出している——ため、この論争は彼の著作物の文章を検証しても解決はしない。

(5) 有名なピーボディ姉妹の伝記（*The Peabody Sisters: Three Women Who Ignited American Romanticism*, Boston: Houghton Mifflin, 2005）を書いて受賞した著名な作家であるメガン・マーシャルには、彼女の祖父のジョー・マーシャルの未発表の「シャンティニケトン日記」を見せていただいたことを感謝している。

(6) 私の息子のコビルはボストンの有名な学校で音楽を教えており、作曲家としても歌手としても成功しているので、息子はその遺伝子を私の亡き妻、エヴァ・コロルニから受け継いだに違いない。彼女は実際、非常に音楽的だった。

(7) 以下を参照。*Visva-Bharati News*, Vol. XIV, 7（July 1945–June 1946).

(8) 性急さの必要は、自著 *Development as Freedom* (New York: Knopf; Oxford: Oxford University Press, 1999)〔『自由と経済開発』アマルティア・セン著、石塚雅彦訳、日本経済新聞社、2000 年〕の主要なテーマの一つであり、ジャン・ドレーズとの以下の共著書でも取りあげた。A. Sen, Jean Drèze, *An Uncertain Glory: India and Its Contradiction* (2013) (London: Penguin Books, 2nd edn, 2020)

(9) 1930 年の『イズヴェスチヤ』紙のインタビューより。以下の見事に調査された伝記を参照のこと。Krishna Dutta and Andrew Robinson, *Rabindranath Tagore: The Myriad-Minded Man* (London: Bloomsbury Publishing, 1995).

第 4 章　祖父母とともに

(1) 私はこの朝の話をディディマから聞いたが、この一件は祖父母の生涯に関するその他諸々のこととともに、見事な調査による以下のベンガル語の書のなかに書かれている。

Pranati Mukopadhyay, *Kshiti Mohan Sen O Ardha Satabdir Santiniketan* ('Kshiti Mohan Sen and Half a Century of Santiniketan')(Calcutta: West Bengal Academy, 1999), p. 223. 私はこの素晴らしい本をたびたび参照し、自分が経験した個人的な思い出を確認し、真偽を確かめた。ムコパッダエの丹念な調査の質の高さに、私は大いに感謝している。

(2)　この詩は『リグ・ヴェーダ』第10巻、10-129章より。英語訳は以下にある。Wendy Doniger, *The Rig Veda: An Anthology* (London: Penguin books, 1981), pp. 25-6〔『リグ・ヴェーダ讃歌』辻直四郎訳、岩波文庫、1970年、「宇宙開闢の歌」と訳されている〕.

(3)　プロノティ・ムコパッダエのキティモホンのベンガル語の伝記より引用。*Kshiti Mohan Sen O Ardha Satabdir Santiniketan*, pp. 42-3.

(4)　*Selected Letters of Rabindranath Tagore*, Krishna Dutta and Andrew Robinson eds., (Cambridge: Cambridge University Press, 1997), p. 69.

(5)　ムコパッダエの以下の書にあったキティモホン・シェンの言葉を英訳した。Mukhopadhyay, *Kshiti Mohan Sen O Ardha Satabdir Santiniketan*, p. 17.

(6)　現在のカビール・パント教団には1000万人近い信者がいると推計されており、この集団の人数は19世紀末にはすでに相当数にのぼっていただろう。信者はすでに広い地域に分散してもいた。

(7)　ベンガル語の以下のエッセイ集を参照。Syed Mujtaba Ali, 'Acharya Kshiti Mohan Sen', *Gurudev O Santiniketan*, Mukhopadhyay, *Kshiti Mohan Sen O Ardha Satabdir Santiniketan*, p. 466に引用。

(8)　初版本は1910-11年に刊行された。その後もっと近年に、著名な歴史家のSabyasachi Bhattacharyaの役立つ序文とともにベンガル語の一巻本として以下のように再出版された。*Kabir*, (Calcutta: Ananda Publishers, 1995). カビールの詩の優れた英訳と示唆に富む解説が以下にある。Arvind Krishna Mehrotta, *Songs of Kabir* (New York Review Books, 2011).

(9)　この詩集はラビンドラナート・タゴールがEvelyn Underhillの協力を得て翻訳し、以下のように出版された。*One Hundred Poems of Kabir* (London: Macmillan, 1915). この詩集の序文には「今回の企画を可能にした」キティモホンの「苦労の作業」にたいする賛辞が含まれている(p. xliii)。

(10)　以下を参照。Ezra Pound, 'Kabir: Certain Poems', *Modern Review*, June 1913; reprinted in Hugh Kenner, *The Translations of Ezra Pound* (New York: New Directions, 1953; London: Faber, 1953).

(11)　しかし、エズラ・パウンド訳の*Kabir: Poesie*の一部の校正刷りがイェール大学にある。Yale Collection of American Literature: Beinecke Rare Book and Manuscript Library, Ezra Pound Papers Addition, YCAL MSS 53 Series II Writings 700.(この未発表の書類が残っていることに注意を喚起してくれたクレイグ・ジェイミソンに大いに感謝している)。ヒンディー語もベンガル語も知らなかったパウンドは、翻訳を試みるうえでカリモホン・ゴシュの手を借りた(以下を参照。*Selected Letters of Rabindranath Tagore*, K. Dutta and A. Robinson eds., Cambridge: Cambridge University Press, 1997, p. 116)。キティモホン編纂のカビールの詩にはそれ以前に、Ajit Kumar Chakravartyによる翻訳

原稿が残されている。

(12) これはキティモホン・シェンのカビール詩集のベンガル語の序文からの翻訳である。彼はつねに自分を最も助けてくれた人びとの名前を挙げて謝辞を述べることを心がけていた。「歌ってもらった歌や、手書きのメモから最も援助をいただいた人びとのなかには、以下の方々がいる。バルン・ドキケショルのドッキン・ババ、ガイビのジュロン・ババ、チュアチュア・タルのニルボエ・ダシュ、チョウカンディのディンデブ、および［やはり同所からの］盲目の苦行者シュルシャムダシュの各氏である」。彼はほかにも自分が参考にした既刊の12冊の本を列記しており、そこにはPrasad, *Kabir Shhabdabali* が含まれている。この書は現在、キティモホンの口碑集の好敵手のようなものとしてよく言及されている。しかし、その他の刊行物と同様に、この書はキティモホンにしてみれば最終決定版ではなく、その一編一編を彼は「実践者たちによって歌われて、伝統に忠実であると彼らと私が判断したもの」とどれだけ照合するかを確認しなければならなかった。

(13) 以下を参照。Ranajit Guha ed., *Writings on South Asian History and Society*, Subaltern Studies series I（Delhi and Oxford: Oxford University Press, 1982）. 私はロノジット＝ダと呼んでおり、彼とは1956年に知り合った。彼とのかかわりについては後述する。

(14) 以下を参照。Pranati Mukhopadhyay, *Kshiti Mohan Sen O Ardha Satabdir Santiniketan*（Calcutta: West Bengal Academy, 1999）, pp. 199, 516.

(15) キティモホン・シェンが編纂したベンガルのバウルたちの詩についても、おおむね同じエリート主義にもとづいて、同様の疑問が呈された。

(16) Kshiti Mohan Sen ed., *Kabir*［ヒンディー語］（Delhi: Rajkamal Prakashan, 1942,; reissued 2016）.

(17) K. M. Sen, *Hinduism*（1961）, アマルティア・センによる新たな序文を付して再刊されている。（London: Penguin Books, 2005; reprinted 2020）.

第5章　議論の世界

(1) Krishna Dutta and Andrew Robinson eds., *Selected Letters of Rabindranath Tagore*（Cambridge: Cambridge University Press, 1997）, p. 990.

(2) Gopalkrishna Gandhi comp. and ed., *The Oxford India Gandhi: Essential Writings*（New Delhi: Oxford University Press, 2008）, p. 372を参照。

(3) この悲しい手紙も *The Oxford India Gandhi: Essential Writings*, p. 372にある。

(4) 以下を参照。Rabindranath Tagore, Sasadhar Sinha trans. *Letters from Russia*（Calcutta: VisaBharati, 1960）, p. 108.

(5) タゴールの生涯におけるこの逸話は、その他多くの話とともに以下でよく論じられている。Krishna Dutta and Andrew Robinson eds., *Rabindranath Tagore: The Myriad-Minded Man*（London: Bloomsbury, 1995）, p. 297.

(6) Dutta and Robinson, *Rabindranath Tagore: The Myriad-Minded Man*, 297に引用。

(7) Nabaneeta Dev Senがこの変貌が実際にどう生じたかを詳しく論じている。以下の彼女の論文を参照のこと。'The Foreign Reincarnation of Rabindranath Tagore', *Journal of Asian Studies*, 25（1966）. これは彼女の著書にも再掲されている。*Counterpoints: Essays*

in Comparative Literature (Calcutta: Prajna, 1985).

(8) ニマイ・チャタルジはこれらの手紙を受け取った際にたいそう面白がり、私がラッセルを非常に称賛していたことを知っていたため、見せてくれた。私は哲学者として（とくに数理哲学）ラッセルを称賛しているが、思想史家としてはさほどでもないと説明しなければならなかった。

(9) ニマイ・チャタルジは2011年1月に急逝した。彼の文学および文化関連の収集物はテート・モダンの「ニマイ・チャタルジ・コレクション」にあるが、欧米でのタゴールの評価に関して彼が文通した書簡類はまだ刊行されていない。それらの書類はカルカッタ（コルカタ）のバンラ・アカデミーが所蔵しており、このコレクションは編集後に出版されることになっている。ニマイ・チャタルジには、彼の手紙を一部見せてもらったことについて感謝している。

(10) 以下を参照。Bertrand Russel, *A History of Western Philosophy* (New York: Simon & Schuster, 1945; London: Allen & Unwin, 1946).

(11) Krishna Dutta and Andrew Robinson eds., *Selected Letters of Rabindranath Tagore*, p. 90にある1912年6月28日付のタゴールからキティモホン宛の手紙。

(12) この問題について私は以下で論じた。'Tagore and His India' in *The New York Review of Books*, 26 June 1997、および *The Argumentative Indian* (London: Penguin; New York: FSG, 2005), Chapter 5〔『議論好きなインド人――対話と異端の歴史が紡ぐ多文化世界』アマルティア・セン著、佐藤宏・粟屋利江訳、明石書店、2008年〕.

(13) 古風な言い回しを省くために、標準的な英訳文で編集した。

(14) 以下を参照。George Bernard Shaw, *Back to Methuselah* (*A Metabiological Pentateuch*) (London: Constable; New York: Brentano's, 1921)〔『思想の達し得る限り』バァナァド・ショウ著、相良徳三訳、岩波文庫、1931年〕.

(15) タゴールのナショナリズム批判にたいするさまざまな種類の反応が、なかでも彼の小説（*The Home and the World*）に描かれた反応が、以下でよく吟味されている。Dutta and Robinson eds., *Rabindranath Tagore: The Myriad-Minded Man* (1995).

第6章　過去の存在

(1) Sheldon Pollock, 'India in the Vernacular Millennium: Literary Culture and Polity, 1000-1500', *Daedalus*, 127(2) (Summer 1998), pp. 41-74.

(2) 詳細な議論は以下を参照のこと。Amartya Sen, *The Idea of Justice* (London: Allen Lane, 2009), pp. 170-73〔『正義のアイデア』アマルティア・セン著、池本幸生訳、明石書店、2011年〕.

(3) 学生時代にこうした線に沿って書いたことがあるのだが、紛失してしまった。親しい音楽家の友人T・M・クリシュナが、公開の議論で私が言おうとしたことからこの考えを復活させてくれたことを、たいへん感謝している。

(4) Joseph Wood Krutch, *The Nation*, 69 (12 May 1924).

(5) 「スネイクス・アンド・ラダーズ」のゲームは1892年に有名な玩具製作者のフレデリック・ヘンリー・エアースによってロンドンで特許が取得されたようだ。

(6) *The Rig Veda*, trans. Wendy Doniger (London: Penguin Books, 1981), p. 241.
(7) ナーランダーが本当に世界最古の大学だったかどうかは疑問の余地がある。古代インドの西端（現在のパキスタン）の、アフガニスタンに隣接する地にあって、確かに有名だったタクシラの仏教の教育中心地はどうであろうか。タクシラは、釈迦の入滅からまもない前500年ごろから（ナーランダーが創立されるずっと以前から）活動し始めていた。ただし、タクシラの教育機関は、仏教の教育というやや限定的な取り組みにおいて名声を誇っていたが、ここは実際には宗教学校だった。アフガニスタンの東端で、古代インドに隣接した地（この一帯は文化的に統合されていた）では、間違いなく学問研究に事欠くことはなかったし、前四世紀のインド最大および最古の恐るべき文法学者だったパーニニですら、アフガニスタンの国境の出身だった。しかし、タクシラはナーランダーやビハール州でそのあとに続いた学校――ヴィクラマシーラ、オダンタプリーなどの、大まかにナーランダー系統の高等教育界と呼べるような機関――が実践したように、高等教育のそれぞれの分野で系統的な指導を試みることはなかった。ナーランダーを世界最古の大学と認めることは、タクシラの、その特有の状況における栄光を曇らせるものではない。

第8章　バングラデシュの構想とベンガル

(1) インドをはじめインド亜大陸では、「コミュナル（communal）」という用語を、ほかの宗教の信者への宗派主義的な敵意を表わす言葉として使う用法は、かなり定着しており、1940年代にはすでに一般的だった。この用語はときに誤解を招くが、たとえば「religious」〔宗教的・信心深い〕などの単語で容易に置き換えることはできない。それにかかわる敵意は、往々にしてさほど信心深くない人びとから発せられるからだ。彼らはむしろ、ライバルの宗教集団生まれの人に断固とした敵意を抱いている。私はインド亜大陸で使われている方法で、「コミュナル」の用語を使いつづけるが、いま述べたように、宗教によって定義されないコミュニティ〔社会集団〕と混同しないようご留意いただきたい。
(2) 暴力においてアイデンティティが果たす役割の分析は、以下を参照のこと。Amartya Sen, *Identity and Violence: The Illusion of Destiny* (New York: Norton, and London: Penguin, 2006)〔『アイデンティティと暴力――運命は幻想である』アマルティア・セン著、大門毅監訳、東郷えりか訳、勁草書房、2011年〕.
(3) この点に関して、ジンナーが分離を主張したのは、少なくとも一部には、分離せずに独立したインドでムスリムがより大きな役割を果たすことを要求する取引として提示したものだったという、アイシャ・ジャラルの説得力のある主張に留意することが重要だ。以下を参照。Ayesha Jalal, *The Sole Spokesman: Jinnah, the Muslim League and the Demand for Partition* (Cambridge: Cambridge University Press, 1985).
(4) Joya Chatterji, *Bengal Divided: Hindu Communalism and Partition, 1932-1947* (Cambridge: Cambridge University Press, 1994).
(5) 以下を参照。Richard M. Eaton, 'Who Are the Bengali Muslims?', *Essays on Islam and Indian History* (Oxford: Oxford University Press, 2000).
(6) 以下を参照。Ranajit Guha, *A Rule of Property for Bengal: An Essay on the Idea of Permanent Settlement* (1963), Preface to First Edition, p. xv. グホについては本書で後述

する。
（7） 以下を参照。Tapan Raychaudhuri の序文 *The World in Our Time: A Memoir* (Noida, Uttar Pradesh: HarperCollins Publishers India, 2011).
（8） これらの問題についてはサナ・アイヤールの以下の重要な論文と、彼女が言及するその他の研究を参照のこと。Sana Aiyar, 'Fazlul Huq, Region and Religion in Bengal: The Forgotten Alternative of 1940-43', *Modern Asian Studies*, 42(6) (November 2008).
（9） 以下で英訳されている。Richard M. Eaton, *The Rise of Islam and the Bengal Frontier, 1204-1760* (Berkeley, CA: University of California Press, 1993), pp. 214-15.

第9章　抵抗と分断

（1） スバス・チャンドラ・ボースの生涯についての示唆に富む歴史は、以下を参照。Sugata Bose, *His Majesty's Opponent: Subbas Chandra Bose and India's Struggle Against Empire* (Cambridge, MA: Belknap Press of Harvard University Press, 2011).
（2） Rafiq Zakaria, *The Man Who Divided India* (Mumbai: Popular Prakashan, 2001), p. 79.
（3） Zakaria, *The Man Who Divided India*, p. 84.
（4） Ayesha Jalal, *The Sole Spokesman: Jinnah, the Muslim League and the Demand for Pakistan* (Cambridge: Cambridge University Press, 1985), p. 4.
（5） この問題について議論したことはなかった。それどころか、オミヨ・ダシュグプトと私の父のあいだの書簡に関するアルコノンダ・パテル（オミヨ・ダシュグプトの娘）の研究を通じて、父がかかえていた投票をめぐるジレンマが見えてくるまで、そのことに気づきもしていなかった。
（6） Amartya Sen, *On Economic Inequality* (Oxford: Oxford University Press, 1973; expanded edition, with James Foster, 1997).

第10章　イギリスとインド

（1） Michael Edwardes, *Plassey: The Founding of an Empire* (London: Hamish Hamilton, 1969), p. 131 に引用。
（2） Nial Ferguson, *Empire: How Britain Made the Modern World* (London: Allen Lane, 2003) p. xi〔『大英帝国の歴史』ニーアル・ファーガソン著、山本文史訳、中央公論新社、2018 年〕. イギリス帝国の功績と失敗についてのより批判的評価は以下を参照。Shashi Tharoor, *Inglorious Empire: What the British Did to India* (London: C. Hurst & Co. and Penguin Boos, 2017).
（3） C. A. Bayly, *The Birth of the Modern World, 1780-1914* (Oxford: Blackwell Publishing, 2004), p. 293〔『近代世界の誕生――グローバルな連関と比較 1780-1914』C・A・ベイリー著、平田将博ほか訳、名古屋大学出版会、2018 年〕.
（4） Adam Smith, *The Wealth of Nations, Books I-III* (1776) (London: Penguin books, 1986), Book I, Ch. VIII, 'Of the Wages of Labour', p. 176〔『国富論――国民の富の性質と原因に関する研究』上巻、アダム・スミス著、高哲男訳、講談社、2020 年〕.

(5) William Dalrymple, 'Robert Clive was a vicious asset-stripper. His statue has no place on Whitehall', *The Guardian*, 11 June 2020; 〈https://www.theguardian.com/commentisfree/2020/jun/11/robert-clive-statue-whitehall-british-imperial〉(2020 年 12 月 3 日閲覧)

(6) Adam Smith, *The Wealth of Nations, Books IV–V* (1776) (London: Penguin Books, 1999), Book V, Ch. 1, Part 1, 'Of the Expense of Defence', p. 343〔『国富論――国民の富の性質と原因に関する研究』下巻、アダム・スミス著、高哲男訳、講談社、2020 年〕.

(7) William Dalrymple, *Anarchy: The Relentless Rise of the East India Company* (London: Bloomsbury Publishing, 2019), p. 394.

(8) Rudyard Kipling, 'The White Man's Burden' (1899).

(9) Rabindranath Tagore, *Crisis in Civilization* (Calcutta: Visva-Barati, 1941).

第 11 章　カルカッタの都会生活

(1) Rudyard Kipling, *The Collected Poems of Rudyard Kipling* (Ware, Herts: Wordsworth Edition, 1994), 'A Tale of Two Cities' (1922), pp. 80–81.

(2) Geoffrey Moorhouse, *Calcutta: The City Revealed* (London: Penguin Books, 1994), p. 26.

(3) James Atkinson, *The City of Palaces; a Fragment and Other Poems*, 'The City of Places' (Calcutta: The Government Gazette, 1824), p. 7.

(4) Ved Mehta, *The Craft of the Essay: A Reader* (London: Yale University Press, 1998), p. 210.

(5) Amit Chaudhuri, *Calcutta: Two Years in the City* (New Delhi: Penguin Books, 2013), pp. 266–7.

(6) これらの懸念事項の大半は理にかなっているだけでなく、かなり詳細に書き残されてもおり、チャーノックや同僚たちが明確に意識していた証拠もいくらかある。この問題に関する新旧さまざまな史料を集めた以下の示唆に富む書を参照のこと。P. Thankappan Nair, *Job Charnock: The Founder of Calcutta: An Anthology* (Calcutta: Calcutta Old Book Stall, 1977).

(7) J. J. A. Campos, *History of the Portuguese in Bengal* (Calcutta and London: Butterworth, 1919), p. 43.

(8) Gopalkrishna Gandhi, *A Frank Friendship: Gandhi and Bengal. A Descriptive Chronology* (Calcutta: Seagull Books, 2007).

(9) Satyajit Ray, *Our Films, Their Films* (1976) (Hyderabad: Orient BlackSwan Private Ltd, 3rd edn, 1993), p. 9〔『わが映画インドに始まる――世界シネマへの旅』サタジット・レイ著、森本素世子訳、第三文明社、1993 年〕.

(10) Satyajit Ray, *Our Films, Their Films*, 3rd edn, pp. 160–61〔『わが映画インドに始まる』森本訳〕.

第12章　カレッジ・ストリート

（1）カルカッタ大学には出席に関する厳密な規則があり、私は一つには重病を患ったためだが、政治活動や、図書館で調べ物をしたり、コーヒーハウスで雑談をしたりするためによく授業をサボっていたために、プレジデンシー・カレッジの本科生として考慮してもらうには出席日数が足りなかった。そこでプレジデンシーの在校生ではない、つまりカレッジに属さない学生として独自に試験を受けなければならないと言われた。私は優秀な学生と考えられていたため（それ以前の大学の試験では一番の成績だったため）カレッジ側もこの処分については不本意だった。最終的にどういうわけか、私はプレジデンシー・カレッジの本科生として試験を受けられることになった。出席簿がごまかされたのだろうと思う。

（2）Henry Louis Vivian Derozio, 'To India — My Native Land', *Anglophone Poetry in Colonial India, 1780–1913: A Critical Anthology*, ed., Mary Ellis Gibson (Athens, OH: Ohio University Press, 2011), p. 185.

（3）Tapan Raychaudhuri, *The World in our Time* (Nodia, Uttar Pradesh: HarperCollins Publishers India, 2011), p. 154.

アマルティア・セン回顧録　上

インドでの経験と経済学への目覚め

2022年12月20日　第1版第1刷発行

著　者　アマルティア・セン

訳　者　東《とう》郷《ごう》えりか

発行者　井　村　寿　人

発行所　株式会社　勁《けい》　草《そう》　書　房

112-0005 東京都文京区水道2-1-1　振替　00150-2-175253

（編集）電話 03-3815-5277／FAX 03-3814-6968

（営業）電話 03-3814-6861／FAX 03-3814-6854

本文組版 プログレス・堀内印刷・松岳社

ISBN978-4-326-55089-0　　Printed in Japan

＊落丁本・乱丁本はお取替いたします。
ご感想・お問い合わせは小社ホームページから
お願いいたします。

https://www.keisoshobo.co.jp